"十四五"国家重点出版物出版规划项目

湖北省公益学术著作
Hubei Special Funds 出版专项资金
for Academic and Public-interest
Publications

"一带一路"倡议与中国国家权益问题研究丛书
总主编／杨泽伟

中国国家身份变动与利益保护的协调性问题研究

——以海洋法为视角

梁源 著

WUHAN UNIVERSITY PRESS
武汉大学出版社

图书在版编目(CIP)数据

中国国家身份变动与利益保护的协调性问题研究:以海洋法为视角/梁源著.—武汉:武汉大学出版社,2023.12
"一带一路"倡议与中国国家权益问题研究丛书/杨泽伟总主编
2020年度湖北省公益学术著作出版专项资金项目 "十四五"国家重点出版物出版规划项目
ISBN 978-7-307-23971-5

Ⅰ.中… Ⅱ.梁… Ⅲ.海洋法—研究 Ⅳ.D993.5

中国国家版本馆CIP数据核字(2023)第171445号

责任编辑:张 欣 责任校对:李孟潇 版式设计:马 佳

出版发行:**武汉大学出版社** (430072 武昌 珞珈山)
(电子邮箱:cbs22@whu.edu.cn 网址:www.wdp.com.cn)
印刷:湖北金港彩印有限公司
开本:720×1000 1/16 印张:15.75 字数:225千字 插页:2
版次:2023年12月第1版 2023年12月第1次印刷
ISBN 978-7-307-23971-5 定价:88.00元

本书系杨泽伟教授主持的 2022 年度教育部哲学社会科学研究重大课题攻关项目"全球治理的区域转向与中国参与亚洲区域组织实践研究"（项目批准号为：22JZD040）阶段性成果之一

"'一带一路'倡议与中国国家权益问题研究丛书"总序

  "一带一路"倡议自 2013 年提出以来，迄今已取得了举世瞩目的成就，并产生了广泛的国际影响。截至 2022 年 2 月中国已累计同 148 个国家、32 个国际组织签署了 200 多份政府间共建"一带一路"合作文件。可以说，"一带一路"倡议顺应了进入 21 世纪以来国际合作发展的新趋势，昭示了新一轮的国际政治新秩序的变革进程，并且是增强中国国际话语权的有益尝试；共建"一带一路"正在成为中国参与全球开放合作、改善全球经济治理体系、促进全球共同发展繁荣、推动构建人类命运共同体的中国方案。况且，作为现代国际法上一种国际合作的新形态、全球治理的新平台和跨区域国际合作的新维度，"一带一路"倡议对现代国际法的发展产生了多方面的影响。①

  同时，中国已成为世界第二大经济体、第一大制造国、第一大外汇储备国、第一大债权国、第一大货物贸易国、第一大石油进口国、第一大造船大国、全球最大的投资者，经济对外依存度长期保持在 60% 左右；中国有 3 万多家企业遍布世界各地，几百万中国公民工作学习生活在全球各个角落，2019 年中国公民出境旅游人数高达 1.55 亿人次，且呈逐年上升趋势。可见，中国国家权益涉及的范围越来越广，特别是海外利益已成为中国国家利益的重要组成部分。因此，在这一背景下出版"'一带一路'倡议与中国国家权益问题研究丛书"，具有重要意义。

---

  ① 杨泽伟等：《"一带一路"倡议与国际规则体系研究》，法律出版社 2020 年版，第 22 页。

首先，它将为落实"十四五"规划和实现 2035 年远景目标提供理论支撑。习近平总书记在 2020 年 11 月中央全面依法治国工作会议上强调，"要坚持统筹推进国内法治和涉外法治"。《中华人民共和国国民经济和社会发展第十四个五年规划和 2035 年远景目标纲要》提出要"加强涉外法治体系建设，加强涉外法律人才培养"。中国 2035 年的远景目标包括"基本实现国家治理体系和治理能力现代化""基本建成法治国家、法治政府、法治社会"。涉外法治体系是实现国家治理体系和治理能力现代化，基本建成法治国家、法治政府、法治社会的重要方面。本丛书重点研究"全球海洋治理法律问题""海上共同开发争端解决机制的国际法问题"以及"直线基线适用的法律问题"等，将有助于统筹运用国际法完善中国涉外立法体系，从而与国内法治形成一个相辅相成且运行良好的系统，以助力实现"十四五"规划和 2035 年远景目标。

其次，它将为推动共建"一带一路"高质量发展提供国际法方面的智力支持。十九届五中全会明确提出继续扩大开放，坚持多边主义和共商共建共享原则，推动全球治理变革，推动构建人类命运共同体。本丛书涉及"'一带一路'倡议与中国国际法治话语权问题""'一带一路'背景下油气管道过境法律问题"等。深入研究这些问题，既是对中国国际法学界重大关切的回应，又将为推动共建"一带一路"高质量发展提供国际法方面的智力支持。

再次，它将为中国国家权益的维护提供国际法律保障。如何有效维护中国的国家主权、安全与发展利益，切实保障国家权益，共同应对全球性风险和挑战，这是"十四五"规划的重要任务之一。习近平总书记特别指出"要强化法治思维，运用法治方式，有效应对挑战、防范风险，综合利用立法、执法、司法等手段开展斗争，坚决维护国家主权、尊严和核心利益"。有鉴于此，本丛书涵盖了"中国国家身份变动与利益保护的协调性问题""国际法中有效控制规则研究"等内容，能为积极运用国际法有效回应外部挑战、维护中国国家权益找到答案。

最后，它还有助于进一步完善中国特色的对外关系法律体系。对外关系法是中国特色社会主义法律体系的重要组成部分，也是处理各类涉外争议的法律依据。涉外法治是全面依法治国的重要内容，是维护中国国家权益的"巧实力"。然而，新中国成立以来，中国对外关系法律体系不断发展，但依然存在不足。随着"一带一路"倡议的深入推进，中国对外关系法律体系有待进一步完善。而本丛书探讨的"'一带一路'倡议与中国国际法治话语权问题""全球海洋治理法律问题""'一带一路'背景下油气管道过境法律问题""海上共同开发争端解决机制的国际法问题"等，既有利于中国对外关系法律体系的完善，也将为中国积极参与全球治理体系变革、推动构建人类命运共同体提供国际法律保障。

总之，"'一带一路'倡议与中国国家权益问题研究丛书"的出版，既有助于深化国际法相关理论问题的研究，也有利于进一步提升中国在国际法律秩序发展和完善过程中的话语权、有益于更好地维护和保障中国的国家权益。

作为享誉海内外的出版社，武汉大学出版社一直对学术著作出版鼎力支持；张欣老师是一位充满学术情怀的责任编辑。这些得天独厚的优势，保证了本丛书的顺利出版。趁此机会，本丛书的所有作者向出版社的领导和张欣老师表示衷心的感谢！另外，"'一带一路'倡议与中国国家权益问题研究丛书"，议题新颖、涉及面广，且大部分作者为学术新秀，因此，该丛书难免会存在不足和错漏，敬请读者斧正。

杨泽伟 ①

2022 年 2 月 19 日

武汉大学国际法研究所

---

① 教育部国家重大人才计划特聘教授，武汉大学珞珈杰出学者、二级教授、法学博士、武汉大学国际法研究所博士生导师，国家高端智库武汉大学国际法治研究院团队首席专家，国家社科基金重大招标项目、国家社科基金重大研究专项和教育部哲学社会科学研究重大课题攻关项目首席专家。

目　　录

绪　　论

一、问题缘起及研究意义

(一) 问题缘起

运用国际法，提出中国方案，维护中国利益是中国特色大国外交的本质追求。国家利益依据时间与领域的不同，在纵向上可以划分为短期利益与长期利益，在横向上则体现出一国国家利益在不同领域之间的平衡；国家利益以国际法规则的形式得以制定、实施、修订、解释，是法治国家以工具理性运用国际法的最终目标，也是一个国际法动态变化的过程。从静态时间节点的横截面来看，规则利益的发展相对静态，这是国际法作为法律部门之一其"法安定性"的重要体现；国家身份的变化则较为动态，也有可能会存在主权国家在时空纵向上国家身份不发生改变或者相对不发生改变的情形。如何平衡二者之间的协调性问题，是一国对于国际法的运用水平与参与全球治理熟练程度的体现。中国国家身份的转变是新中国成立以来，中国共产党领导全国人民取得的重大成就，也是实现中华民族伟大复兴的必由之路。这一转变深刻地影响了中国参与国际法治的方式与态度，现行国际法体系中过去有利于发达国家的一些规范逐渐符合中国的国家利益，国际海洋法就是其具体体现的领域之一。

这种现象背后的本质是中国国家身份正由量变走向质变，国家的发展模式向发达国家转变，宏观层面的国家多项发展指标仅次于美国，微观层面的人民福祉也得到了显著提高。对于这一变化过程宜采用动态变化的视角加以研究，作为国际法方法论中动态视角研究的代表性理论之一，政策定向法学派的研究方法兼具理论价值与现实意义。长期以来在学界有两种基本的观点：一种是将国际法视为一个由国际条约、国际习惯等原则和规则构成的静态的体系；另一种是将国际法看做一个动态变化的过程，一个权威与力量不断结合和选择的过程。政策定向法学派就是后一种观点的代表，他们认为国际法的研究不仅应当包括书本上的国际法，也应当包括国际法现象，即国际法的制定、援引、适用、评价等全部过程。运用政策定向法学派的分析方法能够更好地从动态变化的角度分析一国的国际法实践并加以预测，这是一种十分有价值的国际法的分析方法。从这个视角出发，国际法是包括制定、适用、评价、重订这样一个不断选择的循环过程。经过 20 世纪 70 年代长达十余年的艰苦谈判，现行的 1982 年《联合国海洋法公约》获得了国际社会的广泛支持与实施，取得了良好的法律实效；不过我们应当看到的是《联合国海洋法公约》的修订与完善也是一种大势所趋，中国参与海洋法律秩序变革中的国家身份与规则利益平衡问题已经成为亟待研究的问题之一，以适应中国在新时期的发展。

中国借助发展中国家的身份定位，以国际法规则的形式成功维护了本国的海洋权益。大力推动与发展中国家之间的良性互动与合作指导了我国的对外政策，我国在 20 世纪 70 年代利用这一有利的国家身份定位，参与第三次联合国海洋法会议取得了丰硕的外交成果。这一对外政策的成功运用，为我国争取了宝贵的和平发展机遇，也成功地维护了我国在当时背景下的海洋权益，是我国作为制度的制定者与维护者参与全球海洋治理的一次成功实践。但是随着经济、政治、文化等方面的发展，在新时期下，我国对于国家海洋权益维护的重点领域与目标已不同于 20 世纪 70 年代。中国对国家海洋权益所展现出的多维度追求与复合型定位，是中国国家身份转变在海洋治理领域对国家利益影响的一种必然结果。我们必须正视这一现象，提出更富远见性与创新性的建议，以维护中国现在与未来的国家海洋权益。

从国际层面来看，依据不同的标准对不同的国家进行身份定位，会产生不同的国家集团分类。其中在国际上影响力最大的就是

20 世纪 50 年代提出与确立的"发展中国家与发达国家"的二元分类，这种分类在战后的诸多国际条约谈判中产生了深刻的影响，至今仍然影响着包括《巴黎协定》在内诸多国际公约的谈判格局与利益博弈。发展中国家通过自身国家的不断发展进入发达国家行列，被认为是一种实现国际社会公平发展、协同进步的主要方式。但是从国际实践来看，还存在三方面的问题，这三方面的问题对中国都具有重要影响。第一，从"二战"后的发展情况来看，发达国家的成员国还存在着相对固化的格局，传统发达国家依然占据着发达国家的主要组成部分，发展中国家通过自身发展成功实现向发达国家过渡的国际实践并不多。第二，发达国家的标准产生了巨大变化，沙特、瑙鲁等自然资源禀赋较高的高收入国家是否应该被纳入发达国家的行列，存在争议，联合国开发计划署重新提出了"人类发展指数"的新概念。第三，发达国家的国家发展模式与 20 世纪 70 年代相比已经发生巨大转变，其通过产业转移将大量的工业生产转移到发展中国家，本国则重点发展高科技产业、服务业、金融业等，从工业强国向科技与创新强国转变。

从国内层面来看，中国自身的发展实现了经济体量上的重大进步，城市化水平不断提高，经济对外依存度较高，具有完整工业基础。从这些发展指标上来看，中国正处于从发展中国家向发达国家的过渡之中，但是中国的工业化实现也存在着一些问题，这些问题都影响着如何确定中国是否已经进入了发达国家的行列。第一，中国的发展存在着不同地域之间的发展不平衡，东南沿海与部分一线城市，无论是从整体经济体量还是从人均收入水平来看，都达到了发达国家水平，但是中西部发展依旧相对滞后。第二，中国的工业发展承接了大量发达国家的产业转移，缺乏核心技术与科技创新能力，产品虽然产值较高，但是附加值较低。第三，中国对国际社会的依赖逐步提高，在国际贸易、海外投资、远洋资源开发利用等问题上与发达国家的利益日趋一致，但在维护全球海洋秩序的力量建设上还相对不足。

从战后国家身份变动的国家实践来看，海洋经济与向海发展深刻地影响了国家的身份变动。在这一过程中，实现由发展中国家

（或地区）到发达国家（或地区）跨越的主要有两类国家或地区：第一，以"亚洲四小龙"为主的新兴经济体，主要包括了中国台湾地区、中国香港特区、新加坡与韩国，这一模式被国际社会称为"东亚模式"。第二，新加入欧盟的东欧国家，主要包括斯洛文尼亚、捷克、匈牙利等国，其被称为"东欧模式"。"东欧模式"中的新发达国家过渡具有一定国际政治因素方面的原因，主要是受益于欧盟经济发展的带动作用。从"东亚模式"来看，向海发展是实现由发展中国家向发达国家过渡的关键所在，利用海洋发展对外贸易与服务是"东亚模式"的核心。因此必须对中国国家身份转变过程中的国家海洋权益维护问题进行重点研究，从其他国家的发展模式中汲取成功的经验。

习近平总书记在其海洋外交思想中指出："要做好应对各种复杂局面的准备，提高海洋维权能力，坚决维护我国海洋权益，寻求和扩大共同利益的汇合点。"寻求共同利益汇合点，其中既包括中国与发展中国家之间的共同利益，也包括了中国与发达国家之间的共同利益，而共同利益的具体内涵与方向则是随着中国的发展阶段不同处于一种动态变化之中。在全球海洋秩序变革的背景下，兼具与发达国家在海洋权益维护中的共同性，也兼具与发展中国家一致的利益诉求，使得中国的海洋权益维护展现出了多层次的追求与共同利益复杂化的特点。在这一过程中如何协调和平衡发展中国家与发达国家之间海洋权益的对立，实现中国自身海洋权益最大化，成为我国在海洋治理领域中的重要目标，也是国家身份变动带来的必然性变革与运用国际法维护国家利益的重要机遇。

（二）选题的理论价值和现实意义

1. 理论价值。国际法研究可以分为静态的国际法研究与动态的国际法研究，前者主要关注到了国际法规则的具体内容及其相关实践，是分析法学派在法学领域的具体运用。但研究国家身份的动态变化过程与规则利益之间的变动，需要一个动态研究的视角，政策定向法学派在动态分析二者之间的关系中具有着独特优势。现代海洋法规则的产生与第三世界国家的推动紧密相连，政策定向法学派在近年来的发展中广泛吸收了部分第三世界国际法方法论的内容，以政策定向法学派的视角分析中国国家身份变动问题与海洋法规则中的规则利益，二者之间的互动与平衡问题，独具理论价值与第三世界视角。此外，政策定向法学派起源于美国，也深受欧洲中心主义的影响，其方法论是现代国际法研究中具有代表性的研究方法之一，将政策定向法学派的分析方法应用到国际海洋法领域也是本书的理论价值之一。

中国国际法理论的构建可以参考和借鉴以往若干国际法理论的成功之处，政策定向法学派与现阶段中国国际法理论有若干不谋而合的连接，具有理论价值：一是政策定向法学派所提出国际法的目标是提高"全人类的福祉"与中国国际法理论中的"人类命运共同体"这一概念有一定的关联；二是政策定向法学派所提出的"普遍狭隘原理"与中国国际法理论中的构建"新型大国关系"存在着关联；三是政策定向法学派研究中将"权威—力量"相互结合的研究视角启示中国在国际法运用过程中也要注重对于国家基础实力的运用，讲理也要有"力"。

2. 现实意义。从国际法研究的对象来看，维护国家海洋权益的目标，就是将有利于国家利益的国家实践、国际习惯、主权国家的立场，以规则的形式确定下来。但规则的利与弊，也会随国家的发展而产生变化，如何为解决二者之间的协调问题提供一种具体、可行的思路是本书的现实意义。第三次联合国海洋法会议的过程中，中国与其他发展中国家之间的相互协作政治意义大于规则意义，在后续的国家实践中不少发展中国家的立场与主张加剧了中国与邻国间的海洋问题争端。在海洋强国的发展道路中，与发达国家展开更为丰富的海洋合作，是推动中国向发达国家挺进的必由之路，也是中国实现和平崛起的现实合作需要。

在若干前沿性海洋问题的谈判过程中，发展中国家集团的组成依然相对固定，基本立场变化不大，这是发展中国家团体对于海洋的认知与研究长期停滞不前的结果。2004 年印尼 9 级地震引发海啸造成 29.2 万人死亡的惨重结果，2011 年同样 9 级地震引发的日本海啸造成了 1.2 万人死亡的结果，发展中国家与发达国家之间在海洋研究领域中的巨大差距可见一斑。这证明了对于海洋的认知与研究能够显著提高国民福祉，从发达国家视角思考当代海洋法问题符合社会主义强国的发展愿景，体现了国际海洋法研究中的人民站位。

二、国内外研究现状

结合国家身份研究国际海洋法问题一直是国内国际法学界一条十分清晰的研究脉络，不同时期研究成果的主张及立场也体现出明显的时空特点，海洋法学人对这一问题的持续关注可以大致分为三个时期。外国学者则很早就关注到了中国与发展中国家海洋权益诉求不相一致的情况，并且认识到中国与海上邻国之间海洋权益维护的复杂情况，并不再拘泥于将中国纳入发展中国家团体，而是以具体问题具体分析的态度研究中国在国际海洋法中的规则利益诉求。

（一）国内研究现状

国内海洋法研究中关注到中国国家身份问题的研究成果，最早产生于20世纪70年代，其后又不断有学者在前人的基础上结合同时代的热点海洋维权事件进行分析说理，丰富了从国家身份角度研究国际海洋法的学理与应用，体现出相互传承与创新的特点。

第一代海洋法学人主要是在20世纪70年代至90年代对这一问题进行研究，这一时期主要是基于中国发展中国家的身份定位，重点结合了第三次联合国海洋法会议期间的谈判成果。这部分学术成果确认了《联合国海洋法公约》中对我国比较有利的部分，重点论述了发展中国家间相互协作对海洋法发展所产生的影响，将打击海洋霸权作为这一时期研究的主题。比较有代表性的著作或论文主要有王铁崖先生1982年在中国国际法年刊上发表的论文《第三世界与国际法》，王铁崖先生认为"发展中国家通过第三次联合国海洋法会议，将旧的海洋法转变为新的海洋法，旧的海洋法是为海洋大国服务的"，他的观点的主要内涵在于指出在当时形势下，中国与发展中国家在海洋权益维护中的一致性，与发达国家之间在海洋权益问题上的对立性。① 赵理海先生 1984 年在北京大学出版社出版的《海洋法的新发展》一书，也重点关注到国家身份与海洋权益维护之间的关系，他将该书分为了上编和下编，其下编的主要内容重点编撰了"《海洋法公约》评介——第三次联合国海洋法会议的斗争概况和丰硕成果"，对我国以发展中国家身份参与到《联合国海洋法公约》谈判进行了评析，采用分析法学派的分析方法详细地回顾了第三次联合国海洋法会议的谈判过程。② 刘楠来先生与部分参与第三次联合国海洋法公约谈判的中方成员在 1986 年由海洋出版社出版了《国际海洋法》一书，在此书序言与附录中，对中国以发展中国家身份参与公约的谈判过程进行了回顾，并总结了发展中国家在谈判中的成果与意义，从自然法的角度肯定公约所体现出的价值追求，并称第三次联合国海洋法会议中发展中国家取得的成果形势喜人。③ 中国政法大学的周忠海教授在他 1987 年出版的《国际海洋法》一书中的第 17 章，以"中国与海洋法"为主题，回顾了中国在联合国第三次海洋法会议上的原则立场，并且还关注到中国与邻国之间的关系是我国维护自身海洋权益的重要考量因素。④ 陈德恭先生 2009 年出版的《现代国际海洋法》虽然时间较前三本著作晚，但是实际上本书是在陈德恭先生 1988 年由中国社会科学出版社出版的《现代国际海洋》一书基础上修订而成的。由于陈德恭先生作为中方的谈判成员参与了第三次联合国海洋法公约谈判的过程，因此将他归入了基于国家身份对我国海洋权益进行研究的第一代海洋法学人。他在其著作的每一章节，都单独回顾了第三次联合国海洋法公约的谈判过程，并在其著作的第 17 章 "中国与海洋法"部分重点回顾了中国作为发展中国家对海洋法的历

---

① 参见王铁崖：《第三世界与国际法》，载《中国国际法年刊》1982年，第 9 页。

② 参见赵理海：《海洋法的新发展》，北京大学出版社 1984 年版，第73~205 页。

③ 参见刘楠来：《国际海洋法》，海洋出版社 1986 年版，第 1~9 页。

④ 参见周忠海：《国际海洋法》，中国政法大学出版社 1987 年版，第294~332 页。

史性贡献，该书的体例体现了分析法学派与自然法学派相结合的特色。①

第二代海洋法学人主要是活跃于 20 世纪 90 年代末到 21 世纪初，从中国海洋法实践的角度出发，分析了发展中国家与发达国家之间在海洋权益领域规则利益的冲突，他们的研究特点就是紧密联系了当时比较热门的外交事件。比较有代表性的著作或论文主要有邵津教授在 1993 年发表在《中外法学》第 6 期的论文《银河号事件的国际法问题》，在该文中邵津教授从国际法渊源的角度驳斥了美国对于"银河号"事件的辩解，并指出中美之间在海上登临权问题上的斗争，实际上是发展中国家与西方国家在海洋权益问题斗争的一个具体体现。② 国际海洋法法庭大法官高之国在 1999 年撰文《中国海洋事业的过去和未来》，在此文中高之国法官认为"中国与海洋经济发达国家，存在着十年以上的差距，中国发展成为海洋强国之日，正是中华民族腾飞之时"。③ 唐家璇外长在 2009 年《党的文献》中分上、下两部分发表了文章《回忆 2001 年中美南海"撞机事件"》。④ 后续有邹立刚教授在 2012 年《中国法学》上发表论文《论国家对专属经济区内外国军事活动的规制权》，对发达国家所主张的专属经济区内的军事活动问题进行了批驳。⑤ 武汉大学杨泽伟教授 2012 年在《法学评论》上撰文指出："1982 年《联合国海洋法公约》的内容体现了世界各国特别是广大发展中国

---

① 参见陈德恭：《现代国际海洋法》，海洋出版社 2009 年版，第 79~570 页。

② 参见邵津：《银河号事件的国际法问题》，载《中外法学》1993 年第 6 期，第 9~13 页。

③ 高之国：《中国海洋事业的过去和未来》，载《海洋开发与管理》1999 年第 10 期，第 6 页。

④ 参见唐家璇：《回忆 2001 年中美南海"撞机事件"》（上、下），载《党的文献》2009 年第 5 期，第 15~23 页；《党的文献》2009 年第 6 期，第 21~28 页。

⑤ 参见邹立刚：《论国家对专属经济区内外国军事活动的规制权》，载《中国法学》2012 年第 6 期，第 49~57 页。

家的共同愿望，但它是第三次联合国海洋法会议期间不同利益集团之间历经艰苦谈判、斗争与妥协的结果。因此，《公约》的一些规定过于原则和抽象，及其部分条款内容存在缺陷和模糊的现象，其实都是无奈的选择。"① 第二代海洋法学人中基于国家身份对中国海洋权益进行研究最具前沿性的一本代表作是高健军教授在 2004 年于海洋出版社出版的《中国与国际海洋法——纪念〈联合国海洋法公约〉生效 10 周年》，在该书中高健军教授回顾了《联合国海洋法公约》生效 10 周年以来的中国海洋法实践，并且从消极意义的角度分析了中国在实践中遇到的困难与公约造成的不利因素，主要体现在东海与南海的海洋划界、中国在本国专属经济区与大陆架内的资源获取、专属经济区内的军事活动三个方面。② 他在 2011 年出版的另一本著作《〈联合国海洋法公约〉争端解决机制研究》中预见性地分析了中国与发展中国家在《联合国海洋法公约》争端解决程序上意见相左的原因，他认为原因在于"第三次联合国海洋法会议期间，发展中国家对于以发达国家主导的国际法院并不信任，因此将仲裁作为了最适宜当作保底程序导致有拘束力裁判的强制程序"。③ 结合 2013 年所谓"南海仲裁案"的过程，这一成果预见性地解释了发展中国家选择强制性争端解决程序寻求解决与中国的海洋权益争端的原因，预言了发展中国家与中国之间在海洋权益问题上可能会出现的对立情况。

　　第三代海洋法学人主要是 2010 年以来在海洋法研究领域从国家身份角度进行著述的国际法或者国际关系学者，但该时期将国家身份与海洋权益维护相结合的著述还比较少见。比较有代表性的著作或论文有中国政法大学蔡拓教授发表在《中国社会科学》上的论文《当代中国国际定位的若干思考》，文中他认为："国际社会

① 杨泽伟：《〈联合国海洋法公约〉的主要缺陷及其完善》，载《法学评论》2012 年第 5 期，第 63 页。

② 参见高健军：《中国与国际海洋法——纪念〈联合国海洋法公约〉生效 10 周年》，海洋出版社 2004 年版，第 1~209 页。

③ 高健军：《〈联合国海洋法公约〉争端解决机制研究》，中国政法大学出版社 2011 年版，第 9 页。

转型的加速与加剧，使中国面临日益严峻的结构性压力与挑战，当代中国的国际定位存在定位模糊与不确定性，这使得国际社会对中国的和平崛起产生疑虑。"① 华东政法大学的袁发强教授在其讨论航行自由的文章《国家安全视角下的航行自由》一文中认为："中国已经具有重大的海外利益需要维护，而维护海外利益安全不可避免地需要借助于军事力量介入，客观认识并充分利用航行自由制度具有重要的现实意义。"② 中国社会科学院的侯毅教授 2017 年在《中国国际问题研究》（英文版）上发表文章《中美海洋领域合作：范围与展望》（China-US Maritime Cooperation：Features and Future Efforts）一文中认为，中国随着国家身份的转变，会与美国在海洋综合管理领域出现越来越多的合作空间与一致利益。③ 上海政法学院的杨华教授在其论文《海洋法权论》中认为："随着中国国家实力的增强，中国应当倡导海洋法权，反对海洋霸权，避免与现存海洋霸权国家产生不必要的冲突。更多地关注到海洋生态保护、海洋污染治理、海洋经济发展、海洋生物养护等问题解决与规则构建，反对任何形式的海洋霸权、海洋强权。"④ 外交学院的苗吉助理研究员 2017 年在《外交评论》发表的论文《"他者"的中国与日本海洋国家身份建构》中认为："中国正以'一带一路'为基本框架，推动建设海洋强国，将在一定意义上重新塑造中国的海洋国家身份，但是如何判断自己在这一过程中的角色与身份是一项重要的前提。"⑤ 中国社会科学院助理研究员罗欢欣 2018 年在其论文《国

① 蔡拓：《当代中国国际定位的若干思考》，载《中国社会科学》2010年第 5 期，第 136 页。

② 袁发强：《国家安全视角下的航行自由》，载《法学研究》2015 年第3 期，第 207 页。

③ 参见 Zou Yanyan & Hou Yi, China-US Maritime Cooperation：Features and Futures Efforts, China International Studies, Vol. 62, 2017, p. 38。

④ 杨华：《海洋法权论》，载《中国社会科学》2017 年第 9 期，第 182页。

⑤ 苗吉：《"他者"的中国与日本海洋国家身份建构》，载《外交评论》2017 年第 3 期，第 108 页。

家在国际造法进程中的角色与功能——以国际海洋法的形成与运作为例》中认为："在海洋法会议的参与、约文的起草与议定以及习惯国际法的运用与论证过程中，国际社会整体被划分为发达国家（以美国和欧洲国家为代表）与发展中国家（以中国和七十七国集团为代表）两大政治与社会阵营，两者在海洋造法进程中展现出不同的角色定位与影响力模式。"① 国家身份转变对国家立法模式与利益取向的影响是多方面的，中南财经政法大学的陈明辉博士在2018 年于《法学研究》发表的论文《转型期国家认同困境与宪法回应》中认为："在转型时期国家认同困境产生的主要原因在于，支撑国家认同的原生性纽带在社会转型中逐渐消散，却没有及时有效地建构出替代性的政治认同来塑造国家认同。"② 因此，在转型过程中中国所遇到的国家身份认同问题已经逐渐影响到国内治理与国际治理的方方面面，中国的海洋权益也面临着国家身份转型所带来的挑战与机遇。

三代海洋法学人的研究成果，逐步呈现出对现行国际海洋法律制度的肯定、评价、反思的研究特点，国家身份后续变动与现行国际海洋法规则设计之间的协调性问题，已经成为了当代海洋法研究中亟须研究的理论问题之一。

（二）国外研究现状

国外基于国家身份对中国海洋权益问题进行研究的成果可以分为三个部分，前两部分划分的主要依据是其是否关注到中国与其他发展中国家相比，所具有的不同海洋权益与国家发展情况。此外，国际法研究方法中的政策定向法学派也在发展与变动之中，其研究方法与思路与创始时期相比都有很大的创新与拓展，尤其是借鉴了

---

① 罗欢欣：《国家在国际造法进程中的角色与功能——以国际海洋法的形成与运作为例》，载《法学研究》2018 年第 4 期，第 59 页。
② 陈明辉：《转型期国家认同困境与宪法回应》，载《法学研究》2018年第 3 期，第 21 页。

第三次联合国海洋法会议期间，发展中国家主张中所体现的第三世界国家国际法方法论，这部分内容成为对国外研究现状梳理的第三部分内容。

第一部分是将中国的海洋权益与发展中国家的海洋权益放在一起进行讨论，不对中国加以特殊区分，这种从南北对抗的视角分析思考国际海洋法问题的成果屡见不鲜。其主要的逻辑是中国在第三次联合国海洋法会议期间紧密与发展中国家保持一致的主张，这使得单独讨论中国的海洋权益失去了意义。在这部分中，比较有代表性的著作有詹姆斯·摩尔（James Morel）在其著作《1982 年联合国海洋法公约与美国立场》（The Law of the Sea：The 1982 Treaty and Its Rejection by United States）中专门撰写了一章内容，介绍第三次海洋法会议中"七十七国集团"与美国在谈判中的对抗，并指出在该谈判中没有占到便宜是美国后续的海洋法实践中没有批准《联合国海洋法公约》的重要原因。① 丘吉尔·罗宾（Churchill Robin）在其 1999 年由曼彻斯特大学出版社出版的著作《海洋法》（The Law of the Sea）一书中，充分肯定了七十七国集团提出的"人类共同遗产原则"，并提出"南北对话"（发达国家与发展中国家之间就经济关系进行对话和会谈）也是发展中国家团体重要的时代产物。② 澳大利亚国立大学的吉尔福伊尔·道格拉斯教授（Guilfoyel Douglas）在 2018 年发表于《亚洲国际法杂志》（Asian Journal of International Law）上的论文《我们应该如何看待联合国海洋法公约——从南海中得到的启示》（The South China Sea Award：How Should We Read the UN Convention on the Law of the Sea）一文中认为，第三次联合国海洋法会议是由发展中国家主导新经济秩序变革运动的成果之一，但是发展中国家由于过去缺少主导国际法渊源制定的经验，对于历史遗留问题的处理缺乏相应准

① 参见 James Morel，The law of the Sea：The 1982 Treaty and Its Rejection by United States，McFarland & Co Inc，1992。

② 参见 R. R. Churchill & A. V. Lowe，Law of the Sea，3rd ed，Manchester University Press，1999。

备；这才是造成《联合国海洋法公约》在南海产生争端的根本原因，目前中国面临的谈判困境与第三次联合国海洋法会议期间发展中国家团体整体规则设计准备不足有关。[1]

第二部分一些国际法学者的意见则密切联系了中国的特殊国情与国家发展所带来的国家身份的转变，可能会影响到的中国利益以及谈判时未能预见到的困难。其中影响力较大且著作得到多次引用的学术成果中，比较有代表性的是英国国际法学者珍妮特·格林菲尔德（Jeanette Greenfield）的著作《中国的海洋法实践》（China's Practice in the Law of the Sea），她在此书中结合中国海洋地理情况，对中国在第三次联合国海洋法会议期间的主张进行了思考。[2] 她认为中国为维护大多数发展中国家的利益让渡了部分对于自己比较有利的主张，未必是一种理智的决定。持与此类似观点的还有同时代的另一位韩国国际法学者朴松合（Choon-ho Park），他的研究主要集中在东亚地区，在其1983年的著作《东亚地区与海洋法》（East Asia and The Law of The Sea）一书中的中国部分，作者主要是从《联合国海洋法公约》给中国带来的海上划界难题与中国未来经济发展可能会产生的巨大能源需求两个角度，分析了《联合国海洋法公约》可能为中国未来带来的困难。[3] 罗伯特·贝克曼（Robert Beckman）在其2013年的著作《南海地区油气资源开发的法律框架》（Beyond Territorial Disputes in the South China Sea）一书中认为，《联合国海洋法公约》中的诸多条款都影响了南海地区的资源开发与利用，一旦中国无法弥合与东盟在该议题上的分歧，东盟国家很可能会依赖《联合国海洋法公约》的强制争端解决程序寻求

---

[1]　参见 Guilfoyle Douglas, The South China Sea Award: How Should We Read the UN Convention on the Law of the Sea, Asian Journal of International Law, Vol. 8, 2018, pp. 51-63。

[2]　参见 Jeanette Greenfield, China's Practice in the Law of the Sea, Oxford Press, 1992。

[3]　参见 Park, Choon-ho, East Asia and the law of the Sea, Seoul National University Press, 1983。

解决。① 澳大利亚卧龙岗大学的查尔斯·拉赫曼（Chris Rahman）教授，在他 2014 年收录在《南海地区的海洋争端——困难或是机遇》（Maritime Issues in the South China Sea—Troubled Waters or a Sea of Opportunity）一书中的文章《从战略的角度看南海地区的国家安全与军事行动》（A Strategic Perspective on Security and Naval Issues in the South China Sea）中认为：随着中国综合实力的提高与国家身份的转变，中国与美国不可避免地在军事和国家安全领域产生摩擦，这也是《联合国海洋法公约》推出之后南海地区没有产生过激性冲突，但随着中国日益发展而产生冲突的重要原因。② 美国学者安德鲁·埃里克森（Andrew Erickson）2010 年在其研究美国海军的著作《中国与美国重新定义 21 世纪海上安全》（China, The United States and 21st-Century Sea Power：Defining a Maritime Security Partnership）一书中认为，21 世纪中国与美国会共同成为维护世界海洋安全的合作伙伴，而非过去由美国单一极权维护国际海上秩序。③ 日本东京大学法学部荣休教授大沼保昭在其文章《战后日本国际法——以教学科研为视角》一文中认为："日本自 19 世纪以来全面西化的过程中，表面上坚持吸收西方文明，实际上并不赞同这种来自欧洲的文化。中国与第三世界国家在挑战西方国际法理论中的主要问题是理论缺乏准确性与客观性、没有提出富有创造性的理论。"大沼保昭教授的文章上世纪 90 年代初发表在《日本国际法年刊》（The Japanese Annual of International Law），预测性地提出日本在处理与邻国的领土主权争端中，不会采用国际司法解

---

① 参见 Robert Beckman, Beyond Territorial Disputes in the South China Sea, Edward Elgar, 2013。

② 参见 Chris Rahman, A Strategic Perspective on Security and Naval Issues in the South China Sea, Maritime Issues in the South China Sea—Troubled Waters or A Sea of Opportunity, Edited by Nien-Tsu Alfred Hu and Ted L. McDorman, Routledge, 2013。

③ 参见 Erickson Andrew, China, The United States and 21st-Century Sea Power：Defining a Maritime Security Partnership, Naval Institute Press, 2010。

决的途径，主要原因在于日本并不认可欧洲文化主导的争端解决模式。① 这部分外国研究成果所立足的中国国情可以分为动态与静态两类，立足于静态国情主要是关注到中国与周边国家间的海洋地理情况，中国邻国众多，海岸相向的距离近会带来普遍的海洋划界争端；立足于动态国情则是关注到中国国家身份的变化，发展水平的提高以及东亚文化的特殊性，会加剧中国与发展中国家间的海洋问题争端。因此，如何处理国家身份变动的动态过程与国际法规则的相对静态二者之间的关系、提出新的国际法理论以及运用国际法的新方案，是后发国家在发展过程中可能会面临的问题。

第三部分国外研究成果主要是围绕政策定向法学派的国际法研究方法进行梳理、总结。"政策定向法学派（Policy-oriented Approach）"一般也被称为"纽黑文学派（New Haven School）"或是"纽黑文方法（New Haven Approach）"，也有少数国内学者将其译为"新港学派"或"新海芬学派"。② 政策定向法学派的研究方法由美国耶鲁大学法学院的梅尔斯·麦克杜格尔（Myres S. Mcdougal）与哈罗德·拉斯韦尔（Harold D. Lasswell）两位教授于 1943 年在他们共同署名的论文《法学教育与公共政策：法学思维训练中的公共利益考量》中最早提出。③ 麦克杜格尔是政策定向法学派的主要创

---

① 参见 Yasuaki Onuma, Japanese International Law in the Postwar Period - Perspectives on the Teaching and Research of International Law in Postwar Japan, Japanese Annual of International Law，Vol. 33，1990，pp. 25-53。

② 译为"新港学派"的学者参见张卫华：《新港学派视野中的外交保护法》，中国政法大学博士学位论文，2006 年，第 6 页；赖斯曼著，万鄂湘、王贵国、冯华健主编：《国际法：领悟与构建》，法律出版社 2007 年版，第 155 页。译为"新海芬学派"的学者参见白桂梅：《政策定向学说的国际法理论》，载《中国国际法年刊》1990 年，第 201 页。"新港学派"的译法主要采用了意译的方法，"纽黑文"（New Haven）的中文意译为"新的避风港"，"纽黑文学派"的译法则主要采用了音译的方法，国内大部分学者都采用"纽黑文学派"特指"政策定向法学派"。

③ 参见 Harold D. Lasswell & Myres S. Mcdougal, Legal Education and Public Policy：Professional Training in the Public Interest, The Yale Law Journal, Vol. 52，1943，p. 203。

始人，但是他本人单独署名的著作较少，后续他与多位政策定向法学派学者又共同署名了多部著作与论文论述政策定向法学派，并将政策定向法学派的研究方法应用于国际法研究中的若干领域，如国际法基本理论①、战争法②、人权法③、海洋法④。由于美国耶鲁大学坐落于康涅狄格州（State of Connecticut）的纽黑文市（City of New Haven），两位学者合著成果颇丰，大部分都由纽黑文出版社出版，因此"政策定向法学派"又被称为"纽黑文学派"。随后政策定向法学派进入了高速发展时期，甚至被誉为"写作速度五倍于大多数国际法学者阅读速度"的一种国际法理论。⑤ 政策定向法学派的创始人在他们建立自身理论之初并不认为政策定向法学派是属于法学理论或者法学方法的一种，他们认为政策定向法学派是一种"关于法的理论"（a theory about the law），但不属于"法学理论"（a theory of the law）的范围。⑥ 产生这种观点的原因是在法学研究中，实在法学派越来越成为主要的法学研究方法，并产生了巨大的社会影响。政策定向法学派的理论定位在于将自身的理论作为一种对于分析法学派理论的补充，更多地关注到影响法律运行的一些政治或者政策性的因素，将法律的实施与修订作为一个不断循环的过程。有学者认为政策定向法学派之所以在多种法学理论流派中

① 参见 Harold D. Lasswell & Myres S. Mcdougal, Jurisprudence for a free Society：Studies in Law, Science, and Policy, New Haven Press, 1992。

② 参见 Myres S. Mcdougal, The International Law of War：Transnational Coercion and World Public Order, New Haven Press, 1994。

③ 参见 Harold D. Lasswell & Myres S. Mcdougal, Human Rights and World Public Order：The Basic Policies of an International Law of Human Dignity, Yale University Press, 1980。

④ 参见 Myres S. Mcdougal& William T. Burkel, The Public Order of The Oceans：A Contemporary International Law of The Sea, New Haven Press, 1987。

⑤ 参见 Koh Harold. Hongju, Michael Reisman：Dean of the New Haven School of International Law, The Yale Journal of International Law, Vol. 34, 2009, p. 501。

⑥ 参见 Myres S. Mcdougal, Jurisprudence for a Free Society, Georgia Law Review, Vol. 1, 1966, pp. 1-19。

独树一帜，实际是因为"政策定向法学派"是"规则定向法学派"的一种补充，摆脱了旧有规则定向研究的局限性。① 国际法研究中的理论流派众多，当政策定向法学派作为一种国际法研究方法或者视角与其他国际法理论流派相互并列时，会称呼自己的研究方法为"结构性法学理论"（configurative jurisprudence)，以强调自身对于国际法实施过程研究的重视。②

政策定向法学派最初被应用于国内法的研究，但随后不久就被应用于国际法的研究，并且具体到了国际法研究中的诸多分支。1987 年麦克杜格尔还专门出版了从政策定向法学派角度分析 1982年《联合国海洋法公约》的著作《海洋公共秩序研究：关于〈联合国海洋法公约〉的评注》 (The Public Order of The Oceans：A Contemporary International Law of The Sea)。③ 在此书序言部分，麦克杜格尔就给予了《联合国海洋法公约》极高的评价，他认为《联合国海洋法公约》是人类历史上第一次系统地总结国际社会的公共秩序追求及权威要素，并将人类的共同利益追求写入国际法规范的成功实践；《联合国海洋法公约》的意义与价值并不局限于海洋法领域，还深刻影响领土法以及外层空间国际法规范的形成与发展。1992 年麦克杜格尔与拉斯韦尔共同出版的《自由社会之法学理论：法律、科学和政策的研究》 (Jurisprudence for a free Society：Studies in Law，Science，and Policy) 是传统政策定向法学派研究的权威之作。④ 该书 2013 年被浙江大学的王贵国教授翻译为中文，由法律出版社出版。政策定向法学派在后续的发展中广泛吸收了第三

---

① 参见白桂梅：《梅尔斯·麦克杜格尔与政策定向法学派》，载《中国国际法年刊》1996 年，第 368 页。

② 参见 Reisman W. Michael, Does Method Matter：A New Haven School Look at Sanctions, American Society of International Law Proceedings, Vol. 95, 2001, p. 27。

③ 参见 Myres S. Mcdougal& William T. Burkel, The Public Order of The Oceans：A Contemporary International Law of The Sea, New Haven Press, 1987。

④ 参见 Harold D. Lasswell & Myres S. Mcdougal, Jurisprudence for a free Society：Studies in Law, Science, and Policy, New Haven Press, 1992。

世界国家国际法方法论，这是传统政策定向法学派发展的一种必然趋势。麦克杜格尔也在这部著作中指出"现代国际法的发展，只有袖珍型国家的大量出现，才能打破旧有欧洲秩序的普遍狭隘"。① 政策定向法学派能够应用于海洋法研究中有两方面的原因，一是1982年《联合国海洋法公约》在规则设计与实践中产生了相互之间不太一致的情况，这个问题要从动态研究的角度出发去分析。二是第三世界国际法方法论是发展中国家团体在第三次联合国海洋法会议中广泛应用的国际法方法论，研究现行的海洋法律制度，必须要溯源到它的理论根基。而新政策定向法学派对第三世界国际法方法论的借鉴，使得通过政策定向法学派的研究，体现一种既反映发达国家国际法研究方法论、也显示发展中国家国际法方法论的分析效果。

2007年以后的政策定向法学派已经被称为"新纽黑文学派"，以表示自身研究方法与政治因素的背离，新纽黑文学派关注到了影响法律实施的诸多因素，并不单单局限于政治因素。目前研究中，采用传统政策定向法学派与新政策定向法学派的研究都存在，例如耶鲁大学的安东尼·莫法特博士（Anthony L. I. Moffat），在其文章《两种激进主义的共同目标：以南太平洋捕鲸问题为例》（Two Competing Models of Activism, One Goal：A Case Study of Anti-Whaling Campaigns in the Southern Ocean），运用传统政策定向法学派的分析方法分析了非政府组织在对待南太平洋捕鲸问题上的激进

---

① 袖珍型国家的英文为 Micro-States。袖珍型国家定义来源于政策定向法学派对于人类社群模式的思考，在人类原始的氏族社会中每个氏族都认为自己的生活方式是最优越的，这种普遍存在又极为狭隘的认知，被定义为普遍狭隘原理。政策定向法学派认为欧洲文明在世界范围内的胜利并没有突破普遍狭隘原理，实际只是推行了欧洲文明与欧洲的生活方式，并认为自身的文明与生活方式是人类社会的唯一选择。与此相对应而产生了袖珍国家的概念，这部分国家存在着不同于欧洲文明、国家又实力较为弱小的特点，主要是不同于欧洲殖民国家的被殖民国家，被殖民国家"二战"独立之后大多又成为了发展中国家，具有非白人社会、非基督教群体等特点。参见 Harold D. Lasswell & Myres S. Mcdougal, Jurisprudence for a Free Society：Studies in Law, Science, and Policy, New Haven Press, 1992, pp. 792-801。

干涉主义。① 康涅狄格州立大学的劳拉·狄金森（Laura A. Dickinson），系统分析了新政策定向法学派的国际法方法论，在其文章《走向新纽黑文学派的国际法研究》（Toward a "New" New Haven School of International Law）中认为，政策定向法学派能够在国际法研究中不仅仅局限于国家利益与国际法的表现形式，还能够关注到国际法实施过程中人类的共同情感与微观层面的国际法影响。② 政策定向法学派的动态研究视角使其成为了一种在国际法方法论中具有独特价值的理论，如果说"条约必须遵守"是实在法学派在国际法方法论中居于主流地位的原因，那么拥有力量要素的主权国家通过对于"条约的变相执行"改变国际法规则在实践中的具体形态就是政策定向法学派研究的具体国际法现象。这也使得政策定向法学派在与晚近主要国际法理论流派的比较中，体现出其与国际法律进程法学派（international legal process）较为接近，与法经济学派（law and economics）、女性主义法学派（feminist jurisprudence）有一定联系的研究特点，但这些联系之处都不足以体现政策定向法学派对于国际法研究的创新意义。③ 除此之外，政策定向法学派认为自身的研究方法之所以相比较于一般法律方法体现出进步性，是因为政策定向法学派将对未来决策的正确性作为重要的目标，而人类社会连续不断正确决策的最终目的是实现人类共同尊严。④ 传统政策定向法学派研究与新政策定向法学派研究并存

---

① 参见 Anthony L. I. Moffat, Two Competing Models of Activism, One Goal：A Case Study of Anti-Whaling Campaigns in the South Ocean, The Yale Journal of International Law, Vol. 37, 2012, pp. 201-214。

② 参见 Laura A. Dickinson, Toward a New Haven School of International Law, The Yale Journal of International Law, Vol. 32, 2007, pp. 547-552。

③ 参见 Annie-Marie Slaughter&Steven R. Ratner, Appraising the Methods of International Law：A Prospectus for Readers, The American Journal of International Law, Vol. 93, 1999, pp. 299-301。

④ 参见 Seigfried Wiessner, The New Haven School of Jurisprudence：A Universal Toolkit for Understanding and Shaping the Law, Asia Pacific Law Review, Vol. 18, 2010, p. 62。

发展的态势，是这种国际法方法论目前的状况。

总体来看，国外研究成果对中国国家身份变化与海洋法的规则利益协调问题有一个比较清晰的研究演进脉络，从相对静态的中国周边海洋地理特征逐渐深入到中国国家身份的动态变化。传统国际法研究关心的问题是中国的国家身份变化，会促使中国产生促进现有海洋法秩序变革的动力，以引领新时代的全球海洋治理。但是政策定向法学派认为，这种观点反映了传统国际法研究中的"普遍狭隘"，中国在国家身份变动过程中，应当继续秉承发展中国家（袖珍国家）在参与国际法治理中的理念，为人类社会的尊严与人类社会共同的价值理念作出贡献。如果中国坚持传统国际法中身份变化与国际法互动的方法，会再次陷入国际法欧洲中心主义的危机。政策定向法学派对于多种传统国际法理论的反思与对《联合国海洋法公约》发展中国家参与过程的高度评价，是笔者选择这种分析视角的重要原因。

（三）国内外研究的不足

综上可见：国内与国外的研究各有特色与长处，但是也存在着一些不足，国内研究中对于国家身份与国家团体分类方法的探索较少，考虑国际政治因素的角度比较多，但对于中国目前正处于国家身份转变历史阶段的认识比较一致。国外的研究相对分散，既有鼓吹中国威胁论的论调，也有对中国能否提出符合东亚文化的国际法治理方法的怀疑，还有对于中国是否会选择"逢强必霸"国际法工具主义的担忧。比较突出的不足有三点。

1. 国家身份的分类方法研究不深入，负责任大国的概念比较模糊。国内的研究成果反复强调目前阶段的发展中国家身份或负责任大国的国家身份。但是对于国家身份分类的传统方法与现代方法，缺乏比较研究，论据不够充分。对于负责任大国的阐释，也缺乏理论基础与负责大国的分类依据，国际社会除了中国作为负责大国，其他国家的国家身份如何界定，缺乏系统的分类。此外，国内对于中国国家身份的研究还忽视了中国庞大的经济体量与人口数量。从经济数据来看，由于传统国家身份分类方法主要是参考了经济指标，在经济发展数据上无论将中国放入一般发展中国家分组，还是放入"新兴经济体"分组，中国都会对整个国家集团的经济指标产生重大影响。从人口数量来看，中国目前的人口数量超过了现阶段所有发达国家的人口总和，全球人均国民收入最高的十个国家和地区大部分都是小微国家，并不是传统的发达国家，国家身份的分类不应当单一参考人均国民收入。

2. 海洋问题研究中，以"中国威胁论"为研究基调呈愈演愈烈之势。国外研究中针对中国国家实力的提高与国家身份转变的情况，相当一部分都在关心中国海军建设与海上力量的发展，鼓吹中美在海洋军事领域的潜在竞争与对抗。这种视角忽视了《联合国海洋法公约》是一部关于海洋治理的国际法公约，维护海洋和平秩序是这部规范的宗旨，研究海洋、开发海洋事关全人类的福祉与发展。对中国任何海上活动都草木皆兵的论调，说明其研究的方向还是把中国作为传统逢强必霸的欧洲国家那样进行研究的，忽视了中国近代的历史与文化，也忽视了中美间相互协作对国际海洋秩序稳定的巨大作用。"中国威胁论"反映了国外成果中零和博弈的思维模式，事实上中国在海洋渔业、海洋环境保护和极地研究等领域中都对全人类的发展作出了突出贡献，国外的部分研究成果对中国海洋事业发展的评价不够全面、客观。

3. 研究结论不够直接，不敢承认中国在一定时期后会成为发达国家身份的现实。现有的研究一方面肯定中国的国家发展，另一方面又坚持中国的发展中国家国家身份，其逻辑在于争取国际社会更多支持与对发展中国家的政策倾斜。实际上从 2018 年开始，发达国家已经全面停止了对华的各项援助，我国现在是单一的对外援助国，从海洋科学研究、海上贸易、海洋军事实力多个维度上看，我国在客观表现上即将成为国际社会中的发达国家成员。我国不敢承认自身发达国家身份的原因在于发展中国家与发达国家的身份标签被政治化了，并且以发展中国家的内部团结类比于发达国家团体，这中间存在一定的误读。苏联解体后俄罗斯与西方发达国家的社会过程，说明了发展中国家身份或者发达国家身份并不是西方国家假想竞争对象的主要原因。国家身份分类方法应当坚持客观科学、权利与责任相互统一的评价态度，中国现阶段的情况是履行了发达国家在国际社会中的义务，又担心被贴上发达国家的标签。

三、研究范围和研究方法

（一）研究范围

本书以动态发展的视角，研究中国国家身份的变化对我国海洋权益中规则利益的影响。国家身份变化对海洋权益维护问题的影响采用了政策定向法学派对于国际法发展过程的逻辑划分方法，通过对力量变化与权威变化两部分分析我国在海洋权益维护中体现的国家身份变化。规则利益的分析，主要是围绕1982年《联合国海洋法公约》文本的内容，重点分析一些至今发达国家与发展中国家仍然存在争议的条款，通过结合争议部分条款以及全球海洋法律秩序变革中一些新的发展方向，分析现行规则利益对中国造成的利益转向影响。本书的理论支撑主要是依据国际法研究中政策定向法学派的动态研究方法，并结合该学派晚近发展中对第三世界国际法方法论的借鉴，论述政策定向法学派对我国在全球海洋法律秩序变革中处理国家身份变化问题的启示与指导意义。

（二）研究方法

1. 定性研究法。在本书中定性研究法主要应用于对中国国家身份问题的定性。在定性过程中，既从定义和标准角度分析中国国家快速发展所产生的国家身份转变的发展现象，也通过归纳总结分析传统发达国家在本国的海洋权益维护中所体现的新发展特点，结合这些特点对中国国家身份进行界定。由于国家身份问题影响的结果涉及诸多方向，在参考传统发达国家的海洋权益维护特点与规则利益需求时，紧密围绕海洋强国特征进行分析，进行中国国家身份的界定。

2. 定量研究法。定量研究体现在本书的第一章第一节中对"人类发展指数"的定量分析、第一章第二节中对中国经济发展情况及其国际排名的定量分析、第二章第三节中发达国家与中国在海洋科学研究中的数据对比。通过定量研究的方法，能够增强研究的说服力，将海洋科学研究的客观数据、国家的发展指标与需要证明的对象紧密连接，使全书对于问题结论的把握更为客观。从新的国家身份分类方法、发展中国家利益交集变小、海洋科学研究能力与水平接近发达国家三个方面证明中国在海洋法问题上的利益，体现出从发展中国家身份向发达国家身份变动的发展趋势。

3. 历史分析法。历史分析法主要体现在本书的第二章第一节，第二章第一节主要回顾了第三次联合国海洋法会议期间，发展中国家与发达国家之间，以及发展中国家间、发达国家集团内部解决立场争议的方法。通过对这段历史的梳理，总结在谈判过程中所体现的一些比较成功的方式与方法，逐步剥离出发展中国家与发达国家间在海洋规则利益中的主要冲突点。从发展中国家相对成功的谈判过程，提炼与归纳第三世界国际法方法论中一些值得肯定与发展的内容。

4. 比较分析法。本书中对于比较分析法的应用主要是体现在两个方向，第一个方向是传统定义中发达国家与发展中国家的比较；第二个方向是中国在过去 40 年发展所产生的海洋权益维护内容与方式的今昔比较。比较分析法在本书的多个章节都有体现。

5. 客观辩证法。客观辩证法主要体现在本书的第三章，对于客观辩证法的应用主要从辩证的角度分析中国以发展中海洋大国身份参与全球海洋法律秩序变革的有利因素与不利因素。并不以全有或者全无的结论，全盘肯定或者全盘否定中国以发展中海洋大国身份参与海洋法律秩序变革。在客观辩证的基础上，对可能产生的不利影响及可能存在的解决方法进行分析。

四、研究思路和结构安排

本书以中国以不同国家身份参与国际海洋法规则发展的过程为研究对象，在全球海洋法律秩序变革背景下，以促进中国推动海洋法律秩序变革朝着符合人类命运共同体的追求、符合中国建设海洋强国的方向发展。对这个议题进行全面系统的研究，在理论支撑中以广泛吸收第三世界国际法方法论的政策定向法学派理论，作为理论工具分析和挖掘这一问题。本书除了绪论部分之外，一共分为四章，第一章介绍了主要的国家身份分类方法和支持中国国家身份变动的主要观点；第二、三章分别从中国国家身份转变在海洋法中的表现形态、中国国家身份转变对海洋利益保护的影响两部分入手，来分析现阶段中国的国家身份与海洋利益之间的协调问题；第四章立足中国视角结合国家身份的主客观需要，提出若干在新时期加强国家身份与海洋利益之间平衡与协调的对策建议。本书的基本结构安排如下：

第一章是中国国家身份转变的基本问题。这部分的内容主要是从国际组织的若干种国家身份分类方法和支持中国国家身份变动的代表性观点两方面分析中国的国家身份问题。国际组织中比较有代表性的国家身份分类方法，包括传统国家身份分类方法、联合国开发计划署提出的人类发展指数国家身份分类法、世界银行国家身份分类法。支持中国国家身份变动的观点主要包括三部分：一是经济指标从"总量大、人均少"转变为"多项指标世界第一，人均指标中等偏高"的经济发展状态；二是政治格局中中国参加的 G20 国家集团相比较于中国未参加的 G7 国家集团在力量对比中逐渐占有优势；三是法律文件中的《关于改革世贸组织中发展中国家地位的总统备忘录》与《〈联合国海洋法公约〉第 28 次缔约国会议秘书长报告》都关注到了中国国家身份转变的现象并提出了国家身份认定的若干标准。

第二章介绍中国国家身份转变在海洋法中的表现形态。首先对国际海洋法上的中国国家身份进行溯源，确立了中国初始阶段发展中国家的身份定位。其次关注中国与发展中国家海洋利益冲突增多的现象，结合国家身份分析了在争端解决机制、BBNJ 谈判、军事测量与科学研究之间的关系、国际海底区域资源开发中的担保国责任制度四部分中的利益冲突。最后一部分是中国与发达国家海洋利益的趋同，包括促进海洋科学研究的高端合作、降低商业航运成本、公海自由原则的趋向有利、应对海上非传统安全挑战的合作。

第三章分析中国国家身份转变对海洋利益保护的影响。首先从权利与义务关系的角度和我国自身在对外交往中的表述内容出发，分析说明中国现阶段的国家身份是发展中大国。进一步分析了中国国家身份转变对海洋利益保护的影响。消极影响包括：降低中国在国际组织表决机制中的影响力，对和平利用海洋原则造成冲击，不利于以发展中国家身份寻求特殊的利益保护。积极影响包括：有助于形成发展中国家毕业制度，加强海洋强国建设与国际法规则的协调，促进海洋科学研究的国际合作，避免与发达国家的普遍公式化对抗。

第四章是中国国家身份转变与海洋利益保护相协调的对策建议。主要包括理念与原则、法律规则与法律过程三个方面。人类命运共同体是中国在新时期提出的重要论述，从全人类的角度思考当代国际法问题成为了中国的一种重要贡献。从法律规则的角度来看，对于全球性海洋问题，可以通过针对具体问题拟定《执行协定》的方式对《联合国海洋法公约》的内容进行实质性的调整；对于与周边海洋邻国的海洋争议问题，可以分别和周边发展中国家与发达国家缔结区域性规则，针对周边国家中不同的国家身份有的放矢地进行国际海洋法规则与国家利益之间的相互协调。国际社会中发展中国家向发达国家过渡的制度缺失，逐渐成为中国国家发展过程中需要解决的重要国际法问题之一。从法律过程的层面来看，中国要提高立法过程中的有效参与，注重时代特征的变化对国家身份的影响，根据不同的法律议题，在坚持原则性基础之上提高中国在立法过程中的灵活性与参与度；在国家实践中重点参考发达国家的海洋治理手段，通过海洋空间的层次化治理、帮助治理能力不足的发展中国、共同促进人类海洋科学研究事业、提高全人类的福祉，弱化国家身份对立造成的世界分裂。

第一章　中国国家身份变动的
基本问题

　　每一次国际法体系的重铸，客观上都是对"文明与野蛮"国家、"先进与落后"国家、"成功和失败"国家的再定义。① 国家身份与国际法秩序之间存在着量变到质变的变化过程，20 世纪 40 年代国际社会产生的"发展中国家"与"发达国家"的二元分类方法对国际法的发展产生了重要影响，发展中国家通过第三次联合国海洋法会议对国际海洋秩序进行了变革式的法律创新。中国的快速发展面临的主要国际法问题之一就是如何重新界定中国在国际法上的国家身份。中国国家身份争议问题的产生是两方面因素作用的结果：一方面是中国国家发展的内部原因，另一方面是国际社会格局变化的外部原因。中国在推进国际秩序变革中的重要选项之一就是树立正确的国际身份定位。② 国家利益是国际法形成和发展的主要动因，但同时国家利益转变也是一部分国际法规则被破坏和重建的原因。③ 中国国家身份变动的基本问题由两部分构成，一是外部国际组织基于客观标准建立的国家身份分类方法，二是中国在经济

---

　　① 参见陈晓航：《等待"野蛮人"：国家理论、帝国秩序和国际法史》，载《北大国际法与比较法评论》第 15 卷，法律出版社 2018 年版，第 3 页。

　　② 参见唐世平：《国际秩序变迁与中国的选项》，载《中国社会科学》2019 年第 3 期，第 201 页。

　　③ 参见 Laura A. Dickinson, Toward a "New" New Haven School of International Law, Yale Journal of International Law, Vol. 32, 2007, p. 548。

指标、政治格局等方面取得的进步。在海洋领域，中国已经成为了国际海底管理局和国际海洋法法庭最大的会费国，同时常年向大陆架界限委员会信托基金自愿捐款。①

第一节 国际组织基于客观标准的国家身份分类

国家身份的共识观念、确认规则以及既定的身份秩序均是客观历史和现实因素的产物，这是国际社会一个比较复杂的主客观过程，不可能寄希望于一套具体的国际法规则就可以使国家身份得以确立。② 因此，在国际法上，国家身份的建构既是一个客观存在的过程，也是一个主观能动的过程；这是一种通过连续不断的过程确定国家身份的方式。

正是国家身份的主观性与客观性相结合的特点，才造成了发展中国家可能会主动选择加入发达国家团体，也可能会存在发达国家认为自身应当归入发展中国家团体的现象。③ 这种主客观不相统一的现象，其出发点都是为了谋求更多的国家利益，但同时这种现象也增加了确定国家身份的难度。暂且不谈更为复杂的主观因素，从客观因素的角度来看，发展中国家与发达国家身份的确定，可以分

---

① 参见耿爽大使发言："在第 77 届联大海洋和海洋法议题下的发言"，访问地址：http://un.china-mission.gov.cn/chn/zgylhg/flyty/hyfsw/202212/t20221210_10988286.htm，访问时间 2022 年 12 月 10 日。

② 参见赵洲：《论国际法上的国家身份建构》，载《法制与社会发展》2007 年第 6 期，第 83 页。

③ 例如：苏联解体之后的东欧国家，虽然由于客观上经济发展水平的限制应当归入发展中国家团体，但却争相积极加入欧盟这一发达国家团体，以享受欧盟国家内部福利政策。美国在客观的发展水平上应当归入发达国家团体，但是特朗普在任期间，多次在不同场合宣称"美国也是发展中国家，只是发展得比其他国家快了一点"。参见凤凰网资讯："特朗普发表演讲：美国是发展中国家 只是比别人都快"，访问地址：http://news.ifeng.com/a/20180920/60077332_0.shtml，访问时间：2018 年 12 月 1 日。

为新旧两套标准。① 传统的分类标准主要是以经济发展水平或者地理因素作为分类的主要考量因素，而新标准中比较有代表性的是人类发展指数分类法与世界银行分类法。不同的国家身份分类方法对于主权国家分类的名称也不相同，以最不发达国家为例，最不发达国家是联合国贸易和发展委员会对其的定义，世界贸易组织沿用了这一定义；但是世界银行则将部分国家定义为低收入国家，联合国粮食与农业组织将其定义为低收入缺粮国。

一、传统国家身份分类方法

传统的国家身份分类标准最早诞生于 20 世纪 40 年代。美国国际法学者法托罗斯（A. A Fatouros）曾在其编著的《国际法百科全书中》中详细梳理了发展中国家这一概念的流变历史，发展中国家这一概念产生之初仅仅是泛指一切贫穷或者落后的国家（Underdeveloped Country），到 20 世纪 50 年代才采取了以发展水平与模式作为考察标准的分类方法。② 发展中国家与发达国家的分类是以经济发展水平作为主要的区分标准，但是实际上也显示出了地理上的聚集性，根据这一概念发达国家大部分分布于北美洲和欧

---

① 美国白宫 2019 年 7 月 26 日发布的《关于改革世贸组织中发展中国家地位的总统备忘录》（Memorandum on Reforming Developing-Country Status in the World Trade Organization）认为国家身份的主观认定是当前世贸组织规则中最需要进行修改的内容，世界人均国民收入最高的 10 个国家和地区中有 7 个认为自身是发展中国家和地区（文莱、中国香港特别行政区、科威特、中国澳门特区、卡塔尔、新加坡和阿拉伯联合酋长国）。该报告特别批评了中国的发展中国家地位，认为中国在国内生产总值、商品出口总量、高科技商品出口量、对外投资总量、世界 500 强企业数等客观经济指标上来看，应当归入到发达国家团体中。参见美国白宫网站：https：//www. whitehouse. gov/presidential-actions/memorandum-reforming-developing-country-status-world-trade-organization/，访问时间：2019 年 8 月 11 日。

② 参见 A. A Fatouros，"Developing State"，Edited by Bernhardt. R，Encyclopedia of Public International law，North-holland Publisher，1992，p. 1017。

洲，而发展中国家主要分布于非洲、亚洲、拉丁美洲。① 另外一个特点是发达国家主要是过去的殖民国家，发展中国家主要是被殖民国家。在《布莱克法律词典》中，发展中国家还被认为是不发达国家（Less-developed Country）、正在发展中国家（Underdeveloped Country）以及第三世界国家（Third World Country）的同义词。②

发展中国家与发达国家二元分类体系的建立，不仅具有学理上的支持，实际上第二次世界大战之后多个国际法文件都反复确认了这种国家身份的分类方法，并逐步发展了这种分类方法的具体意涵。有学者认为"发展中国家"与"发达国家"正式成为一种国际法概念可以溯源到联合国大会1960年通过的《关于准许殖民地国家及其民族独立宣言》，它为经济落后的国家和民族谋求发展提供了依据和支持，极大地推动了他们谋求发展的决心与行动。③ 两年之后的1962年，联合国大会以大会决议的形式通过的《关于自然资源之永久主权宣言》是一件处处蕴含着发展精神的国际法文件，它以法律的形式保障了发展中国家对本国国内自然资源的最高主权。④ 1974年联合国特别会议通过的《建立国际新秩序行动纲领》与《建立国际新秩序宣言》，将调整发展中国家与发达国家之间不平等的经济关系作为发展目标，是发展中国家通过国际社会以国际法规范的形式确保自身发展权利的里程碑。⑤ 1974年12月12日联合国大会通过了《各国经济权利和义务宪章》，在其中的第14

---

① 政策定向法学派也认为通过地理学增强对于国际法的认知大有益处，对于不同国家所处地理环境的研究，能够帮助我们发现单纯国际法研究中一些容易被忽视的细节。参见 Hari M. Osofsky, A Law and Geography Perspective on the New Haven School, Yale Journal of International Law, Vol. 32, 2007, p. 453。

② Bryan A. Garner, Black's Law Dictionary, 9th ed, Thompson Reuters, 2009, p. 516.

③ 参见韩立余：《中国新发展理念与国际规则引领》，载《吉林大学学报（社会科学版）》2018年第6期，第50页。

④ 参见联合国大会第1803号决议。

⑤ 参见联合国大会第3201号和3202号决议。

条明确提出了酌情采用适当的措施促进发展中国家的经济发展。①《各国经济权利与义务宪章》实际上是在七十七国集团 1972 年所提出的《利马宣言》基础上形成的，发展中国家与发达国家身份分类产生巨大国际法影响的时间也恰好是第三次联合国海洋法会议期间，这种国家身份分类最终对 1982 年《联合国海洋法公约》的形成产生了重要影响。

在后续的发展中，发展中国家团体与发达国家团体都呈现出了组织化的发展趋势，比较显著的特征就是发展中国家团体所成立的七十七国集团（Group77，G77）与以发达国家为主要组成部分的七国集团（Group7，G7），俄罗斯于 1998 年加入七国集团，但在 2014 年被美国以及其他集团成员取消成员国资格。发展中国家发展较快的经济体被称为新兴经济体，新兴经济体如何融入发达国家团体已经不是一个时间问题，而是怎样融入发达国家团体的问题。② 这反映了国家身份问题虽然是以经济指标作为主要的客观区分对象，实际上也是一个政治问题。发达国家在国际海洋法领域，无一例外都是海洋大国，海岸线绵长，海洋科学技术先进，海上军事力量强大。因此，在联合国海洋法会议期间，发达国家团体组成了相对稳定的利益联盟，并且这种联盟打破了过去东西对抗的格局，苏联也加入了发达国家团体，与北约国家集团展开合作。

传统国家身份的分类方法非常僵化，国家集团也相当稳定，并且体现出虽然是以经济发展水平作为最主要的衡量标准，但是实际上综合了地理和政治等因素。这是一种被滥用的国家身份分类方法，它把国际社会分为上下两个部分（决策者与实践者），促使国际社会中被剥削的发展中国家集团接受了在国际社会中的不利地位。③ 在这种分类的视角下，国家身份的变动从主观上改变几乎

---

① 参见联合国大会第 3281 号决议。

② 参见唐颖：《全球治理中的发达国家与新兴国家》，外交学院博士学位论文，2010 年，第 129 页。

③ 参见 Tan Y. Kevin, The Role of Public Law in a Developing Asia, Singapore Journal of Legal Studies, 2004, p. 267。

是不太可能的，即使国家在客观上已取得巨大的经济发展。传统国家身份视角下国家集团也逐步走向了分化，发展中国家内部之间的差距越来越大，甚至影响到了联合国中的投票格局。发展中国家投票的集群效应是中国在国际社会最依赖的政治资源之一，以往中国长期受较为歉抑的投票方式影响，目前中国需要持守一种深度地参与国际规则制定的投票方式，这也造成了中国话语权下表达方式多元而复杂。①

二、联合国开发计划署国家身份分类法

人类发展指数（Human Development Index，简称HDI）是1990年由联合国开发计划署提出的评价国家发展水平的一种评价体系。每年联合国开发计划署都会出版以国别为基础的《人类发展报告》，其主要作用是关注全球对主要发展问题的讨论，提供新的评估工具、创新的分析以及政策建议。② 人类发展指数主要由三项评价指标组成：国民教育水平（Expected Years of Schooling）、国民健康水平（Life Expectancy at Birth）与国民生活水平（Gross National Income Per Capita）组成。国民教育水平有两项指标，分别是成人识字率与大学综合入学率；国民健康水平主要参考新生儿出生时的预期寿命；国民生活水平主要参考以实际购买力为标准的人均国民生产总值。③

人类发展指数作为一种评价体系弥补了以往对于发展中国家与发达国家以经济发展水平作为标准进行简单分类的不足，国家整体发展水平对人类发展指数的影响并不大，人类发展指数更加关注到了一国国民的生活环境处于人类发展的何种阶段。这种分类的创新点主要有以下几项：第一，打破了国家集团对于国家分类的影响，

---

① 参见蔡高强：《论国际组织表决机制发展中的中国话语权提升》，载《现代法学》2017年第5期，第155~158页。

② 参见联合国开发计划署网站：《人类发展报告》，访问地址：http://www.un.org/zh/aboutun/structure/undp/，访问时间：2022年11月1日。

③ 参见张维迎：《经济学原理（第四版）》，西北大学出版社2015年版，第369页。

不考虑国际社会中任何的政治因素进行国家分类。第二，对国家所处的发展阶段进行一种动态分类，而非静止化的一种分类方法，打破了以往发展中国家与发达国家团体相对稳定的状态。第三，鼓励主权国家将民生领域作为提高人类发展指数的主要方向，主权国家的科技、军事力量等优势只有转化为民生领域的进步才能提高人类发展指数。总体来看人类发展指数分类法是在和平理念之下建立的一套主权国家评价体系。

但是人类发展指数也存在着一些缺陷，其中有些缺陷处于正在完善的过程中，有些缺陷是人类发展指数作为一种新的评价方法所固有的。第一，人类发展指数初始选取的考察数据较少，影响三项基本指标的细化性内容较少，不过针对这一缺陷，联合国开发计划署正在逐步进行弥补。国民教育水平是人类发展指数中最重要的三项指标之一，但是国民教育水平的评价，只考虑到了国民接受高等教育的比例，对于国家高等教育的发展水平却不予考虑；在这项评价指标上，爱尔兰以99%的国民高等教育入学率，排名世界第一。第二，人类发展指数关注到了国民平均所处的人类发展阶段，但是对于国土面积庞大、地区发展不均的大国来说，人类发展指数并不是一项能够反映国民整体发展水平的评价体系。例如加拿大2017年人类发展指数为0.926，位居世界第12位，属于人类发展指数极高的国家之一，但是生活在加拿大近北极地区的爱斯基摩人的生活方式与生活水平却很难在人类发展指数中反映出来。因此，人类发展指数对于地区之间发展差距较大的国家的指示意义比较有限。第三，人类发展指数中将人类预期寿命作为最重要的三项标准之一，但是人种和生活的经纬度地区是影响人类预期寿命的重要指标，将一些无法改变的因素纳入人类发展指数的考察中意义不大。

虽然人类发展指数还存在着一些不足，但相对于传统的国家身份分类方法，人类发展指数已经显示出其进步性的一面，是目前国际社会中最被广泛应用的国家身份分类方法之一。

中国2019年人类发展指数为0.758，位居全世界第85位，世

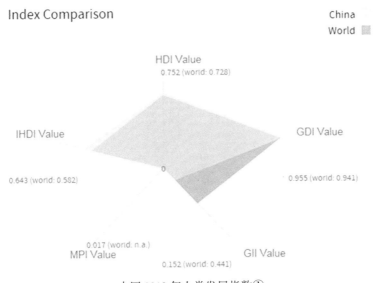

中国 2019 年人类发展指数①

界平均的人类发展指数为 0.731，中国在 2018 年刚刚进入高于 0.746 的高人类发展水平国家，发展中国家的平均人类发展指数为 0.668。人类发展指数是联合国开发计划署确定援助国与被援助国最重要的指标之一，国际社会对于中国发展中国家身份的争议越来越大，部分发达国家已经逐步取消了对华援助。例如德国、英国和澳大利亚分别于 2010 年与 2011 年正式结束传统的对华援助，欧盟也全部取消对华发展合作基金，日本在 2008 年结束对中国的无偿援助之后，又于 2019 年全面结束对我国的政府援助（Official Development Assistance）。② 人类发展指数评价体系设计的初衷是为了确定国际社会中不同国家间"施助者—受助者"的身份区分，从这一体系设计的现状来看，中国在国际社会中已经逐步由受助者

① 数据来源于联合国开发计划署网站，访问地址：http：//hdr. undp. org/en/countries/profiles/CHN#，访问时间：2022 年 11 月 10 日。

② 参见张久琴：《对中国"发展中国家"地位的再认识》，载《国际经济合作》2018 年第 11 期，第 14 页。

转变为施助者。

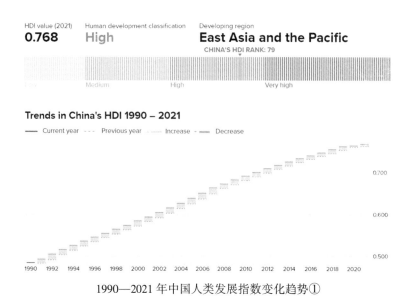

1990—2021 年中国人类发展指数变化趋势①

2020 年以来全世界受到新冠疫情的影响，世界平均人类发展指数在 2020 年、2021 年连续下降，其中 2020 年下降 0.004、2021年下降 0.003。主要国家经济体中美国人类发展指数 2020 年由 0.930 下降 0.010 至 0.920，2021 年微升 0.001 至 0.921；俄罗斯联邦的人类发展指数 2020 年由 0.845 下降 0.015 至 0.830，2021年继续下降 0.008 至 0.822。中国人类发展指数则逆势上升，2020年人类发展指数由 0.762 上升 0.002 至 0.764，2021 年由 0.764 上升 0.004 至 0.768，世界排名提升至第 79 位。2022 年发布的人类发展指数进一步增加了对于性别平等指数（Gender Development Index）的研究；1990—2021 年，中国性别平等指数由 0.873 提升至 0.984，中国女性社会地位与生活水平的提升速度高于男性的提升速度，在东亚国家中高于日本的 0.970 和韩国的 0.944，被联合

① 参见联合国开发计划署网站，访问地址 https：//hdr.undp.org/data-center/specific-country-data#/countries/CHN，访问时间：2022 年 11 月 12 日。

国开发计划署列入性别最为平等的第一国家群组。①

中国的中西部地区与东南沿海地区发展差距巨大，在分省市的地域性人类发展指数中，实际上中国的沿海地区已经达到了发达国家的发展水平。根据联合国的统计结果，全球有超过一半的人口生活在距离海洋不超过 200 英里（约 321 千米）的沿海地区，这更凸显了开发和利用海洋的重大价值。② 中国在人均寿命与国民经济发展的数据指标上超过了国际社会的平均值，但是在成人识字率等教育指标上与世界平均发展水平差距较大，这与中国高等教育恢复时间较短有一定的关系。在高等院校大规模扩招、高考录取率不断提高的发展趋势下，中国的人类发展指数还有很大的上升空间。由于人类发展指数在经济发展方面的权重指标，采用的是购买力评价的国内生产总值计算方法，中国 2021 年的人均国民生产总值为17504 美元，远高于中国官方与世界银行评价体系下汇率算法的人均国民生产总值。总体而言，人类发展指数对于主权国家的分类，抛弃了诸多政治因素，通过可以量化的指标对国家身份进行分类体现出其科学性与进步性，同时这一分类方法更加注重国民作为个体对国家发展水平的感知。但是这一分类方法并没有直接量化与海洋资源开发或海洋权益维护直接相关的指标，而下文中的世界银行的国家身份分类方法，就对国家获取海洋资源的能力进行了量化。

三、世界银行国家身份分类法

除了上述的传统国家身份分类法和人类发展指数分类法外，世界银行（World Bank）和国际货币基金组织（International Monetary Fund）根据经济发展水平确定的发展中国家与发达国家的国家身份确定办法同样是世界范围内被广泛应用的国家身份分类法。由于

①　参见联合国开发计划署网站，访问地址 https：//hdr. undp. org/gender-development-index#/indicies/GDI，访问时间：2022 年 11 月 16 日。

②　参见联合国网站，《世界上大多数人生活在距离海洋不超过 200 英里的范围内》，访问地址：https：//www. un. org/zh/sections/issues-depth/oceans-and-law-sea/index. html，访问时间：2019 年 10 月 2 日。

二者之间具有一定的相似性，主要考察了主权国家的经济发展指标与人均收入水平，为了更好地论述国家海洋资源获取能力对国家身份认定的影响，本书选择世界银行国家身份分类法进行进一步分析。世界银行分类法相比较于上文传统的国家身份分类法与人类发展指数分类法，它的主要优势是在世界范围内特别关注到了地区海洋空间的人类活动强度。这种方法既体现了传统国家身份分类法中发展中国家团体与发达国家团体呈现出区域聚集的特点，也关注到了人类在海洋空间的活动强度与国家身份之间的关系。

在世界银行的评价体系中，依据人均国民生产总值划分，中国属于世界范围内中高收入国家组别；在全球70亿人口中，比中国国民富裕的人口总数不超过10亿人。中国的人均国民生产总值2018年为9771美元，高于中等收入国家3956美元的标准，但尚未进入人均国民生产总值高于12235美元的高收入国家的序列，七国集团中人均国民生产总值最低的意大利的人均国民生产总值为34318美元。2021年中国人均国民生产总值为12556美元，正式进入高收入国家的行列。① 中国自2021年进入高收入国家团体之后，世界银行下属的国际复兴开发银行和国际开发协会，将不会再为中国提供金融贷款支持。在世界银行2022年2月15日发布的《2022世界发展报告》中，不再体现2021—2022年度对于中国的发展支持，改变了中国在世界银行体系下国家分类中的受助者角色。② 从世界银行的评价方法上看，无论是将中国归入发展中国家团体还是将中国归入发达国家团体，中国庞大的人口基数都会对发展中国家或者发达国家的经济指标产生重大影响，这也是中国现阶段国家身份难以确定的原因之一。

中国所处的东亚地区与发达国家密集的西欧地区都属于海洋空

---

① 参见世界银行网站：2021年国别数据-中国，访问地址：https：//data. worldbank. org/country/china？ view = chart，访问时间：2022年12月20日。

② 参见世界银行网站：《2022世界发展报告》，访问地址：http：//www. worldbank. org/en/publication/wdr2022，访问时间：2022年12月20日。

间中人类活动较为密集的区域，每年人类活动的时长超过了 876 小时。同样具有这一特征的，还包括了美国较为发达的华盛顿特区与纽约市所处的东部海岸区域。世界海洋工业捕鱼作业的强度并不是世界银行对不同国家身份进行定位分类的重要参考指标，但是它却从海洋资源开发的角度证实了发达国家大多具有强大的海洋资源获取能力，在这项指标上中国与西欧发达国家团体以及最主要的发达国家美国具有一定的相似性。青岛海洋科学与技术试点国家实验室和新华国际海洋资讯中心，在其编制的《全球海洋科技创新指数报告（2018）》中其认为中国海洋科技创新能力位居世界第五，前十名国家依次是：美国、德国、日本、法国、中国、韩国、澳大利亚、荷兰、挪威、英国。[1] 上述十个国家中有八个国家是传统的发达国家，韩国是"二战"之后进入发达国家团体的国家，目前中国是十个国家中唯一的发展中国家。海洋科技创新能力较强的国家都位于世界银行统计中海洋空间人类活动较为密集的区域。

除了上述在世界范围内被广泛且长时间应用的国家身份分类方法之外，也有国内学者提出"新兴市场国家三十国"（E30）的概念，其认为新兴市场国家已经不同于传统的发展中国家。[2] 从三种国家身份分类方法的比较中，我们可以得到两项结论：第一，过去所认为的中国总量大、人均少的指标特征已经有所变化；从这一逻辑出发对中国发展中国家身份自我认知最为有利的评价方法是人类发展指数分类法，但是即使基于这种分类方法，中国也已经属于高人类发展水平国家。第二，中国本身幅员辽阔，地区之间发展水平差异巨大，沿海地区的人类发展水平或已达到发达国家水平。海洋

---

[1] 《〈全球海洋科技创新指数报告（2018）〉发布》，载《中国海洋报》2019 年 1 月 15 日。

[2] "新兴市场国家三十国"是国内学者从发展经济学的角度，综合了人类发展指数的评价体系所提出的，它的十项指标包括：GDP 总量、贸易总额、人口总数、营商环境、经济增速、农业增加值占比、城镇人口占比、调整后收入指数、劳动力占比、平均受教育年限。参见胡必亮、唐幸、殷琳：《新兴市场国家的综合测度与发展前景》，载《中国社会科学》2018 年第 10 期，第 59~89 页。

资源的利用能力与国家身份之间具有一定的正相关性，西欧沿海地区、美国东海岸地区及中国所处的东亚地区都是人类海洋活动较为频繁的区域。

第二节　支持中国国家身份变动的主要论据

中国国家身份争议问题的产生是两方面因素导致的结果，一方面是改革开放以后国家的迅速发展使得中国在发展中国家团体中的地位显得比较特殊，另一方面的原因是传统的发展中国家与发达国家分类方法较为僵化，已经不能适应新形势的发展。我国在对外政策上长期以发展中国家为本位展开对外交往，会逐渐由利大于弊向弊大于利的方向转变。制约我国政策转变的原因从发展中国家的角度看，是因为我国的国际话语权严重依赖第三世界国家；从发达国家的角度看，是因为我国缺乏以发达国家身份参与国际治理的经验。国家身份的模糊性是制约我国参与国际谈判的主要因素，我国现阶段发展的尴尬之处是无论加入发展中国家集团还是加入发达国家集团，都无法反映我国的自身特色。[1] 中国国家身份转变过程中的主要矛盾是客观指标上不断向发达国家看齐，但在国家的主观认知方面缺乏以新的国家身份参与国际治理的准备。支持中国国家身份变动的主要观点大体上从经济发展水平、国际社会的政治格局以及部分法律文件三个方面分析了中国在国际社会中身份地位的提升。

一、经济指标

从国际组织对主权国家进行国家身份分类的方法来看，联合国开发计划署、世界银行、国际货币基金组织等都把主权国家的经济发展水平作为影响国家身份界定最重要的指标予以考察。当今世界上质疑中国发展中国家地位的代表观点是"经济体量说"，这与中

---

① 参见陈贻健：《国际气候法律新秩序构建中的公平性问题研究》，北京大学出版社 2017 年版，第 223 页。

国改革开放 40 年创造了世界瞩目的经济增长奇迹,GDP 总量远超日本成为世界第二大经济体密切相关。①

(一)国内的发展成就

中国本身的国内发展规划并不排斥发达国家身份,实际上中国在上世纪 80 年代提出的"两个一百年"发展目标中就明确提出到 21 世纪中叶达到中等发达国家的发展水平。国际货币基金组织也根据中国自身对于 2050 年国家发展的规划,设计了在追赶情景下中国经济发展的预测并出具了相关报告,2019 年 8 月发布的《中华人民共和国:2019 年国别经济发展报告》预测中国在追赶模型下 GDP 总量在 2028—2032 年间超过美国。②

"两个一百年"发展目标,最早产生于 1987 年的中国共产党第十三次全国代表大会,它的内涵是:在中国共产党成立一百周年时,全面建成小康社会;在新中国成立一百周年时,建成富强民主和谐的现代化国家,达到中等发达国家的发展水平。③ 我国未来以发达国家身份参与海洋法律秩序变革是国家发展规划的一种必然结果,发达国家身份定位符合"两个一百年"的发展目标。中华人民共和国成立之后,不同时期的国家领导人审时度势地对海洋事业提出了不同的战略发展目标:毛泽东提出"加强防卫,巩固海防"的战略部署,邓小平紧扣和平与发展的时代主题提出"加快经济建设与沿海地区开放"的经济发展要求,习近平准确把握百年未有之大变局的世界发展趋势,开启了"依海强国、以海富国、人海和谐"的新征程。④ 未来发达国家身份定位密切联系了党为国家设计的发展路径与发展目标,通过提高我国参与全球治理的能力推

---

① 参见马莹:《WTO 改革视角下再论中国的发展中国家地位》,载《上海对外经贸大学学报》2019 年第 6 期,第 18 页。

② 参见国际货币基金组织国别报告第 19/266 号。

③ 参见王从标:《关于"两个一百年"奋斗目标》,载《党的文献》2017 年第 5 期,第 5 页。

④ 参见贾宇、张小奕:《毛泽东、邓小平和习近平的海洋战略思想初探》,载《边界与海洋研究》2018 年第 3 期,第 16 页。

动国际秩序朝着更加公正合理的方向发展，为实现"两个一百年"的奋斗目标创造更加有利的外部条件，"两个一百年"的奋斗目标就是实现中华民族伟大复兴的中国梦。① 国家发展和改革委员会依据不同的分类方法，深入研究了中等发达国家发展水平的具体意涵。到 2049 年，我国达到中等发达国家发展水平，需要在人均GDP 上超过 43000 美元，处于同一发展水平的发达国家主要包括：法国、德国、日本、加拿大、意大利等 10 国。② 这十个国家均签署和加入了《联合国海洋法公约》。法国《世界报》称，中国与欧盟应当共同维护国际秩序，应对美国的单边主义，中欧站在了同一战壕内，是国际社会中新的"两国集团"（G2）。③

在实现"两个一百年"的发展目标过程中，中国取得了举世瞩目的发展成就。④

一是经济实力显著增强。从 1952 年至 2018 年，中国工业增加值从 120 亿元增加到 30 万亿元，按照不变价格计算增长了 900 多倍，年均增长 11%；国内生产总值从 679 亿元增加到 90 万亿元，按不变价计算增长 174 倍，年均增长 8.1%；人均国内生产总值从119 元增加到 2019 年的 70892 元，按不变价计算增长 80 倍。根据世界银行数据，按市场汇率计算，2018 年中国经济规模为 13.6 万亿美元，仅次于美国的 20.5 万亿美元。目前，中国是世界上唯一拥有联合国产业分类目录中所有工业门类的国家，多项工业品产量居世界第一。

---

① 参见习近平：《论坚持推动构建人类命运共同体》，中央文献出版社2018 年版，第 383 页。

② 参见国家发展和改革委员会经济研究所课题组：《未来三十年国内外发展环境变化及第二个百年奋斗目标展望》，载《经济纵横》2018 年第 3 期，第 37 页。

③ 参见《参考消息》官方网站："外媒：中欧站在了国际战壕同一边"，访问地址：http://column.cankaoxiaoxi.com/2019/0329/2375866.shtml，访问时间：2019 年 4 月 8 日。

④ 参见中华人民共和国国务院新闻办公室：《新时代的中国与世界》，人民出版社 2019 年版。

二是人民生活水平极大提高。经过长期努力，中国人民从饥寒交迫、解决温饱到实现总体小康，正在迈向全面小康。按照现行农村贫困标准计算，中国农村贫困人口从 1978 年的 7.7 亿人，下降到 2018 年的 1660 万人，农村贫困发生率从 97.5% 下降到 1.7%，下降了 95.8 个百分点，创造了人类减贫史上的奇迹。国际货币基金组织对贵州的走访调研同样支持了这一结论，中国的绝对贫困人口比例已经下降到 3% 以下，与中国政府到 2020 年消除绝对贫困的目标十分接近。① 70 年前，中国人均预期寿命 35 岁，2018 年达到 77 岁，远高于世界平均预期寿命 72 岁，显著提高了中国在人类发展指数方面的国际排名。

三是贸易第一大国的地位持续稳固。与 1978 年相比，中国进出口贸易的总额增长了 223 倍，与世界上 230 多个国家、地区存在着贸易往来，与 25 个国家与地区达成了 17 个自贸协定，几乎加入了所有国际社会重要的经济与金融组织。2018 年中国的进口与出口的总额分别占到了全球货物贸易进口与出口总额的 10.8% 与 12.8%，稳居世界第一。

这些国内的客观发展成就都反映在了国际组织对国家身份分类的数据统计之中，以客观标准的形式证明了中国不断向发达国家身份过渡的事实。在国际组织的国家身份分类标准量化之后，国际社会还从未有过一个体量如此庞大的国家实现从发展中国家身份向发达国家身份的过渡，这也是我们所处的"百年未有之大变局"时代背景内涵之一。

（二）国际社会的排名

经济指标是一直处在动态变化过程中的数据，中国取得举世瞩目的发展成就，也要在横向上同其他国家进行对比排名，确定自身的国家身份。过去长期以来所认为的中国国家经济数据存在"总量高，人均低"的特点已经有所转变，体现出"总量领先，人均偏高，发展不平衡"的特点。

---

① 参见国际货币基金组织国别报告第 19/266 号。

在国际组织若干种国家身份分类方法中，国内生产总值与人均国民生产总值是影响国家身份认定最重要的两项指标。根据联合国贸易和发展会议（United Nations Conference on Trade and Development）2019 年的统计数据，中国按照美元汇率比价的 GDP 总量超过了 13 万亿美元，位居世界第二。①。

联合国粮食与农业组织出具的报告《2019 年粮食与农业概况》中，与中国有关的统计数据同样体现出了中国在国家组别分类中"总量领先，人均偏高"的特点。以冷链面积为例，冷库空间体现了一个国家农业发展的先进程度，人均冷库空间越大意味着对于粮食的保护与运输越有利，进而保证国民的粮食安全。中国的冷库空间体积在 2 亿立方米左右，位居世界第一；人均冷库空间达到了 0.15 立方米，排名世界第 22 位，虽然中国属于中等偏高收入国家组别，但是即使将中国放入高收入国家组别中，这一数据也与法国、意大利接近，而与荷兰、美国、英国差距较大。②

国际货币基金组织 2019 年发布的报告《中华人民共和国：2019 年国别经济发展报告》还对中国国家发展的趋同率进行了统计，趋同率是指在该行业中主权国家与世界前沿水平的趋同比例。③ 该报告引用了中国 2015 年的统计数据，中国的工业趋同率为 35%，高新技术产业趋同率为 43%，2015 年与中国工业趋同率较为接近的国家包括法国、西班牙和意大利，但这些国家人均收入约为中国的 3 倍，而中国的工业结构相比较于中国的收入水平更为先进。

----

① 参见 United Nations Conference on Trade and Development：Genral Profile：China，available at：https：//unctadstat. unctad. org/CountryProfile/GeneralProfile/en-GB/156/GeneralProfile156. pdf，last visited on December. 2，2019。

② 参见 Food and Agriculture Organization of the United Nations：2019 The State of Food and Agriculture：Moving Forward on Food Loss and Waste Reduction，available at：http：//www. fao. org/3/ca6030en/ca6030en. pdf，last visited on December. 3，2019。

③ 参见国际货币基金组织国别报告第 19/266 号。

联合国贸易与发展会议（UNCTAD）的跨国投入产出数据，也阐释了中国在国际贸易体系中结构性权力的迅速提升。结构性权力是国际关系领域对于国家权力的具体化内容之一，国际关系中的国家权力可以分为实力性权力、关系性权力与结构性权力。中国在全球价值链中的增加值输入性权力与增加值输出性权力均有较大幅度的提升，中国在全球价值链中的结构性权力的上升并非以欧洲主要发达国家结构性权力的下降为代价，而是与美国的结构性权力展现出此消彼长的关系，中国与美国在全球价值链中的结构性权力自2015年开始已十分接近。① 结构性权力是中国经济高速发展向国际治理能力领域产生影响的重要体现，也是对抗美国自特朗普政府时期开始的单边主义制裁的底气所在，中国结构性权力的获得依赖于依靠海洋相互连接的人类社会。

相比较于美国等发达国家的历史发展过程，中国存在着经济高速发展与结构不平衡并存的问题。② 广东省作为中国 GDP 总量最高的省份，2018 年全省 GDP 达到了 97277 亿元人民币，总量与澳大利亚、西班牙、韩国等国家相当，人均 GDP 与葡萄牙相当。与此同时，甘肃省 2018 年 GDP 总量为 8246 亿元人民币，总量与安哥拉、乌克兰等国相当，人均 GDP 与阿尔及利亚与萨摩亚相当。③广东省的经济发展水平已经达到了发达国家的发展水平，而与此同时甘肃省的经济发展水平相当于国际社会中最不发达国家的经济发展水平，地区之间发展差距大是中国现阶段的重要国情之一。单一地以发展中国家或者发达国家身份来评价当今中国的经济发展水平，都显得有些偏颇。

据有关学者统计，在 WTO 贸易体系中，中国在 1986 年加入

---

① 参见庞珣、何晴倩：《全球价值链中的结构性权力与国际格局演变》，载《中国社会科学》2021 年第 9 期，第 11 页。

② 参见唐兆涵、陈璋：《我国经济增长与区域不平衡发展结构的关系及演变——基于技术进步方式转型视角的研究》，载《当代经济管理》2020 年第 1 期，第 3 页。

③ 以上数据来源于国家统计局网站：http：//data. stats. gov. cn/ks. htm？cn＝E0103&zb＝A0101？＝620000，访问时间 2020 年 1 月 4 日。

GATT 时, 人均国民生产总值 (购买力平价, 下同) 为 677 美元, 美国人均国民生产总值约为 19035 美元; 2001 年中国加入 WTO 时, 人均国民生产总值为 3206 美元, 同期美国人均国民生产总值为 37101 美元; 2018 年中国人均国民生产总值为 18116 美元, 同期美国人均国民生产总值为 62870 美元。[①] 在 2020 年国际社会新冠疫情发生之后, 中国作为发展中国家向包括西班牙、意大利在内的传统发达国家提供医疗支援, 这进一步提升了中国作为世界性大国的国家形象; 与此同时美国企图污蔑中国而将新冠肺炎称为 "中国肺炎" (China Virus) 或 "武汉肺炎"(Wuhan Virus) 的行为, 进一步降低了国际社会对于美国的形象认知。新冠疫情在全球的蔓延, 更加使得国际社会认识到中国在全球贸易与供应链体系中举足轻重的国家地位。

虽然在不同评价体系中对于中国国家身份认定的结果并不完全相同, 但是中国经济发展水平取得巨大进步, 多项经济指标的国际排名不断提升是各种评价方法的结论较为统一的一点。尤其是国际货币基金组织的报告还认为中国经济仍然会保持高速增长, 中国的国民收入水平还存在着很大的提升空间, 这就使得国际社会中部分国家对于中国发展中国家身份的质疑日益强烈。

二、政治格局

国际社会力量对比的变化, 深刻地影响了国家在国际社会中的制度性话语权, 而制度性话语权可以评价国家行为的合法性。[②] 习近平主席指出: "全球治理格局取决于国际力量对比, 全球治理体系变革源于国际力量对比变化。"[③] 国际社会力量对比也是一个动

---

① 参见 Kevin J. Fandl, Is China's Rise the WTO's Demise?, Georgetown Journal of International Law, Vol. 52, No. 3, 2021, p. 626 (因统计方式与信息来源不同, 此文数据与其他数据不一样, 仅做参考比较之用)。

② 参见车丕照:《国际法的话语价值》, 载《吉林大学学报 (社会科学版)》2016 年第 2 期, 第 35 页。

③ 习近平:《论坚持推动构建人类命运共同体》, 中央文献出版社 2018 年版, 第 384 页。

态变化的过程，其突出客观表现之一就是制度性话语权逐渐由西方话语权主导的七国集团（或称 G7），向发达国家与新兴市场国家共同主导的二十国集团（或称 G20）过渡。G7 国家集团包括美国、英国、德国、法国、日本、意大利和加拿大，G20 国家集团除上述七国之外还包括了 13 个重要经济体，分别为中国、阿根廷、澳大利亚、巴西、印度、印度尼西亚、墨西哥、俄罗斯、沙特阿拉伯、南非、韩国、土耳其、欧盟。有学者认为 G20 集团的产生与发展反映了新兴经济体的崛起，从国际法的角度认为 G20 集团可以以制定国际软法的形式参与全球治理。① 政治因素是国家身份分类标准中难以回避的重要问题，看似是以经济发展水平、人类发展指数等客观标准予以确定的国家身份分类方法，实际上也受到发展中国家与发达国家之间长期政治对立的影响。传统国际法严格区分政治与法律，认为政治的特点是任意、专断、无序、冲突和等级，而法律的特点是规则、理性、秩序、和平与平等；国际法上主权国家的身份建构就是建立在国际政治的基础之上，传统国际法所持的法律与政治的严格两分已无法维持，国际法的运行过程本身就是一个政治竞争与决策统一的过程。②

（一）七国集团影响力的下降

七国集团建立的初衷是提供一个非制度化的论坛，让有共同思想或者对世界秩序具有相同理解的国家领导人能够聚在一起，分享各自的想法与对共同问题的关注，在自愿的基础上实现政策的集中与协调。③ 七国集团是国际社会中国家身份属性的集中体现，也是量化评价国家身份基础之上，从全球观的角度对国家的再次分类，七国集团影响力的变化反映了国际社会力量对比的变化。

---

① 参见徐凡：《G20 机制建设研究》，对外经济贸易大学博士论文，2014 年，第 98 页。

② 参加陈一峰：《国际法的"不确定性"及其对国际法治的影响》，载《中外法学》2022 年第 4 期，第 1115 页。

③ 参见余永定：《崛起的中国与七国集团、二十国集团》，载《国际经济评论》2004 年第 5 期，第 9 页。

第一，特朗普任总统之后，美国单边主义的抬头严重削弱了七国集团的影响力。随着美国国家实力相对持续下降，美国背弃多边制度体系，引发了全球治理体系变革的话语权博弈；中国应当根据自身的国际定位、发展阶段和外部制约条件，选择适当的策略提高制度性话语权，推进全球治理体系的合理变革。① 特朗普政府贸易政策转向单边主义，是对制度话语权不断由发达国家主导向发展中国家与发达国家共同主导趋势的一种对抗。美国针对其他七国集团国家无差别挥舞的关税大棒，使得 2019 年七国集团峰会成为其历史上首次未发表共同意愿或者观点文件的七国集团峰会。②

第二，七国集团对于主要发展中国家崛起的警惕性日渐提高，其影响力逐渐被缩小在发达国家团体内部。由于发展中国家与发达国家之间的巨大差距，七国集团在 21 世纪之初积极邀请发展中国家共同参与七国集团对于全球经济问题的讨论，2003 年胡锦涛主席出席了七国集团与发展中国家的对话会议，这也是中国首次正式参加七国集团的相关活动。③ 但随着主要发展中国家经济实力的不断增强，七国集团中针对以中国为代表的发展中国家相关议题逐渐增多。针对中国等发展中国家的崛起，其制定了高标准的区域贸易协定，如《美国—加拿大—墨西哥贸易协定》《欧洲—加拿大全面贸易协定》《欧洲—日本经济伙伴协定》等，削弱现有的 WTO 贸易机制。这种在经济贸易领域不断针对中国崛起的措施，逐渐扩大到了海洋领域，国际社会中此消彼长的力量特征已经发生重要变化，中国国家实力不断增强的发展态势对发达国家团体的影响并不一致。传统七国集团框架下的协调机制越来越展现出遏制中国崛起的倾向，而二十国集团框架下的协调机制承担了更多全球治理的任务，成为发展中国家与发达国家共同推动世界进步与发展的平台。

---

① 参见陈伟光、王燕：《全球经济治理制度博弈——基于制度性话语权的分析》，载《经济学家》2019 年第 9 期，第 35 页。

② 参见周武英：《G7 影响力日渐式微》，载《经济参考报》2019 年 8 月 28 日，第 3 版。

③ 参见余永定：《崛起的中国与七国集团、二十国集团》，载《国际经济评论》2004 年第 5 期，第 11 页。

七国集团领导人会议在 2015 年 4 月 15 日发布了一份《七国外长关于海洋安全问题的声明》（G7 Ministers Issue Declaration on Maritime Security），特别强调了在南海和东海的海洋安全问题，针对中国的意味十分明显，这在其成立 40 余年的历史中尚属首次。①

第三，七国集团未能实现由"发达国家富人俱乐部"向"大国论坛"的转变，面临的制衡力量不断增多。七国集团面临的主要制衡力量包括俄罗斯、中国和其他新兴经济体，他们成为七国集团制衡力量的原因并不完全相同。俄罗斯在 1997 年 6 月七国集团第 23 次峰会期间，由时任俄罗斯总统叶利钦以"同等成员"的身份参加了七国集团峰会，当年以八国首脑会议的名义共同发布了公报。但俄罗斯与七国集团国家之间始终以"7+1"的形式进行合作，对于俄罗斯而言并没有找到"家里一样的感觉"，普京更是直言不讳地说"七国集团峰会并不是在与俄罗斯交换意见，而是美国的一言堂"。② 2014 年 6 月计划在俄罗斯索契举办的八国领导人峰会由于俄乌天然气争端的原因，遭到了西方国家的集体抵制，俄罗斯也退出了八国集团。中国在经济发展上的巨大成就，客观上严重削弱了七国集团在全球经济领域的影响力，七国集团 GDP 总值相比较于其成立之初，从全球占比的 75% 下降到了 2015 年的 50% 以下。七国集团与中国之间长期存在着一种默契，就是七国集团发展与中国之间的关系以不干涉中国内政为前提，但中国在联合国和二十国集团中的重要地位使得中国对于加入七国集团并无太多需要，七国集团也从未邀请中国加入。有学者认为，发展中国家与发达国家的身份分类并不是一种简单的经济划分，而是一种国际法的划分方法，俄罗斯进入七国集团之后又被开除、七国集团从未邀请中国加入七国集团都反映了国际法体系

---

① 需要指出的是，这份声明中并没有按照日本的建议直接点名中国，而是以"南海""东海"的形式，影射中国。参见高兰：《〈联合国海洋法公约〉的缺陷及中美日南海海权博弈对策比较分析》，载《国际观察》2016 年第 4 期，第 52 页。

② 参见尤里·塔夫罗夫斯基：《从"7+1"到"8-1" 八国集团已名存实亡》，载《人民日报》2014 年 5 月 21 日，第 23 版。

中国家身份分类的封闭性。[1]

七国集团是发达国家集团中的代表，也是第三次联合国海洋法会议期间发达国家集团的主要部分。七国集团组成的长期固化，反映了发展中国家与发达国家分类并不仅仅是基于经济发展水平而进行的国家分类，实际上也反映了国际社会中的主要矛盾与政治格局。与七国集团影响力下降相对应的是二十国集团影响力的提升，这种此消彼长的国际社会力量变化与以中国为代表的新兴市场国家的崛起密不可分。

（二）二十国集团影响力的上升

二十国集团是世界范围内工业化国家一同寻求解决影响全球经济发展系统性问题的合作框架，它包含了世界上三分之二的人口与全球 85% 的 GDP 产出。[2] 2009 年在匹兹堡峰会期间发表的《领导人声明》中，正式决定二十国集团取代八国集团作为国际经济合作的主要平台。[3] 这种变化体现出在国际政治格局中参与者主体的变化，七国集团成立之初的 GDP 总值也曾经达到了全球经济总量的 75%，二十国集团的产生与发展反映了国际社会中主要参与者的变化。国际法规则的形成过程分为参与者的期望表述（expectations of pattern）与参与者间的权威统一（uniformity in decision）。[4] 国际社会主要参与者组成的变化反映了国际社会的力量对比变化，二十国集团影响力的提升主要有以下三点表现。

---

① 参见 Onuma Yasuaki, International Law in a Transcivilizational World, Harvard International Law Journal, Vol. 59, 2018, p. 440。

② 参见 Peter Holcombe Henley；Niels M. Blokker, The Group of 20：A Short Legal Anatomy From the Perspective of International Institutional Law, Melbourne Journal of International Law, Vol. 14,, 2013, p. 550。

③ 参见李杰豪：《体系转型与规范重建——国际法律秩序发展研究》，社会科学文献出版社 2019 年版，第 175 页。

④ 参见 Myres S. McDougal, & W. Michael Reisman, The Prescribing Function in World Constitutive Process：How International Law Is Made, Yale Studies in World Public Order, Vol. 6, 1980, p. 253。

第一，中国国家实力的增强，使得二十国集团峰会成为发达国家与中国就全球治理问题进行沟通和交流的重要平台。有学者认为二十国集团峰会的产生与中国是否加入七国集团这一问题密切相关，其认为中国既希望能够参加七国集团，发挥与自身经济实力相适应的影响力，但又担心七国集团对于中国内政问题的干预；在七国集团峰会40年的发展历程中，随着中国经济实力的不断增强，七国集团逐渐希望能够与中国发展"对话伙伴关系"（dialogue partner），但是中国参与七国集团峰会的形式与身份始终是个难题。① 1999年七国集团科恩峰会之后，对于中国加入七国集团的呼声越来越高，1999年9月25日在华盛顿由七国集团财长发起成立了二十国集团以迎合新兴市场代表性的需要。② 这种合作形式，使得中国参与二十国集团峰会的积极性大大提高，而二十国集团峰会也随着中国经济的飞速发展发挥着越来越重要的作用。

第二，二十国集团峰会所关注到的问题，逐渐从经济领域过渡到国际社会的其他领域，呈现出一种对全球性问题进行讨论的发展趋势。二十国集团框架下的协调机制也关注到了蓝色海洋经济的发展和海洋环境保护问题，2019年6月27日在大阪举行的二十国集团领导人峰会在《二十国集团领导人大阪共同宣言》中提出到2050年实现海洋塑料垃圾的零排放等海洋环境保护目标。③ 与此相对应的是，通过这种对比，我们可以发现在制度话语权中，七国集团的话语权已经无法代表整个国际社会对于关键性议题的意见，逐渐转变为一种遏制发展中国家崛起的协调制度。二十国集团峰会所关心的议题更加与全人类的命运紧密相关，这反映在国际社会的

① 参见 Peter Holcombe Henley, Niels M. Blokker, The Group of 20: A Short Legal Anatomy From the Perspective of International Institutional Law, Melbourne Journal of International Law, Vol. 14,, 2013, p. 559。

② 参见余永定：《崛起的中国与七国集团、二十国集团》，载《国际经济评论》2004年第5期，第11页。

③ 参见二十四集团网站：《二十国集团领导人大阪共同宣言》，访问地址：https://www.g20.org/en/，访问时间：2019年9月12日。

力量对比中，以中国为代表的新兴经济体呈现出逐步上升的态势，发达国家团体的力量则呈现出了相对下降。国际组织作为现代国际社会中的一种结构形态，是国家间多种力量与人类愿望平衡的必然结果。① 这种国际社会中力量对比的变化，使得国际法在多个领域的发展呈现出一种相对滞后的特征，即国际社会力量对比的变化引起国际法律秩序变化。二十国集团领导人会议的重点除了传统的经济议题之外，海洋议题也成为了二十国集团共同推进国际社会法律秩序变革的重要领域，这体现了国际海洋法问题密切受到国际社会力量对比变化的影响。

第三，二十国集团峰会提供了一种主权国家以多重国家身份或小国家团体的形式参与全球治理的可能，缓解了发展中国家与发达国家的二元对立，实现了政治平衡与经济发展的相辅相成。二十国集团的组成实现了在七十七国集团（G77）与七国集团之间的平衡，发展中国家发展较快的"金砖"国家团体进入了进一步加强与发达国家对话的阶段。同时二十国集团还注重了国家间的地理邻近，欧盟与中日韩三国的东亚国家团体都成为了二十国集团之下相对较小的国家团体，这种组成有效降低了美国的影响力。二十国集团国家组成的复杂性使得其只能选择相对软化的治理机制，正是这样的制度设计才避免了二十国集团成为"空话超市"（empty talk shop），使得主权国家能够在二十国集团范围内表达自身最真实的想法与意见。②

国际治理体系由七国集团向二十国集团的过渡也反映了发展中国家团体与发达国家团体之间仍然存在着难以逾越的鸿沟，即使是新兴经济体实现了国家身份向发达国家的转变，在发达国家团体内

---

① 参见梁西著、杨泽伟修订：《梁西国际组织法（第七版）》，武汉大学出版社 2022 年版，第 402 页。

② 参见 Sungjoon Cho & Claire R. Kelly, Promises and Perils of New Global Governance: A Case of the G20, Chicago Journal of International Law, Vol. 12, 2012, p. 562。

部也会进行区分。二十国集团影响力的提高能够有效缓解中国国家发展所面临的身份困境，二十国集团本身也并不将七国集团与七十七国集团作为自身的比较对象，与其说是发展中国家的集体崛起造就了二十国集团的产生与发展，不如说是发展中国家与发达国家的国家身份分类方法已经逐渐不能满足国际社会主权国家多重国家身份的需要。

三、法律文件

中国国家身份变动不仅仅体现在经济与政治领域，部分法律文件也表达了对于现阶段中国发展中国家身份的疑问。其中既包括外部对于中国家身份质疑的法律文件，如特朗普在任期间发布的《关于改革世贸组织中发展中国家地位的总统备忘录》；也包括中国内部对于自身国家身份的新表述，如《〈联合国海洋法公约〉第28次缔约国会议秘书长报告》中中国代表的有关发言。发展中国家毕业制度的缺失使得中国的国家身份问题成为国际社会中新的博弈点，美国将中国国家身份变动与鼓吹中国威胁论相互联系，因人设事地要求取消中国的发展中国家待遇，并要求美国贸易代表办公室定期报告有关问题的进展。2018年6月《联合国海洋法公约》第28次缔约国会议上中国在发展中大国身份的基础上，进一步提出了"发展中海洋大国"（developing oceanic country）的概念，其内涵是中国将始终做国际海洋法治的维护者、和谐海洋秩序的构建者、海洋可持续发展的推动者。①

（一）《关于改革世贸组织中发展中国家地位的总统备忘录》

美国总统办公室2019年7月26日公布的《关于改革世贸组织中发展中国家地位的总统备忘录》与2019年1月15日美国向世界

---

① 参见常驻联合国副代表吴海涛大使：《在〈联合国海洋法公约〉第28次缔约国会议"秘书长报告"议题下的发言》，访问地址：http://www.china-un.org/chn/zgylhg/flyty/hyfsw/，访问时间：2019年7月30日。

贸易组织提交的文件《一个无差别的世贸组织：自我认定的发展地位威胁体制的相关性》① 具有高度的相关性。中美之间围绕发展中国家身份地位问题展开激辩是中美贸易战的重要背景，在多边场合中的交锋失败，使得美国又意图通过单边法律文件迫使中国放弃发展中国家身份。2022 年 12 月 24 日美国总统拜登签署了《2023 年度国防授权法案》（National Defense Authorization Act for Fiscal Year 2023），在其第九部分美国国会预期性观点与主张的第一小节，明确提出要求取消中国的发展中国家地位，并要求国际组织更新对于中国发展中国家身份的认定，其唯一理由是中国已经实现了工业化（industrialized）。② 从美国处心积虑地要求取消中国发展中国家身份定位的主张来看，其并未依据国际组织对于国家身份分类的新方法，而是企图以霸权主义行径强行剥夺中国的发展中国家身份定位。

美国 2019 年 1 月 15 日提交的文件《一个无差别的世贸组织：自我认定的发展地位威胁体制的相关性》将对于发展中国家身份地位的质疑重点指向了中国，从人类发展指数、宏观经济指标、外商直接投资、企业规模、超级计算机、航天航空技术、军事实力等八个方面力图证明中国已经不属于发展中国家。随后美国在 2019 年 3 月 1 日以"总理事会决定草案"的形式进一步总结梳理了美国对于发展中国家身份认定的观点，认为 WTO 成员中满足下列四项中的任意条件均不应再享受发展中国家身份待遇：

（1）即将或者已经成为经济合作与发展组织成员国（Organization for Economic Cooperation and Development）；

（2）二十国集团成员（G20）；

---

① 参见 World Trade Organization：An Undifferentiated WTO：Self-Declared Development Status Risks Institutional Irrelevance, available at：https：//docs. wto. org/dol2fe/Pages/FE _ Search/FE _ S _ S009-DP. aspx？language = E&CatalogueIdList = 251556&CurrentCatalogueIdIndex = 0&FullTextHash = 371857150 &HasEnglishRecord = True&HasFrenchRecord = True&HasSpanishRecord = True，last visited on January. 3, 2020。

② 参见美国第 117 届国会文件：H. R. 7776。

（3）世界银行认定的高收入国家；

（4）国际经济贸易中进出口总额占全球商品贸易总额的比重超过 0.5%。①

以上四项标准中，第一项经济合作与发展组织成员国只对市场经济国家开放，中国的市场经济国家地位长期未获得大部分西方国家的承认，因此中国还暂时不是经济合作与发展组织成员国。中国也暂时不符合第三项标准的要求，但距离世界银行所认定的高收入国家标准的差距并不大。中国符合第二项与第四项的要求，是二十国集团成员，也是世界贸易中最主要的进出口国之一。

美国还借助其国内法律文件《关于改革世贸组织中发展中国家地位的总统备忘录》，力图发挥本国国内法的域外影响力。特朗普政府对外采取单边主义和贸易保护主义措施，通过滥用"长臂管辖权"对中国发起贸易战，还通过国务院、商务部、财政部等不同部门寻求制裁中国。②《关于改革世贸组织中发展中国家地位的总统备忘录》中援引美国 1962 年《贸易扩张法》（Trade Expansion Act of 1962）第 242 条，要求美国贸易政策委员会对发展中国家身份问题作出调查报告并出具存在这一问题的国家名单。还援引美国 2017 年 4 月 4 日通过的《国家安全总统备忘录》（National Security Presidential Memorandum），要求美国国家安全委员会协助美国贸易代表办公室对这一问题进行调查。美国将国际法与国内法相结合的法律手段，作为其针对中国国家身份争议问题最有杀伤力的武器。

发展中国家向发达国家过渡制度的缺失，使得美国不仅在世界贸易组织中屡次针对中国等国家的国家身份问题提出议案，还意图通过本国的国内法文件寻求对中国的制裁。关于中国国家身份问题

---

① 参见 World Trade Organization：Draft General Council Decision：Procedures to Strengthen the Negotiating Function of the WTO，available at：https：//docs. wto. org/dol2fe/Pages/SS/directdoc. aspx？filename = q：/WT/GC/W764. pdf，last visited on January. 3，2020。

② 参见肖永平：《"长臂管辖权"的法理分析与对策研究》，载《中国法学》2019 年第 6 期，第 58 页。

的争议，逐渐成为了中国与美国之间博弈的重要国际法问题。

（二）《〈联合国海洋法公约〉第 28 次缔约国会议秘书长报告》

《联合国海洋法公约》第 28 次缔约国会议于 2018 年 6 月 11 日至 2018 年 6 月 14 日在美国纽约召开，并审议通过了《〈联合国海洋法公约〉第 28 次缔约国会议秘书长报告》①。在此次会议中，中国常驻联合国副代表吴海涛大使阐述了中国目前在海洋领域对自身的定位是"发展中海洋大国"（developing oceanic country），中国将始终做国际海洋法治的维护者、和谐海洋秩序的构建者、海洋可持续发展的推动者。《〈联合国海洋法公约〉第 28 次缔约国会议秘书长报告》中的不少内容，都有力证明了中国"发展中海洋大国"的身份定位。

第一，中国积极向国际海洋法法庭、大陆架界限委员会、国际海底管理局下设的信托基金捐款，做海洋可持续发展的推动者，树立负责任的大国形象。国际海洋法法庭书记官长根据《国际海洋法法庭财务条例和细则》提交的报告（SPLOS/318）显示，国际海洋法法庭基金主要由四项信托基金组成，包括：海洋法信托基金、日本财团信托基金、中国国际问题研究所信托基金和成立二十周年信托基金。大陆架界限委员会主席朴永安的报告显示，为了支持发展中国家代表前往大陆架界限委员会参加会议，中国、加拿大、冰岛、爱尔兰、新西兰、日本、葡萄牙和韩国都向大陆架界限委员会管理的信托基金进行了捐款。在国际海底管理局有 51 个缔约国由于连续两年或以上未缴纳会费而被取消表决权的情况下，中国不但向国际海底管理局成立的信托基金积极捐款，还资助举办了关于西北太平洋环境管理规划的讲习班。中国积极参与国际海洋事务，在力所能及的情况下为推动海洋事业的可持续发展，积极向信托基金捐款的行为，展现了发展中海洋大国的负责形象，也反映了中国在过去经济发展中的巨大成就。

---

① 参见《〈联合国海洋法公约〉第 28 次缔约国会议秘书长报告》，文件编号：SPLOS/324。

第二，中国在大部分缔约国参与意愿不强的情况下，积极成为缔约国全权证书委员会成员，成为和谐海洋秩序的构建者。缔约国全权证书委会是根据 2005 年通过的《〈联合国海洋法公约〉缔约国会议议事规则》（以下简称《议事规则》）第 14 条成立的，其权限为"每次会议开始时应任命一个全权证书委员会，委员会由会议根据主席提议而任命的 9 个缔约国组成，委员会应自行选举主席团成员，委员会负责审查代表的全权证书，并尽快向会议提供报告"。① 由于全权证书委员会并不能为主权国家提供显著利益，在未能提供全权证书的情况下，《议事规则》同时规定了应当先行允许代表参加会议，造成《联合国海洋法公约》的缔约国缺乏主动参加全权证书委员会的积极性。第 28 次缔约国会议的 9 个全权证书委员会的名额未能满额，只收到了 4 个区域国家团体的提名，最终由中国、芬兰、加纳、莱索托、缅甸、挪威和乌克兰组成了全权证书委员会。中国对于和谐海洋秩序的推动，并不简单地以利益多寡作为唯一判断，即使是在程序性活动中也积极参与，上述全权证书委员会的组成成员不包含任何七国集团国家成员。这表明即使中国在自身国家身份提升问题上取得了巨大进步，也没有见利忘义，在价值理念与奉献精神上与七国集团存在着显著不同。

第三，中国在缔约国会议中，积极回应了部分缔约国对于南海问题的特别关切，做国际海洋法治的维护者。《〈联合国海洋法公约〉第 28 次缔约国会议秘书长报告》第 97 段特别报告了部分缔约国对于南海问题的关注，部分国家主张应当以和平和法律的手段解决争端，以恢复《公约》所载的法律制度；部分国家提出南海沿海国不应采取任何使问题复杂化和加剧紧张局势的行动，尊重法律与外交程序以促进南海的可持续利用。中国首先表明缔约国会议并不是审议这一问题的适当论坛，并提出南海局势不断得到改善，正通过国家间的谈判和协商解决这一问题，包括就《南海行为准则》进行谈判。国际海洋法治不是一种滥用权利之治，中国积极

---

① 参见《〈联合国海洋法公约〉缔约国会议议事规则》，文件编号：SPLOS/2/Rev.4。

通过外交途径消除非法无效的所谓"南海仲裁案"的不利影响，谋求通过区域性行为准则解决南海问题，以法理回应蚕食中国海洋权益的行为，都显示了中国要做国际海洋法治的维护者。

本 章 小 结

国家身份分类中的主观与客观的标准问题是国际社会长期关注却又难以解决的国际法问题。在国际社会形成相对稳定的发展中国家集团与发达国家集团之后，联合国开发计划署、世界银行、国际货币基金组织等国际组织都通过自身的评价标准对主权国家进行了量化分类。但是由于国家身份问题同时又涉及了国际社会的力量对比问题，发展中国家大多是曾经的被殖民国家，发达国家大多是曾经的殖民者，简单的经济指标划分难以划分清楚发展中国家与发达国家。

从国家身份分类方法的发展来看，逐渐从单一的经济指标过渡到经济指标、国民健康水平、社会与自然平衡发展等多种指标评价体系。联合国开发计划署所建立的人类发展指数分类法立足于人均发展水平，其评价体系中的人口大国或者地域大国并不会获得特别大的优势；在此种分类体系下，中国在 2018 年刚刚进入高人类发展水平组别，远高于发展中国家的平均水平。世界银行的国家身份分类方法则是从传统国家身份分类方法过渡而来，但其最重要的指标仍然是国民收入水平，此种评价体系下，中国尚属于中高收入国家，但在 3 至 5 年内可能会进入高收入国家。世界银行的国家身份分类法中的海洋活动强度报告，也显示出与发展中国家、发达国家基于地理分布不同而进行分类的相似的结论；这一报告显示美国的东北部海岸、西欧海岸、中国东南沿海是世界上人类活动最为密集的区域，这些区域除中国外也是传统国家身份分类方法下发达国家的聚集地。

支持中国家身份变动的主要观点体现在三个方面。首先，从国家身份分类方法中最为倚重的经济指标来看，中国的总体经济指标多项位居世界第一，人均指标达到了中等偏上的发展水平。其次，从政治格局来看，中国积极参与的二十国集团正在逐步取代七国集团，成为国际治理中最重要的组织形式。最后，从法律文件来看，以美国外部评价为代表的《关于改革世贸组织中发展中国家地位的总统备忘录》，从部分国际组织的成员国组成、人均国民收入、世界贸易占比等方面，专门针对中国建立了一套以美国国内法制裁为强制力保障的国家身份评价体系。以中国内部评价为代表的《〈联合国海洋法公约〉第 28 次缔约国会议秘书长报告》，认为目前中国的国家身份是发展中的海洋大国，是国际海洋法治的维护者、和谐海洋秩序的构建者、海洋可持续发展的推动者，并有对应的海洋法实践予以证明。

第二章 中国国家身份转变在海洋法中的表现形态

第三次联合国海洋法会议期间，中国以发展中国家身份参与主导了国际海洋法规则谈判过程。国际法规则的形成过程分为参与者的期望表述（expectations of pattern）与参与者间的权威统一（uniformity in decision），第三次联合国海洋法会议期间的参与者，根据国家身份的划分可以分为发展中国家与发达国家。① 在这一过程中，议事规则的确定与法律规则的确定属于手段与目的的关系。第三次联合国海洋法会议最终确定的协调模式是以发展中国家立场主张作为主要的规则内容，以发达国家确定的立场主张为补充，形成一套从外部特征来看有利于弱小国家的海洋法规则。当中国国家身份发生转变时，一种全新的利弊模式就可能会被呈现，中国过去所支持的一些关于海洋法规则的主张可能会变成现阶段下的不利因素；而发达国家所坚持主张的一些海洋法规则会逐渐变得对中国有利起来。

第一节 国际海洋法上的中国国家身份溯源

有学者认为第三次联合国海洋法会议中，中国是发展中国家集团的"国王"，并将这一平台作为反映中国哲学智慧的地方，以对

---

① 参见 Myres S. McDougal, W. Michael Reisman, The Prescribing Function in World Constitutive Process：How International Law Is Made, Yale Studies in World Public Order, Vol. 6, 1980, p. 253。

抗苏联和美国的海洋霸权。① 中国积极支持发展中国家团体的主张，一方面是因为中国所处的发展阶段属于发展中国家，另一方面是中国所主张的"和平共处五项原则"与发展中国家的理念高度契合。从当代中国国际法基本理论的传承来看，和平共处五项原则与"三个世界"相关国际法理论具有内在关联性，并体现出递进关系；中国恢复在联合国的合法席位之后，和平共处五项原则逐渐由双边性向多边性发展，展现了中国外交的世界性新视角。②

一、发展中国家与发达国家的二元分类

发展中国家与发达国家间的立场协调问题是第三次联合国海洋法会议中斗争最为激烈的一部分内容，也是 1982 年《联合国海洋法公约》产生海洋秩序巨大变革的原因。国际海洋法、新经济秩序变革与国际人权法被认为是发展中国家与发达国家间争议最大的三项国际法问题。③ 发展中国家团体与发达国家团体都呈现出自身的一些特点，第三次联合国海洋法会议中，发达国家基本属于守势，事实上发达国家团体也是由于七十七国集团的存在而相对存在的。④

（一）发展中国家团体的若干特征

发展中国家集团注重其内在的团结，力求在发展中国家团体内部平等地解决发展中国家间在海洋问题上的矛盾立场。发展中国家团体由于其发展历史以及其刚刚独立的历史背景，还特别关注到国际社会中存在的内陆国与地理不利国，并对他们的海洋利益作出了

---

① 参见 Menno T. Kamminga, Building Railroads on the Sea: China's Attitude Towards Maritime Law, China Quarterly, 1974, Vol. 59, p. 544。

② 参见张乃根：《论当代中国国际法基本理论的传承与创新》，载《国际法研究》2022 年第 6 期，第 11 页。

③ 参见 M. Lachs, Thoughts on Science, Technology and World Law, The American Journal of International Law, Vol. 86, 1992, p. 673。

④ 参见巴里·布赞著，时富鑫译：《海底政治》，三联出版社 1981 年版，第 157 页。

特别安排，这些内容在海洋法发展历史上是一大创举，是第三世界国际法方法论的一种具体实践。第三世界国际法方法论的主要理论贡献在于将反对帝国主义与国际法研究中的欧洲霸权主义作为主要的目标，它的理论基础在于国家主权平等，彻底推翻宗主国与被殖民地之间的不平等地位。同时第三世界国家对于国际法中一些值得保留的内容进行了吸收，如国家之间外交关系的建立、使用武力的限度等。第三世界国家国际法方法论的建立，促使国际社会由东西对抗转入南北对抗的状态，并在经济问题、海洋法问题、国际人权问题上与西方国家产生了激烈冲突。①

1. 主权国家间的平等适用原则

加拉加斯会议是联合国海洋法会议中的第二期会议，它于1974年6月20日至8月29日在委内瑞拉首都加拉加斯举行。这一期会议是第三次联合国海洋法会议中具有承前启后意义的一期会议，会议期间确定了《第三次联合国海洋法会议议事规则》，自此进入实质性的会议阶段。发展中国家团体大部分成员都独立于第二次世界大战之后，甚至有非独立国家在其宗主国同意的情况下，以观察员的身份参与第三次联合国海洋法会议。② 他们的观点和立场也和发展中国家团体保持一致，并在其国家独立之后平等适用了《联合国海洋法公约》。③ 加拉加斯会议中确定的"平等适用"原则不仅仅适用于未独立国家，事实上它也为发展中国家搁置彼此之间的争议问题提供了一种良性解决的国际法路径，其内涵是先行搁置发展中国家间的领土主权争议，待主权争议解决之后平等适用《联合国海洋法公约》，这是由南太平洋岛国在发展中国家会议中首先提出的解决发展中国家间领土争议的一项法律原则。

发展中国家被宗主国奴役和剥削的历史，尤其是很多发展中国

---

① 参见 Malcolm N. Shaw, International Law, 7th, Cambridge University Press, 2014, p. 29。

② 参见联合国大会决议：A/RES/33/34。

③ 参见 Luis E. Agrait, The Third United Nations Conference on the Law of the Sea and Non-Independent States, Ocean Development and International Law, Vol. 7, 1979, p. 29。

家被殖民的历史都是从海上被侵略开始的，这种感同身受的经历使得发展中国家空前团结地想要改变旧有的海洋秩序。在第三次联合国海洋法会议期间，正是秉承这种动机与理念，发展中国家团体改变了旧有为发达国家服务的海洋法规则。① 这种特点使得发展中国家团体内部在解决争议过程中，自然地将争议问题区分为政治因素（意识形态）与经济因素，并将与发达国家对立的政治因素作为谈判中优先考虑的方向。② 大量刚刚取得独立的发展中国家面临的首要问题就是与邻国间的领土主权争议，领土主权争议的产生与其殖民地历史有着密切关系，是当时凝聚发展中国家内部团结的首要障碍。这种领土主权争议产生的原因大部分都是宗主国造成的，一种是同属一个宗主国的两个被殖民国家，在国家独立之后所产生的领土与海洋问题争议；另外一种是分属不同宗主国的被殖民国家，在国家独立之后所产生的领土主权争议。

例如摩洛哥与毛里塔尼亚之间关于西撒哈拉沙漠上的领土争端，以及印度尼西亚在国家独立之后长期非法占领东帝汶国家领土的主权争议等。这种领土争议本不属于国际法调整的对象，它是由于新的国家从殖民统治中独立出来所引起的国家间领土争议，正是这种领土争议产生原因的特殊性，使得这种现象广泛存在于发展中国家团体中。③ 由于陆地决定海洋是第三次联合国海洋法会议期间确定的基本原则之一，这些被殖民国家在独立之后所面临的领土问题争议，就不可避免地会影响到发展中国家的内部团结。由于这种情况的广泛存在，尤其发展中国家团体在刚刚实现国家独立之后，对海洋法的研究与理解还没有达到很高的水平，确立一项公平处理发展中国家间领土争议的解决模式，就是一种势在必行的需要。

---

① 参见王铁崖：《第三世界与国际法》，载《中国国际法年刊》1982年，第 32 页。

② 参见 Penelope S. Ferreira, The Role of Afican States in the Development of the Law of the Sea at the Third United Nations Conference, Ocean Development and International Law, Vol. 7, 1979, p. 90。

③ 参见罗伯特·詹宁斯著，孔令杰译：《国际法上的领土取得》，商务印书馆 2018 年版，第 101 页。

在加拉加斯会议期间，由新西兰、汤加、斐济、萨摩亚组成的南太平洋岛国集团在总结以往部分发展中国家提出的解决方案之后，提出了一项受到广泛接受的方案：凡未确定归属或未实现民族独立的沿海地区，其专属经济区与大陆架内的经济利益由该领土上的居民，按照《联合国海洋法公约》的最终方案平等适用。[1] 这就搁置了发展中国家之间的领土争议问题，以谋求更大范围的政治团结，为与发达国家集团谈判打下内部团结的基础。

2. 提出对弱势国家的特殊保护

发展中国家团体中立场最为动摇的是内陆国团体，因为力图改变旧有海洋秩序的发展中国家中的沿海国，大部分主张在当时看来都有明显的领海主义倾向。而发达国家主张的海洋自由原则，可以使得发展中国家的内陆国团体享受和分享到更多的海洋利益，因此怎样补偿发展中国家团体中的内陆国进而获得其支持，就成为了七十七国集团必须面临的重要内部团结问题。事实上在第一次联合国海洋会议中，发达国家同样支持了内陆国拥有平等利用海洋的权利，内陆国出入海洋的权利最早可以追溯到1921年在巴塞罗那签署的《过境自由公约》和《承认无海岸国家船旗的宣言》。[2]

第三次联合国海洋法会议中内陆国的数目一共有30个，其中非洲内陆国的数目最多，一共有14个；如果加上地理不利国，具有这两种国家身份特征的国家占到了参会国家总数的三分之一，是第三次联合国海洋法会议中一支重要的力量。在第三次联合国海洋法会议期间，内陆国于1974年3月在乌干达的坎帕拉举行了会议，并通过了《坎帕拉宣言》，列举了内陆国应当享有的若干权利，主要包括内陆国出入海洋的权利、内陆国在海底机构应当具有一定数

---

[1] 参见 Luis E. Agrait, The Third United Nations Conference on the Law of the Sea and Non-Independent States, Ocean Development and International Law, Vol. 7, 1979, p. 33。

[2] 参见陈德恭：《现代国际海洋法》，海洋出版社2009年版，第396页。

量的代表席位、在其邻接领海的区域内享有开发区域内资源的权利。① 明确内陆国享有的权利本身相比于以往的海洋法规则是一大进步，它关注到了国际社会中的弱势群体，从新政策定向法学派的角度来说，更加符合人类共同尊严的追求。1982 年《联合国海洋法公约》规定了内陆国出海口问题，以及地理不利国从别国专属经济区中获取剩余资源的权利，关于国际海底资源开发的《执行协定》161 条也规定了内陆国必须在国际海底管理局理事会里占有相应名额，这都是地理不利国所享有的规则利益。仔细研读这些地理不利国所享有的特殊海洋权利，背后大多蕴含了在第三次联合国海洋法会议期间，发展中国家团体为了解决自身所面临的内部矛盾所作出的努力。一个明显的例子就是内陆国本身大多不具有开发国际海底区域资源的能力，但是之所以需要在国际海底管理局理事会中占有相应的名额是因为有部分非洲内陆国出口的矿产与国际海底资源所蕴含的矿产类似，具有一定的经济利益冲突。这种在发展中国家集团内部对国家身份进行进一步细化、明确的做法，促进了发展中国家的内部团结，并以此形成了《联合国海洋法公约》第 124 条的内容。

地理不利国的概念是在内陆国概念基础上发展而来的，其组成的国家也更为庞大，它的全称是内陆国与地理不利国国家集团（Group of Land-locked and Geographically Disadvantaged States），一共有 29 个内陆国与 26 个中小国家，后来都统一被称为地理不利国。② 地理不利国的概念形成之初是一个相对模糊的概念，实际上像芬兰、联邦德国、比利时、荷兰这样的海洋大国也被纳入了地理不利国的概念之中，有学者认为地理不利国国家集团为了壮大自己的力量，提高政治影响，只要是支持地理不利国国家集团主张的国家都被纳入了地理不利国国家集团之中，但是以色列由于政治因素，它的申请没有被接受。③ 部分发达国家团体成员实际上也受益

---

① 参见联合国会议记录文件：A/CONF. 62/23。

② 参见 Lucius Caflisc, What is A Geographically Disadvantaged State?, Ocean Development and International Law, Vol. 18, 1984, p. 661。

③ 参见邢望望：《海洋地理不利国问题之中国视角再审视》，载《太平洋学报》2016 年第 1 期，第 12 页。

于地理不利国这一概念的产生，地理不利国创设性获得巨大规则利益的原因在于发达国家团体与发展中国家团体中的沿海国对于地理不利国国家团体的拉拢，地理不利国国家团体是第三次联合国海洋法会议中各方争相拉拢的中间力量。有学者认为中国实际上也是符合地理不利国概念的，尤其是中国人口众多，人均海洋资源匮乏，显然属于需要从其他国家专属经济区资源中满足本国需要的国家。① 这与地理不利国的概念表述过于笼统有一定关系，第三次联合国海洋法会议期间，一直在围绕着地理不利国国家的概念进行讨论，1976 年终于通过了一个被广泛接受的地理不利国的概念。最终《联合国海洋法公约》第 70 条关于地理不利国的定义也是在1976 年联合国海洋法会议记录的基础上形成的。②

　　第三次联合国海洋法会议在发展中国家的推动与努力之下，不仅仅是沿海各国的海洋法会议，更不是海洋大国划分势力范围的会议。本次会议中内陆国与地理不利国的海洋利益都得到了特别的关

---

　　① 也有学者认为一旦确定中国地理不利国的国家身份，会为中国借助其他国家港口出海提供国际法依据。参见杨欣：《过境自由对中国拓展出海口的影响及对策》，载《法学杂志》2018 年第 1 期，第 140 页。

　　② 1976 年由内陆国与地理不利国提出的标准一共有 12 项之多：（1）一国虽然拥有可观的大陆架，却需要耗费巨大人力物力去执行管辖义务；（2）一国因开发 200 海里以外的外大陆架而需耗费巨大人力物力去履行相关义务；（3）一国的大陆架面积有限或者大陆架上的矿产和能源资源远不及邻国；（4）一国大陆架自然条件恶劣（如冰冻、沙漠或其他特殊区域）而导致渔业资源不足；（5）一国濒临闭海或半封闭海而无法主张足够的海洋管辖水域；（6）岛国或陆地国由于被海洋分割而与其他国家交流不便、贸易不畅；（7）群岛国家需要通过特殊措施来维持各岛屿间的政治经济联系；（8）一个海岸线有限的沿海国需要依赖于邻国专属经济区内的生物资源来满足其人民或部分人民的营养需要；（9）第（8）款中所提国家的邻国，需要付出额外资源向第（8）款中所提沿海国家提供优惠政策和必要设施以支持他国进入其专属经济区捕捞生物资源；（10）作为内陆国邻国的沿海国，需要付出额外资源为内陆国提供优惠政策和必要设施以支持内陆国过境转运通江达海；（11）一国是海洋强国的邻国，海洋强国的经济、科学、技术的发展置该地理不利国家于不利的地位；（12）一国濒临国际水道，在提供特殊耗费去维持水道的安全和适航的同时，还要维护本国的经济、生态、政治安全。参见联合国会议记录文件：A/CONF. 62/BRU/SR. 17。

注，这种弱者视角是发展中国家对海洋法发展的一大贡献。

（二）发达国家团体的若干特征

发达国家集团大部分都是由欧洲国家组成，他们的国际法实践远丰富于发展中国家，对于国际法的应用水平也更为高超。它们在不占据主导力量的情况下力求海洋法规则的模糊，尽量避免与发展中国家集团在海洋问题上的直接对立，适时地抛弃部分主张过于激进的美、苏两国。在第三次联合国海洋法会议期间，发达国家集团的组成也并非完全统一，美国与苏联的海洋规则利益诉求与一般发达国家之间存在着显著差异，两个超级大国都十分重视海洋军事利益。

1. 海洋军事利益优先

美国、苏联两个超级大国与一般发达国家之间在航行自由问题上的矛盾，实质是航行自由原则究竟是军舰的航行自由还是贸易的航行自由。发达国家团体中比较特殊的是苏联和美国组成的国家集团，虽然当时世界还处于冷战环境之中，但是苏联和美国作为海上力量最为强大的两个国家在航行自由问题上的态度是一致的，他们认为最需要优先保护的是军事利益，保证军舰在全球的自由航行。① 这是因为在当时冷战背景下，国家战略核武器处于美国与苏联国家利益中最为优先的方向，美国和苏联都担心新的《联合国海洋法公约》会限制他们战略核潜艇（Strategic Submarine Ballistic Nuclear）的部署与航行。②

1980 年 8 月第三次联合国海洋法会议的尾声阶段，还发生了"与论岛苏联核潜艇事件"——在距离日本鹿儿岛县与论岛（Yoron-Jima）100 英里的位置一艘苏联核潜艇发生了火灾事件。苏联在事件发生初期拒绝日本政府的救援请求，在撤离部分人员后请

① 参见 James L. Malone, The United States and the Law of the Sea, Virginia Journal of International Law, Vol. 24, 1984, p. 806。

② 参见 David L. Larson, The Reagan Rejection of the U. N Covention, Ocean Development and International Law, Vol. 14, 1985, p. 339。

求经过日本领海将发生过火灾的核潜艇运往海参崴（Vladivostok），日本政府要求苏联先行回答两个问题：一是核潜艇是否会发生放射性污染，二是核潜艇上是否携带了核武器。苏联拒绝回答日本的两个问题强行将核潜艇通过日本领海拖回本国，在经过日本领海之后宣称核潜艇上并未载有核武器。① 国际社会普遍认为苏联在对国际海洋法规则的实践中采用了双重标准，这一事件也使得美国、苏联之外的发达国家认识到保障沿岸国良好航行秩序的必要。这些发达国家对于军舰的航行自由问题则没有很强烈的要求，他们要求优先保障的是贸易自由下的航行自由。

　　发达国家团体整体对于航行自由权利的侧重点并不相同，美国和苏联从战略核安全的角度所主张的航行自由与其他发达国家从全球贸易的角度所主张的航行自由并不相同。最终形成的文本中，《联合国海洋法公约》第 23 条规定："外国核动力船舶和载运核物质或其他本质上危险或有毒物质的船舶，在行使无害通过领海的权利时，应持有国际协定为这种船舶所规定的证书并遵守国际协定所规定的特别预防措施。"其对于核动力船舶设定了更加严格的航行标准。

　　2. 不利条款的模糊化处理②

　　发达国家团体除了根据具体的海洋法议题，确立国家立场的权威统一方法之外，通过对于法律解释学的高度运用，规避第三次联合国海洋法会议期间发展中国家团体相对强大的方法，是发达国家

---

① 参见 Robert J. Grammig, Yoron Jima Submarine Incident of August 1980: A Soviet Violation of the Law of the Sea, The Harvard International Law Journal, Vol. 22, 1981, pp. 331-354。

② 实际上法律规则的模糊性并非一无是处，有立法学研究者认为法律规则的模糊性是一种良性的存在，其主要论据有二：（1）法律规则的模糊性不同于法律规则歧义性，是一种主动为之的结果，它可以为政治妥协提供一定的政策空间；而法律规则的歧义性是一种立法技术上的失败，歧义性本身是可以在立法阶段避免的。（2）法律规则的过度准确、清晰，会产生意想不到的漏洞，尤其是对于立法之后刻意寻找法律漏洞的犯罪者来说，这种现象在法理学上被称为"过度起草"。参见：［英］海伦·赞塔基著，姜孝贤、宋方青译：《立法起草：规制规则的艺术与技术》，法律出版社 2022 年版，第 100~102 页。

集团在法学工具上实现权威统一的显著特征。不利条款的模糊化处理，实质上是国际法的不确定性在海洋法领域的具体体现，第三世界国际法方法论主要代表性学者契姆尼（B. S. Chimni）更是直接指出国际法的不确定性总是偏向于强国，而不利于发展中国家。①

《联合国海洋法公约》内容上的模糊不清以及缺乏权威解释，是各国依据同一法律条文而实践不同的根本原因。② 这是《联合国海洋法公约》的立法特色之一，也是当时公约谈判过程中"有意为之"的结果，背后体现了西方法哲学的思考逻辑与路径依赖，在这一问题上发达国家对于立法技术的运用是统一的。政策定向法学派的创始人哈罗德·拉斯韦尔高度评价了法律解释学的价值，并将其归入自身理论中的力量因素（control），他认为法律解释学的目的在于"谁在什么时候想要得到什么"。③ 发达国家集团通过将《公约》中争议条款模糊化处理，实现了后期利用自身在力量上相对发展中国家集团的优势，而对《公约》进行有利于其自身的解释和实践的权力。

这种法律解释学的权威统一方法，其理论来源是英美法的法律解释学。在某一法律要实现较大的创新或者变革时，英美法的法律哲学总是寄希望于通过一部相对模糊的法律规则，再在运用过程中针对具体问题进行解释，进而形成一部接近完美的法律。④ 众所周知，英美法作为判例法学，对于实践考察的重视程度，远超大陆法系国家，这也是美国不顾别国抗议，反复推行本国航行计划的原因所在。不但是美国推行的航行自由计划，在北极融化的背景下，对于北极地区的航行自由规则的内涵及其规则，也是航行自由原则在

①　参见 B. S. Chimni, International Law and World Order: A Critique of Contem Porary Approaches, Cambridge University Press, 2017, p. 334。

②　参见杨泽伟：《〈联合国海洋法公约〉的主要缺陷及其完善》，载《法学评论》2012 年第 5 期，第 57~64 页。

③　参见约翰·康利、威廉·欧巴尔著，程朝阳译：《法律、语言与权力》，法律出版社 2007 年版，第 10 页。

④　参见魏胜强：《法律解释权的配置研究》，北京大学出版社 2013 年版，第 57~61 页，第 77~80 页。

新时期面临的问题之一。① 正是这种在海洋法领域中层出不穷的新问题，使得海洋法的规则体系处在变动之中成为一种海洋法规则本身的特点之一。而法律解释学本身所具有的"造法"特点，使得各国面对规则运用中产生的新问题就更加难以预测其真实的形态了。② 这体现出英美法系的法学基本理论也深刻影响了发达国家团体在国际法形成中的公共秩序目标。

不单是第三次联合国海洋法会议中的新问题，实际上发达国家团体在处理海洋法领域中的老问题时，也趋向于以"工具主义"为指导运用《公约》文本。比较突出的是日本商业捕鲸问题，日本捕捞和食用鲸鱼的历史悠久，但是反对商业性捕鲸一直是发达国家团体的主张之一。为了在发达国家团体之内，平衡与日本之间就商业捕鲸问题的争议，《联合国海洋法公约》最终以"含糊不清"的第 65 条规定了鲸鱼捕捞的法律规范。③ 严格来讲，《联合国海洋法公约》并没有对商业捕鲸绝对禁止，但是又规定了可以通过适当的国际组织实现对于鲸鱼的保护与养护，实际上将这一权力交给了国际捕鲸委员会（International Whaling Commission）。在国际捕鲸委员会主导形成的《国际捕鲸管制公约》（International Convention on the Regulation of Whaling）中规定了缔约国拥有权利以科学研究为目的进行鲸鱼捕捞活动，发达国家团体利用这一规定以科学研究为目的捕捞了大量的鲸鱼，并大部分出口至日本。④

---

① 参见 Said Mahmoudi, Arctic Navigation: Reflections on the Northern Sea Route, Ocean Law and Policy: 20 Years under UNCLOS, Koninklijke Brill, 2017, p. 320。

② 参见谢晖、陈金钊著：《法律：诠释与应用——法律诠释学》，上海译文出版社 2002 年版，第 123 页。

③ 《联合国海洋法公约》第 65 条规定，本部分的任何规定并不限制沿海国的权利或国际组织的职权，对捕捉海洋哺乳动物执行较本部分规定更为严格的、禁止限制或管制。各国应进行合作，以期养护海洋哺乳动物，在有关鲸目动物方面，尤应通过适当的国际组织，致力于这种动物的养护、管理和研究。

④ 参见邹克渊：《捕鲸的国际管制》，载《中外法学》1994 年第 6 期，第 52 页。

《联合国海洋法公约》第 65 条的规定是在美国所提出草案的基础上形成的，而国际捕鲸委员会也是在美国主导下形成的国际组织，为了克服发达国家团体内部有关于商业捕鲸的争议，发达国家团体再次借助了不同国际法规范之间的援引与解释。在随后的实践中，国际社会不断压缩日本进行商业捕鲸的空间与配额，日本于 2018 年 12 月 20 日宣布单方面退出国际捕鲸委员会，重启商业捕鲸。①

英美法系的法律解释规则，其诞生与发展都早于现在海洋法规则的形成。但是发达国家对这一法学工具的运用，在第三次联合国海洋法会议中成功地搁置了一些与发展中国家争议较大的海洋法问题，并将这些问题的解决寄希望于法律实践与法律解释。这种法学方法，在法理学研究中被称为"法律续造"，新兴的国际法学与公共秩序关系研究，不但要考虑过去国际法的形态，还要考虑在现行多种因素影响下实然国际法的形态，国际法是被发现的。② 法律解释学的客观性，是法律解释学到目前为止东西方法理学研究共同面临的瓶颈问题之一，波斯纳认为法律解释学的客观性在现阶段只能称得上是一种可能。③ 法律解释过程中的创造性问题，是发展中国家参与第三次联合国海洋法会议时没有考虑到的法律问题之一，其深层次的原因是英美法系中法官造法的能动性要大于大陆法系。目前所诞生的岛屿的标准的问题，领海内军舰的通行权问题，以及专属经济区内的军事活动问题，实际上都是法律解释学造成的。各国根据自身的海洋利益诉求，任意解释和运用《联合国海洋法公约》成为了一种常态，这也是全球海洋法律秩序变革的原因之一。作为一种法律演进的过程，《联合海洋法公约》如果能够从法律解释学

① 参见周超：《宁可退群也要重启商业捕鲸，日本为何执迷不悟?》，载《中国海洋报》2019 年 1 月 16 日，第 2 版。

② 参见 Harold D. Lasswell & Myres S. Mcdougal, Theories About International Law: Prologue to a Configurative Jurisprudence, Virginia Journal of International Law, Vol. 8, 1968, p. 189。

③ 参见支振锋：《西方法理学研究的新发展》，中国社会科学出版社2013 年版，第 142 页。

的角度出发，由各国再议定一部有关《联合国海洋法公约》争议问题的解释，就已经是规则进步的一大步了，但是背后触及的利益与利益主体的复杂性是一般英美法理论所无法预见的。

（三）发展中国家与发达国家身份特征的比较

从发展中国家团体与发达国家团体身份特征的比较来看，"海洋硬实力"的缺失是发展中国与发达国家相比较明显的一个短板，这种发达国家所具有的"硬实力"优势会在法律实践中展现得更明显。力量特征的缺失使得发展中国家难以主导形成一部真正的法律规则，或者说发展中国家只能主导形成一部公共秩序目标（权威要素）大于国家发展阶段（力量要素）的国际法规则。身份政治的兴起是现代国际海洋法发展中的具有重要影响力的事件，也是发展中国家第一次拥有主导权的国家间立法过程。发展中国家的理念与立场，最终会以文本的形式反映到具体的制度之中，但为了争取最广泛的支持，其背后存在着复杂的立场协调过程。发展中国家内部立场协调模式与发达国家之间的立场协调模式各自有各自的特点，发展中国家倾向于"团体主义"，希望在国家集团内部能够妥善解决争议问题。发达国家集团的立场协调模式，则倾向于"孤立主义"，以具体的海洋法议题，确立本国的立场。

通过对二者的比较研究我们可以发现：发达国家注重国际法理论的运用，包括议事规则、法律解释、兜底条款等方面；发展中国家注重国际政治的运用，包括谈判集团的组成、国际新经济秩序变革的影响、对地理不利国的补偿制度等。中国参与第三次联合国海洋法会议的谈判过程，明显体现出了发展中国家的特点，这是两方面因素的结果。一是中国在第三次联合国海洋法会议期间刚刚恢复了在联合国安理会中常任理事国的席位，有必要在会议期间回报发展中国家团体对中国的支持；二是中国在当时并不具有庞大的海外利益，在多种利益要素的平衡中居于首要位置的是国家安全利益，充分压缩和限制发达国家海上军事力量的活动范围，这与发展中国家团体的主要诉求是相一致的。

我们应当看到的是，发展中国家的相互抱团在于其"力量"因素的不足，无法与自身的立场进行互动，对于和平利用的主张，大部分都体现了"领海主义的特色"。当我们评价一种谈判结果的优劣时，必然会从有利和不利的角度去分析，最终形成的国际法规则不会出现一方全胜、另一方全输的结果，需要权衡的是何种利益为重。第三次联合国海洋法公约的造法过程，说明了发达国家在确定本国立场时并不注重国际政治的影响，美苏两国在航行自由等问题上的一致性，就说明了这个问题。如果说第三次联合国海洋法会议对国际法理论发展还有什么贡献的话，那就是"尊重他国的权利，也是尊重本国的权利"，国家主权平等原则在第三次联合国海洋法会议期间得到了充分的尊重。以国家主权平等原则为基础形成的议事规则是国际条约法发展上的一大创举，这也奠定了在第三次联合国海洋法会议期间"发展中国家处于攻势，发达国家处于守势"的基础。

二、中国初始阶段发展中国家的身份定位

有学者认为中国参与第三次联合国海洋法会议的国家身份是一种原则性（principle）与身份性（self-serving）的平衡，原则性是以中国所提出的"和平共处五项原则"为基础，身份性主要关注到了中国所处的海洋地理情况。① 随着会议进程，中国与发展中国家集团之间的立场协调问题也呈现出了一定的规律，第三次联合国海洋法会议的初期，中国主要是以支持发展中国家集团的意见为主，即使牺牲部分本国可能可以争取的海洋权益；在会议的后期，中国则大胆提出了符合本国利益的主张。

（一）身份政治的考量

在 1950 年之前，身份只是一个社会心理学的概念，它是指个体要求他人对自己人格的承认；现代身份政治是 1950 年之后反抗

---

① 参见 Menno T. Kamminga, Building Railroads on the Sea: China's Attitude Towards Maritime Law, China Quarterly, 1974, Vol. 59, pp. 557-558。

西方殖民统治的产物。① 身份政治的兴起与"发展中国家与发达国家"国家身份二元分类体系的建立有着密切关系。但区分发展中国家与发达国家的具体标准一直是国际社会中难以进行明确化的问题，发展中国家与发达国家默契地保持着发展中国家概念的模糊性，以提高自身对外政策的灵活性。② 甚至有较为激进的观点以南斯拉夫的国家身份问题为例，认为发展中国家身份与发达国家身份是资本主义国家语境下的身份分类，共产主义国家只存在着中央计划经济。③ 国家身份的区分虽然是从经济发展水平上对国际社会中国家的一种分类，但是不可否认国家身份这一概念的产生一直都与政治因素相互连接。

身份政治的兴起是两方面因素的结果：一是发达国家内部矛盾不断，为发展中国家集团的形成提供了机遇，二是发展中国家通过对自身的组织化建设，形成了一个稳定、团结的发展中国家集团。在身份政治兴起之前，国际秩序主要是以"两极对抗"为基础的冷战秩序，1960 年前后中苏关系破裂，两国一度处于战争的边缘，苏联边防军 1969 年 6—8 月多次打死、打伤中国边防军，并在边境部署了大量军队，中苏关系的恶化严重削弱了两极对抗格局中的苏联。同时期欧洲共同体与美国之间的矛盾也更加激化，戴高乐拒绝了美国提出的"多边核力量"的计划，反对美国霸权；还与德国签订了《法德合作条约》，沉重打击了美国在欧洲的影响力。④

与此不同的是，发展中国家在第一届联合国贸易和发展会议上

---

① 参见孔元：《身份政治与世界秩序的演变》，载《国际经济评论》2019 年第 4 期，第 92 页。

② 参见黄志雄：《从国际法实践看发展中国家的定义及其识别标准——由中国"入世谈判"引发的思考》，载《法学评论》2002 年第 2 期，第 81 页。

③ 参见 Guglielmo Verdirame, The Definition of Developing Countries Under GATT and Other International Law, German Yearbook of International Law, Vol. 39, 1996, p.164。

④ 参见何春超、张志、张季良编著：《国际关系史纲（1917—1985）》，法律出版社 1987 年版，第 340~345 页。

发表了《七十七国联合宣言》，在第二届会议上通过了著名的《阿尔及利亚宪章》，并在非洲、亚洲和拉丁美洲成了专门性的协调机构。1974 年七十七国集团还通过了《关于建立国际经济新秩序的宣言》和《行动纲领》，进一步加强第三世界国家的内部团结。同时通过第三次联合国海洋法会议，谋求建立人类社会的海洋新秩序。在这样的背景下，广大中小国家反对海洋霸权主义，改变旧的海洋制度成为了第三次联合国海洋法会议的主要潮流。①

中国在进入联合国的初期，由于对联合国运行机制的陌生，所坚持的一项原则就是"先脱离再接触原则"，中国当时刚刚恢复联合国安理会常任理事国资格，对于如何运用手中的大国权利还缺乏实践。在当时联合国多项立法活动中，第三次联合国海洋法会议被中国认为是最有意义的一项活动，凌青代表在其回忆录中认为第三次联合国海洋法会议并不是一个务虚的会议，而是涉及各国实质利益而制定国际公约的场所。② 1970 年韩国、日本与中国台湾当局还一同签署了所谓联合开发东海大陆架资源的"协议"，这更加剧了中国积极参加第三次联合国海洋法会议的紧迫性。③ 中国于1972 年 3 月派出代表团，从头到尾完整地参加了第三次联合国海洋法会议，这是中国以发展中国家身份参与国际谈判的重要实践。中国在第三次联合国海洋法会议期间将维护本国的海洋主权与海洋安全作为自身最为重要的利益诉求。④

（二）《议事规则》的考量

议定约文的程序性规则是国际公约形成的先决条件，也是确立各方力量对比的先决条件。因此，议事规则的确定基本就确定了在

---

① 参见陈德恭：《现代国际海洋法》，海洋出版社 2009 年版，第 41 页。

② 参见凌青：《从延安到联合国——凌青外交生涯》，福建人民出版社 2008 年版，第 160 页。

③ 参见张健：《中国与国际海洋法谈判关系研究——以中国参与第三次联合国海洋法会议为例》，南京大学硕士论文，2016 年，第 16 页。

④ 参见白佳玉：《〈联合国海洋法公约〉缔结背后的国家利益考察与中国实践》，载《中国海商法研究》2022 年第 2 期，第 9 页。

公约起草过程中何种力量作为主导的可能指向，有学者认为第三次联合国海洋法会议议事规则的确定就奠定了由发展中国家主导《联合国海洋法公约》形成的基调。① 中国的发展中国家身份能够使得中国在第三次联合国海洋法会议中，与其他发展中国家一道拥有主导《联合国海洋法公约》谈判过程的权利。

　　第三次联合国海洋法会议的前两期会议，就是围绕着第三次联合国海洋法会议的议事规则问题进行谈判的，并最终形成了一个一共由66条内容组成的《第三次联合国海洋法会议议事规则》。② 第三次联合国海洋法会议的目的在于建立一个新的海洋法制度，由于这一议题涉及的国家众多，还是各国之间甚至相互矛盾的重要利益，此前实践中采用的"全体一致原则"与"多数原则"已经不能满足谈判的需要。因为《联合国海洋法公约》的目标在于形成一个普遍接受的方案，即使是有三分之一的少数国家反对，《联合国海洋法公约》也不能被称为一部被广泛接受的国际公约。正是因为背后巨大的海洋利益，发展中国家集团与发达国家集团在海洋法问题上第一次正面交锋就在议事规则的问题上产生了。

　　发展中国家主张在国家主权原则基础上一国一票的投票方案，最终以三分之二通过作为表决的标准，这是因为发展中国家数目众多，即使是最终无法与发达国家达成一致，也可以凭强行表决的方式通过《联合国海洋法公约》。美国和欧洲发达国家集团主张全体协商一致的原则，他们认为只有力求《公约》文本得到最广泛的支持，才能够得到各国的承认，这几乎等同于西方国家拥有"否决权"。苏东国家团体的主张则较为特别，他们主张四分之三国家同意的表决模式，这一主张的背后逻辑在于，虽然发展中国家集团达到三分之二表决通过的方法比较易于实现，但是如果将表决比例

---

① 参见 Donald R. Rothwell, Alex G. Oude Elferink, Karen N. Scott, and Tim Stephens（ed.）, The Oxford Handbook of the Law of the Sea, Oxford University Press, 2015, p. 26。

② 参见 Rules of Procedure for the Third U. N. Conference on the Law of the Sea, International Legal Materials, Vol. 13, 1974, pp. 1199-1209。

提高到四分之三，则发展中国家集团将不得不谋求苏东国家团体的支持，而且苏东国家团体在投票中的一致性是十分显著的。① 最终的方案在发展中国家与发达国家之间做了折中，李浩培先生将这一方案称为"协商基本取得一致"方案，在 1974 年的世界人口会议上第一次使用这种方案，第三次联合国海洋法会议是第一次在重大议题上采用这种表决方案。② 协商基本取得一致方案的内涵是以不经过表决程序作为一般情况，但并非要达到所有主权国家同意的表决模式。③

在随后的会议中，这种协商基本取得一致的表决方案在成立的三个委员会主席的主持下，取得了良好的效果，除了在个别程序性事项与观察国的邀请方面付诸表决之外，在实质海洋法问题上都是采用的协商基本一致的通过方案。虽然在 1982 年正式表决之前，美国和联邦德国拒绝参加协商，法国、意大利、比利时、英国认为该项公约还有协商的空间，但是都没有正式提出反对表决的意见。④ 这些都体现了"协商基本取得一致"表决方式的法律价值。发展中国家与发达国家在议事规则中的交锋，存在着形式胜利与形式失败的结果。发展中国家取得了形式胜利，因为协商基本取得一致方案，最终还是留给发展中国家强制通过《公约》的权力，正是这种高悬在发达国家团体头上的达摩克利斯之剑，使得发展中国家在谈判过程中一直处于相对主动的地位。

发展中国家个体的国际影响力与国家发展水平有限，谈判过程中发展中国家的内部团结问题就成为了一种国家战略上的考量。《联合国海洋法公约》并没有给予一国全赢或者全输的结果，但对当时的中国与其他发展中国家来说，国家的安全与稳定是发展中国家的普遍诉求。在国家主权平等原则基础上建立起来的《议事规则》反映了发展中国家的身份特征，也体现了中国所提出的"和

---

① 参见联合国会议记录文件：A/CONF. 62/30/REV. 1。
② 参见李浩培：《条约法概论》，法律出版社 2003 年版，第 100 页。
③ 参见联合国经社理事会会议记录文件：E/CONF. 60/10。
④ 参见李浩培：《条约法概论》，法律出版社 2003 年版，第 104 页。

平共处五项原则"的精神，并将这一内容作为第三世界国际法方法论的重要基石。

第二节　中国与部分发展中国家
海洋利益冲突的增多

主权国家依据《联合国海洋法公约》进行本国海洋法实践的三十年，也是中国改革开放之后高速发展的三十年。中国基本国情的变化，引起对国际海洋法规则体系中的利益需求的变化，与发展中国家也逐渐产生了一些海洋利益冲突。海洋法权是海洋秩序的未来，[①] 中国谋求的海洋法权，应当首要以国家的国情与国际社会的背景为依据，提高海洋权益在国家利益体系中的位阶，避免重复僵化的立场表达。在充分理解、领悟现行国际海洋法规则体系的情况下，既不盲目反对发达国家团体的所有主张，也不一味支持发展中国家团体的所有立场，正视国家身份过渡过程中产生的海洋权益诉求转变。

中国与部分发展中国家海洋权益冲突增多的原因由三方面组成：一是中国的快速发展使得中国对于海洋问题的利益需求与发展中国家之间产生了差异；二是发达国家出于遏制中国崛起的战略考量，鼓动中国周边的发展中国家激化与中国的海洋争端；三是发展中国家间内部的凝聚力已经显著下降，不同海洋地理环境的发展中国家更倾向于从本国现实出发维护海洋权益，而不再简单地屈服于发展中国家团体的整体需要。这些动因最终会反映在海洋法规则的具体制度之中，使得涉海问题的政治争议、经济争议都以国际法规则争议的形式体现出来，使得问题更加趋于复杂化，依靠传统发展中国家身份理论以及第三世界国际法方法论难以解决中国与部分发展中国家间产生的海洋争端问题。

---

① 参见杨华：《海洋法权论》，载《中国社会科学》2017 年第 9 期，第182 页。

一、"附件七"争端解决机制的适用问题

《联合国海洋法公约》对于专属经济区、大陆架的规则设计，使得中国与海洋邻国之间普遍存在着相互重合的主张区域，也造成了中国与邻国确定海洋边界的困难。《联合国海洋法公约》中关于专属经济区与大陆架制度的设立，最初是由拉美国家集团提出的，后续发展中国家团体中的拉美国家团体又说服其他发展中国家成员支持这一主张，最终在第三次联合国海洋法会议中获得了大多数国家的支持。在中国与海洋邻国广泛存在着权利主张重叠区域的现实状况下，争端解决机制的适用问题就成为了中国不得不面临的一个重要海洋法问题。

一个强制性的争端解决程序是比较符合发展中国家利益的制度设计，毕竟从《联合国海洋法公约》最终通过的结果来看，大部分是支持了发展中国家立场。《联合国海洋法公约》规定的争端解决机制的强制性与复杂性是此前任何公约都无法比拟的，《联合国海洋法公约》争端解决机制建立的本身是一种划时代的广泛争端解决机制。[1] 在缺乏以国家力量为背景的海洋维权手段的情况下，通过司法程序解决，至少可以使得发展中国家占据道义上的有利位置。但是这种制度设计并不符合中国周边海洋的现实情况，中国与邻国的海洋划界进展缓慢，周边国家对于海洋规则利益的重视程度远超国家身份的自我认知。对于很多领土主权以及高度敏感的争端来说，过分推动解决这些争端反而会导致争端方之间出现紧张关系，而错过了合作开发、发展的机遇，这对发展中国家而言是一种重大的损失。[2]

目前，中国与周边国家的海上划界进度在亚太地区已经处于明显的落后位置，仅中越在北部湾地区划定了海上的边界线，我国对

---

① 参见 Jonathan I. Charney, The Implications of Expanding International Dispute Settlement Systems: The 1982 Covention on the Law of the Sea, The American Journal of International Law, Vol. 90, 1996, p. 73。

② 参见黄瑶：《论人类命运共同体构建中的和平搁置争端》，载《中国社会科学》2019 年第 2 期，第 125 页。

于争端解决机制存在着巨大的潜在需求。但是目前这一制度的规则设定，难以满足中国与周边国家之间解决海上争议的需要。其中既有规则因素是主要原因，而中国周边自然地理地形的不利因素是次要原因。

规则因素的原因主要是《联合国海洋法公约》第 287 条司法程序选择问题中四项方案缺乏成熟法理。尤其是根据附件七组成的仲裁法庭与国际法院之间的国际法理论运用能力存在差距。国际法院在《联合国海洋法公约》出现之前已经通过近 60 年的实践建立了相对成熟的国际法理论体系与渊源，其程序也是在 1978 年前已经基本定型；而依据附件七所组成的仲裁庭的案例有一套自己的理论逻辑，在处理案件时更容易出现"另辟蹊径"的做法。① 这与发展中国家集团在第三次联合国海洋法会议中的立场也是息息相关的，发展中国家长期在国际社会中的弱势地位，使得发展中国家长期认为国际法院是为发达国家服务的，因此在当时的谈判背景下，倾向于建立一种新的司法解决机构。发展中国家认为新的海洋法律制度是具有革命性的，国际法院对正在发展的新海洋法缺乏认识，最好把相关争端交给了解新海洋法基本原则、规则、产生背景、体系框架、相关实践的专家来解决。② 这种立场的确适用于一些与自然科学联系紧密、技术性较强的海洋法问题，但是对于政治与法律风险的防范明显不足。霍布斯曾说过法律是一门经验之学，而非逻辑之学。这句话在国际法中同样适用，缺乏大量司法案例与权力监督制约体系下的临时仲裁庭，不能肩负起在海洋法领域定分止争的重任，反而会将海洋争端复杂化、政治化、破坏国际司法的公信力。

有学者认为强制性争端解决程序是一种维护国家尊严的做法，这是因为一个强制性争端解决程序能够给违反规则的国家提供一个体面的退路，从法律外观上来看，该国并不是屈服于一国的压力，

①　参见贾兵兵：《〈联合国海洋法公约〉争端解决机制研究：附件七仲裁实践》，清华大学出版社 2018 年版，第 170 页。

②　参见 M. Nordquist, S. Rosenne & L. Sohn, United Nations Convention on the law of the Sea1982: A Commentary, Vol. 5, Martinus Nijhoff, 2002, p. 8.

而是只需要服从于一个中立的法庭所作出的中立裁判。① 《联合国海洋法公约》本身是一个各方妥协的结果,对于一些比较明确的海洋法问题,的确可以清晰判断出主权国家是否违反了《联合国海洋法公约》,这些问题大部分显然都不会被提交到司法机构;但是对于一些争议或者模糊的海洋法问题,主权国家肯定会从有利于本国的方向解释和发展《联合国海洋法公约》的文本内容,这种假设的结果就是把 160 余个主权国家的海洋问题争议,都交给了若干个仲裁员判断其是否符合《联合国海洋法公约》。这种观点所谓维护主权国家的尊严,实际上是掩盖了海洋强国的海洋霸权,从形式上看小国、弱国并不是屈服于强国的压力。所谓体面、尊严与退路,是以文学语言包装了仲裁庭的形式正义,使国家主权平等原则成为一种表面上体面、实际上吃亏的规则设计,如果司法程序的设计失去了法律作为一门社会科学的科学性,那么它所追求的公平、正义也将无从谈起。国际社会的司法过程是一个相对不确定的法律过程,国际司法机构在裁决中会面临一种两难的困境(compliance dilemma)——当事国服从司法裁决的意愿与国际司法机构公正性之间的对立。② 如果忽视了当事国服从司法裁决的意愿,单一地将追求公正性作为国际司法机构的主要目标也是一种滥用司法权利的霸权,这忽视了国家主权平等原则在现代国际法体系中的核心地位,在处理二者之间的关系时应当将主权国家服从司法裁决的意愿作为先决条件。

中国周边的地理地形因素,是造成中国必须依赖争端解决程序解决与周边国家海洋争议的次要原因。中国的海上邻国中,虽然大部分是发展中国家,但是依然存在着双边谈判的困难。这是因为从地理地形上看南海争端中的周边国家,大部分是国土面积较小,缺乏战略纵深的国家,他们在南海的领海范围与专属经济区的大小对

---

① 参见 Statement by Expert Panel, U. S Policy on the Settlement of Disputes in the Law of the Sea, The American Journal of International Law, Vol. 81, 1987, p. 440。

② 参见 Arthur Dyevre, Uncertainty and International Adjudication, Leiden Journal of International Law, Vol. 32, 2019, p. 131。

于这些国家有着重要的安全利益。① 如果按照中国九段线内存在历史性权利的主张，那么在南海地区大部分国家都会存在与中国主张重叠的区域，这就会在南海的发展中国家团体中造成一种"熟悉"的抱团效应，共同与中国寻找解决方案。但是即使是以这种方式解决南海争端，也要首先明确两个问题，一是南海争议岛礁的主权究竟属于哪个国家，二是如何解释中国主张的历史性权利中超过《联合国海洋法公约》一般内容的部分。② 东海地区的地理地形因素，则主要是因为大陆架自然延伸的复杂性造成的，中国与韩国在东海地区都将本国的大陆架划界意见自然延伸至冲绳海槽，日本拒绝就中韩两国的划界提案进行磋商。③ 作为会议成果的《联合国海洋法公约》并未充分考虑以中国南海周边国家为代表的亚洲国家特殊的沿海地理与地貌，《公约》的签订反而为亚洲国家间的海洋争端复杂化埋下了伏笔。④

　　中国与周边国家海洋争端中的自然因素是无法改变的。《联合国海洋法公约》诞生的目的之一，就在于实现人类社会在开发利用海洋问题上定分止争的法律效果。从上述的分析我们可以看到，在具体谈判到海洋权益问题时，国家身份因素的影响已经微乎其微，无论是作为发达国家的日本、韩国两国，还是作为发展中国家的环南海国家，都没有将发展中国家团体内与发达国家团体内的因素纳入海洋划界的考虑因素之中，虽然《联合国海洋法公约》是在这样的谈判背景下设立的。鉴于所谓"南海仲裁案"为中国带来的不愉快的经历，中国近年来一再强调国家同意原则的重要性，强调《公约》和一般国际法共同为各国开展海洋活动提供了法律依据，对于《公

---

① 参见杨瑛：《〈联合国海洋法公约〉与军事活动法律问题研究》，法律出版社 2018 年版，第 41 页。

② 参见 Beckman Robert, The UN Convention on the Law of the Sea and the Maritime Disputes in the South China Sea, The American Journal of International Law, Vol. 107, 2013, p. 163。

③ 参见方银霞、尹洁、唐勇编译：《沿海国 200 海里以外大陆架外部接线划界案执行摘要选编（2011—2017）》，海洋出版社 2018 年版，第 39~45 页，第 53~56 页。

④ 罗欢欣：《国家在国际造法进程中的角色与功能——以国际海洋法的形成与运作为例》，载《法学研究》2018 年第 4 期，第 64 页。

约》未予规定的事项，应遵循一般国际法的规则和原则。①

但是依据《联合国海洋法公约》进行的司法活动进一步发展了国家间的海洋划界规则，并且体现出国家间经济地位不平等会对海洋划界所造成一定影响。在海洋划界可能会对一国的人民生计与经济福祉带来灾难性后果的情况下，司法判决会将"社会-经济"因素作为海洋划界的参考因素加以考虑。② 这种弱者视角使得中国在寻求与周边发展中国家通过司法裁决进行海洋划界活动时处于相对不利的位置，是中国与发展中国家间规则利益不一致的具体体现；然而这项影响海洋划界的考量因素设置的标准较高且处于发展的过程之中，需要严格限制与规范"社会-经济"因素对国家间海洋划界的影响。发展中国家团体寻求另外组成的临时仲裁庭进行裁决法律问题，在实践中反而可能会促使产生缺乏法理支持与权力任意滥用的司法判决；相比较而言发展中国家所认为的由发达国家主导的国际法院，其程序和判决法理更为成熟与令人信服。③

二、BBNJ 谈判中发展中国家部分立场不符合中国的现实需求

围绕国家管辖权以外生物多样性保护问题（Biodiversity beyond National Jurisdiction）进行的谈判，是近些年来海洋法领域的热点问题之一。它最早启动于 2004 年，在进入政府间谈判之前，进行了 11 年 9 次的特设专家组的咨询会议，随后才进入 2 年 4 次的预

---

① 参加刘衡：《中国关于国际海洋争端解决的政策与实践》，载《国际法研究》2022 年第 6 期，第 60 页。

② 参见史久镛：《国际法院判例中的海洋划界》，载《法治研究》2011 年第 12 期，第 10 页。

③ 根据有关学者的统计，有 33 个缔约国选择了国际海洋法法庭作为第一顺位争端解决方法中的司法裁决机构，有 20 个缔约国选择了国际法院作为第一顺位的争端解决方法的司法裁决机构，只有 8 个缔约国选择了附件七仲裁作为第一顺位（本部分的统计结果只包含已作出选择的国家，不代表未进行选择国家的立场）。参见刘衡：《〈联合国海洋法公约〉附件七仲裁：定位、表现与问题》，载《中国国际法年刊（南海仲裁案管辖权问题专刊）》，法律出版社 2016 年版，第 120 页。

备会议，目前已经进入政府间谈判的实质阶段。相比较第三次联合国法会议期间各国参与谈判的过程，在 BBNJ 谈判中国家集团与国家立场都产生了一些变化，主要包括：发达国家集团的重新组成、发展中国家集团立场的继承、中国海洋强国的愿景。

BBNJ 谈判中，发展中国家集团与发达国家集团都有变化。发达国家集团分裂为欧盟务实派国家集团、美俄日资源利用派国家集团，二者主要区别在于欧盟国家集团的主张要求由第三方独立科学机构主导对于国家管辖权以外资源开发的环境影响评价工作，美俄日则主张继续由主权国家主导资源开发的环境影响评价。① 发展中国家团体则分为了由 140 多个国家组成的新七十七国集团，以及由 39 个国家组成的小岛屿国家联盟，此外还有 4 个政府间国际组织（世界粮食与农业组织、国际海事组织、联合国环境规划署、世界自然保护联盟），6 个国际非政府组织（绿色和平组织、国际电缆保护委员会、自然资源保护委员会、海洋保护组织、皮尤信托慈善基金、世界野生动物基金会）参与了谈判。发展中国家集团立场与第三次联合国海洋法会议期间立场的基本论点区别不大，主要还是坚持了分享开发利益与技术转让方面的利益诉求，加强发展中国家的能力，使其能够从国家管辖范围以外的海洋及其资源养护和可持续利用中受益。② 发达国家团体中，美俄日资源派国家集团则代表了传统发达国家集团的立场，主张在公海自由原则下由主权国家进行自由开发。③

---

① 参见胡学东：《国家管辖范围外区域海洋生物多样性最终建议性文件点评》，载《中国海洋报》2017 年 12 月 29 日。

② 参见范晓婷：《公海保护区的法律与实践》，海洋出版社 2015 年版，第 260 页。

③ 发达国家的海洋自由理论也产生了一些新的发展内涵，例如在 BBNJ 谈判中传统的发达国家团体主张"先到先得的规则设计"（first come, first severd），力图通过自身的经济与技术优势在基因资源的开发中获得优势地位。参见 Doris König, Genetic Resources of the Deep Sea—How Can They Be Preserved?, International Law Today: New Challenges and the Need for Reform, Springer Published, 2008, p. 157。

对于争议较大的环评问题，发展中国家集团缺乏实质性的新贡献，其主要观点与立场是较为宏观地提倡发达国家对发展中国家的帮助与支持。在这些技术与资金有较高要求的议题上，中国与欧盟国家集团的立场比较接近，发展中国家集团更为关心技术转让与利益分享问题。中国与欧盟国家都认为，环评的执行权应当由主权国家启动，而发展中国家团体受制于本身技术与资金，并不想承担环评执行权的启动义务。① 此外，我国在支持发展中国家基本立场之外，还单独提出应该保障深海科学研究自由，这是因为我们目前对深海的认识还相对有限，只有对深海基因资源的研究提供足够便利，才能够更好地支持全人类的健康与发展。② 自然资源部海洋战略研究所张海文所长的这一提议引发了会议的热烈讨论，它反映了发达国家主张的海上科学研究自由，也反映了发展中国家所主张的由全人类共同分享海底资源开发利益的诉求。这一现象也从侧面说明我国现阶段在国家管辖权以外的生物多样性保护问题上既存在着与发展中国家一致的诉求，也存在着与发达国家一致的利益诉求。我国在深海生物资源的采集与获取能力上，位居世界前五名，因此虽然我国对七十七国集团的立场表示了支持，但我国并没有针对国家管辖范围以外区域海洋遗传资源应当适用的法律制度问题单独表达国家立场。③ 其潜在意义也在于发展中国家团体的这部分主张，并不符合我国的现实利益。

这次的谈判过程还充分展现了中国的海洋强国愿景，体现出对于加强海洋科学研究的国家发展战略。国家管辖范围以外的生物多

① 参见刘惠荣：《主权要素在 BBNJ 环境影响评价制度中的作用》，载《太平洋学报》2017 年第 10 期，第 8 页。

② 参见自然资源部海洋战略发展研究所：《我所张海文、郑苗壮参加国家管辖范围外海洋生物多样性养护和可持续利用问题国际协定谈判政府间大会第一次会议》，访问地址：http://www.cima.gov.cn/info/943，访问时间：2018 年 12 月 25 日。

③ 参见张小勇、郑苗壮：《论国家管辖范围以外区域海洋遗传资源适用的法律制度——以海洋科学研究制度的可适用性为中心》，载《国际法研究》2018 年第 5 期，第 31 页。

样性保护问题谈判，是国际社会在第三次联合国海洋法会议之后进行的一次具有继承和创新精神的海洋立法活动。具体而言，其继承性体现在国家管辖范围以外生物多样性的保护反映了传统的两大海洋法基本理论之争，即海洋自由理论与人类共同继承财产原则之争，体现了传统的发展中国家团体与发达国家团体之间从理论到具体规则的利益冲突。① 其新的发展是发达国家内部的"北北矛盾"在 BBNJ 谈判中得以显现，以欧盟、北欧国家为主的发达国家团体倡导与发展中国家互惠分享的开发机制，形成了发达国家团体中的"务实派"；以美国、日本为主的发达国家团体则坚持了自由开发的立场，形成了发达国家团体中的"资源开发派"。这种变化的基础是不同主权国家间的海洋科学研究成果成为主导发达国家立场的重要原因，欧盟长期以来在其海洋科学研究中重点研究了海洋生态环境保护和海洋资源的可持续利用问题，美国和日本则在深海资源开发技术的研究中居于世界领先位置，发达国家团体垄断了国际社会著名的高端海洋科学研究机构。② 发达国家的海洋政策与立场体现了他们在海洋科学研究领域的最新成果与发展方向，而发展中国家团体也意识到 BBNJ 的谈判并不仅仅是法律制定的过程，如果失去发达国家团体的支持将会为国家管辖范围外生物多样性保护问题法律制度的运行带来困难，这也强化了这一谈判过程中的科学属性。

　　将第三次联合国海洋法会议与近年来 BBNJ 的谈判过程进行比较，我们可以发现政策定向法学派关于国际法发展趋势的一些规律

---

　　① 参见 Alex G. Oude Elferink, The Regime of the Area: Delineating the Scope of Application of the CommonHeritage Principle and Freedom of the High Seas, International Journal of Marine and Coastal Law, Vol. 22, 2007, p. 174。

　　② 根据有关学者的统计，在全球 2012—2016 年五年间被美国 Thomson Scienfic 收录的海洋科学研究论文中，发文量最高的海洋科学研究机构由主要来自六个国家：美国 9 家、法国 6 家、中国 2 家（中国科学院与中国海洋大学）、俄罗斯 1 家、英国 1 家、澳大利亚 1 家。参见王旭：《全球知名海洋学研究机构的分析与研究》，载《农业图书情报学刊》2018 年第 9 期，第 46~50 页。

性总结得到了应验。国家管辖范围外生物多样性保护问题的谈判过程虽然艰难，但是主权国家之间的政治色彩已经不再那么浓厚，这个过程最大的成果就是确定了海底生物资源可持续开发利用与保护成为一项国际社会的共识。① 这种先确定"权威"因素的谈判模型正是政策定向法学派所提倡的方式，在确定了权威的内容与含义之后，再根据国际社会的现实力量因素，制定符合人类发展水平的国际法规则。过于片面强调人类共同继承原则或公海自由原则，都存在其局限性，现代海洋法的权威内容之争逐渐演变为不同理念的平衡。我国代表团的主张也体现了上述的理念平衡问题，认为"在 BBNJ 的谈判中，要以维护共同利益为目标，顾及广大发展中国家的利益，也要维护国际社会和全人类的整体利益，不能厚此薄彼"。② 这种国际法规则形成的方式具有政策定向法学派的理论特色，是政策定向法学派对于国际海洋法规则形成过程的"权威"性启示。此外，发展中国家团体已经充分认识到国际海洋法规则运行机制对于规则维护的重要意义，借助议事规则的优势强行通过对于发展中国家有利的海洋法规则最终会产生事与愿违的结果，这也是发达国家充分利用本国科技、经济、理念等力量因素对国际法规则具体实施过程的影响，是政策定向法学派对国际海洋法规则形成过程的"控制"性启示。这种务实的谈判精神降低了国际社会中发展中国家团体与发达国家团体二元分类的政治意义，使得新的海洋法规则体现出更多法律性与科学性。

三、军事测量与科学研究的关系难以厘清

专属经济区内军事测量活动是否应当纳入科学研究的范围，由沿海国进行管辖，是中国与海洋强国之间争议较大的一个海洋法问

---

① 参见 Minas Stephen, Marine Technology Transfer Under A BBNJ Treaty: A Case for Transnational Network Cooperation, The American Journal of International Law, Vol. 112, 2018, p. 148。

② 参见黄惠康：《国际海洋法前沿值得关注的十大问题》，载《边界与海洋研究》2019 年第 1 期，第 8 页。

题。也是发展中国家依据《公约》第 56 条第 1 款对专属经济区内
海洋科学研究进行管辖，所产生的法律争议。从实践来看，我国受
制于海洋科学研究范围界定不清的原因，对管辖他国在我国专属经
济区内的军事活动难以提出具有说服力的法理支持，也限制了我国
在别国专属经济区内的军事测量活动。

　　军事测量活动与科学研究之间的关系，从直观的角度来看是存
在明显区别的，海洋科学研究大部分展现对于和平利用海洋资源的
追求，而军事测量活动应当纳入军事活动的范围。但从《公约》
解释的角度看，反而是将军事测量活动纳入科学研究的范围，能够
为沿海国提供更强的法理支持。美国提倡将专属经济区内的军事测
量活动与海洋科学研究相互区分，他们认为军事测量活动不应当受
到沿海国的管辖与限制，军事测量属于与 "航行和飞越自由以及
铺设海底电缆与管道相关的其他国际合法用途"。① 但是如果要为
沿海国约束这种不友好的海洋测量行为提供法理依据，就必须将其
纳入海洋科学研究的范围。这是因为在专属经济区内的测量行为既
可以被用于商业用途、科学研究用途，又可用于军事用途，不能因
为将这种行为归类于军事行动，就将其排除在科学研究的范围之
外，当然这也取决于沿海国与测量国之间如何解释和确定《公约》
中的和平利用海洋原则。②

　　上述争议的核心在于专属经济区内是否存在国家安全利益。发
达国家集团认为专属经济区内主权国家只具有经济利益，不存在国
家安全利益；但是发展中国家集团倾向于认为专属经济区内存在国
家安全利益。③ 实际上即使能够将军事测量行为纳入海洋科学研究

① 参见 Ashley J. Roach, Marine Sicientific Research and the New Law of the
Sea, Ocean Development and International Law, Vol. 27, 1996, p. 60。

② 参见 Zhang Haiwen, The Conflict Between Jurisdiction of Coastal States on
MSR in EEZ and Military Survey, Recent Developments in the Law of the Sea and
China, ed by Myron H. Nordquist, John Norton Moore and Kuen-chen Fu,
Koninklijke Brill Published, 2006, p. 330。

③ 参见 James Kraska, Maritime Power and the Law of the Sea: Expenditionary
Operations in World Politics, Oxford University Press, 2011, p. 303。

的范围，还是会面临专属经济区内别国的军事行动问题，例如军事演习、情报收集、构筑海底设施等。通过法律解释的方法将军事测量活动归入海洋科学研究的范围，以从法理上对抗发达国家在专属经济区进行军事活动的主张，并不能从根本上解决问题。《联合国海洋法公约》对专属经济区和大陆架的管辖权条款，难以有效规范美国海军测量船频繁在中国专属经济区和大陆架上的测量活动。①

解决这一问题的关键在于我国对专属经济区内的军事活动问题应该持有何种立场。笔者认为我国应当承认专属经济区内的军事活动符合《联合国海洋法公约》的内容，主要理由如下：第一，从《维也纳条约法公约》法律解释的规定来看，有关于法律文本的解释，应当优先使用文义解释的解释方法，专属经济区的概念从文义上来看并不包括主权国家在这一区域享有安全利益。第二，按照《联合国海洋法公约》有关专属经济区的规定，全球36%的公海都将被纳入专属经济区范围，尤其是我国所处的西太平洋区域，专属经济区密集还有相互重叠的情况。② 坚持专属经济区内军事活动违反《联合国海洋法公约》对我国发展海上军事力量是一种极大限制，如果失去海上军事力量支持，我国的诸多海洋权益会面临更加严峻的挑战。第三，从海湾战争和伊拉克战争的过程来看，超视距远程打击以及非接触战争成为了海上战争的主要形式，这种打击方法并不受制于地理距离的远近。第四，承认专属经济区内军事活动合法化，同时要求进行军事活动的国家履行报告义务，能够缓冲发展中国家与发达国家在这一问题上的争议。第五，政策定向法学派关于力量因素的考量，说明了在缺乏有效监管的情况下，会造成立法与法律实践的不相一致，虽然发展中国家广泛支持专属经济区内存在国家安全利益，但是都没有能力对这一行为进行有效的打击与监管。

---

① 参见罗欢欣：《国家在国际造法进程中的角色与功能——以国际海洋法的形成与运作为例》，载《法学研究》2018年第4期，第64页。

② 参见吕北安、宋云霞：《海军海上行动法教程》，解放军出版社2003年版，第52页。

2018 年 7 月 7 日至 2019 年 1 月 24 日的半年时间内，美国军舰四次通过台湾海峡，声称美国在进行"符合国际法"的航行活动。① 如果不能从国家力量上禁止美军的航行行为，我国应当坚持领海内禁止别国军舰自由航行的立场，承认专属经济区内但领海或毗邻区范围外军事活动的合法性。

四、海底区域资源开发中的担保国责任制度

国际海底区域资源开发制度与专属经济区制度被认为是发展中国家在第三次联合国海洋法会议中取得的最重要的两项成果。② 国际海底资源开发制度不仅贯彻了人类共同继承财产原则，还顾及了出口同种矿产的部分非洲内陆国的利益，这些内容即使是在国际海底管理局法律与技术委员会 2018 年编写的《"区域"内矿物资源开发草案》中也得到了坚持和继承。但是国际海底区域资源开发较高的技术门槛使得发展中国家很难在实践层面提升参与程度，根据 2022 年 8 月 1 日《国际海底管理局秘书长根据〈联合国海洋法公约〉第 166 条第 4 款作出的报告》中的有关统计；截止到 2022 年 4 月 30 日，国际海底管理局共有 130 个发展中国家作为成员国，但日常出席国际海底管理局会议的发展中国家仅有 50 个左右，有超过 60 个发展中国家已经拖欠超过两年的会费而丧失表决权。③

---

① 2018 年 7 月 7 日，美军 2 艘"伯克级"驱逐舰"马斯廷"号、"本福德"号穿越台湾海峡；2018 年 10 月 22 日，美军"柯蒂斯·威尔伯"号驱逐舰与"安提坦"号巡洋舰通过台湾海峡；2018 年 11 月 28 日，美军导弹驱逐舰"斯托克代尔"号和补给舰"佩科斯"号经过台湾海峡；2019 年 1 月 24 日，美国海军导弹驱逐舰"麦坎贝尔"号和补给舰"沃尔特·迪尔"号，在台湾海峡进行了一次"符合国际法"的例行通过。参见中国人民共和国外交部：2018 年 7 月 8 日、2018 年 10 月 23 日、2018 年 11 月 29 日、2019 年 1 月 25 日例行记者会，访问地址：https：//www.fmprc.gov.cn/web/fyrbt_673021/t1632526.shtml，访问时间 2019 年 1 月 27 日。

② 参见谢益显：《中国外交史：中华人民共和国时期（1949—1979）》，河南人民出版社 1988 年版，第 612~615 页。

③ 参见国际海底管理局文件：ISBA/27/A/2。

　　发展中国家在第三次联合国海洋法会议期间，就确立了高门槛开发的基本立场。海底资源的开采在谈判过程中实际上也存在着发展中国家间的矛盾，这主要是在非洲发展中国家团体与拉丁美洲发展中国家团体之间所引发的争议。在第三次联合国海洋法会议期间，只有西方发达国家具有开采海底资源的能力，苏联在当时被认为具有潜在开采的能力，但是这些开采能力最终又实际上只有几家跨国公司能够运用，进行商业上的开采。当时被认为最具有开发价值的区块是在太平洋的东南部分，拉丁美洲的发展中国家在领海主义占上风的情况下，认为对于海底资源的开发也应该采用临近主义，允许主权国家进行单独开发或者颁发许可。在 1972 年的联合国大会上，12 个拉丁美洲国家还投票否决了 31 个发展中国家所集体提出的关于国家管辖范围以外深海资源开发的比较研究成果，这项研究认为过于宽阔的国家海洋外部界限，会使得国际社会丧失公共的海底区域，而这一研究实际上是在人类共同继承财产原则基础上的一项发展。① 国际海底资源的开发问题，对发展中国家集团的影响，不仅仅是资源开发的问题，还涉及国际贸易环境。海底资源的组成主要是锰、钴、铜的矿产资源，而这些资源的主要出口国都是发展中国家，因此从发展中国家的整体利益来看，设置越高的开采门槛，越有利于发展中国家出口本国的矿产资源。

　　《联合国海洋法公约》也秉承了发展中国家对于国际海底区域资源开发的基本立场，在第 139 条第 1 款、第 2 款设立了担保国责任制度。规定"缔约国应有责任确保'区域'内活动，不论是由缔约国、国营企业、或具有缔约国国籍的自然人或法人所从事者，一律依照本部分进行。国际组织对于该组织所进行的区域内活动也应有同样义务"。但是 2010 年国际海洋法法庭海底争端分庭受理的"担保国责任咨询意见案"引发了国际社会对于担保国责任的思考。"担保国责任咨询意见案"中，中国向国际海洋法法庭提供的咨询意见认为应当关注到发展中国家的特殊利益，但最终法庭以

---

　　① 参见联合国大会文件：A／RES／3029B，A／RES／3029C，A／RES／2749。

《联合国海洋法公约》及其附件中未明确对发展中国家担任担保国的规则利益进行特殊保护为由，并未采纳此意见。① 需要进行进一步阐明的是，外交部条法司还将发展中国家问题作为海洋法法庭咨询意见与我国书面意见存在差异的部分，进行单独的分析和论证，认为外交部所提供的咨询意见在发展中国家问题上与海洋法法庭的咨询意见之间并没有显著的差异，只是侧重点不同。② 实际上这是对第三世界国家国际法方法论研究新发展没有充分理解造成的，咨询意见认为："发展中国家义务与发达国家义务在担保国问题上的同等适用（apply equally），主要是基于两点原因：一是《联合国海洋法公约》的第 11 部分没有任何条款为发展中国家担保国在承担义务方面给出优惠待遇的明确条款；二是发展中国家与发达国家承担同样的义务，有助于防止发达国家商业实体通过在发展中国家设立公司而减少其应受的监管，'方便担保国'的产生将危及海洋环保最高标准的统一适用，区域内活动的安全发展以及对人类共同继承财产的保护。"③ 该咨询案件否定了发展中国家与发达国家在担保国责任中应当予以区别对待的主张，某种程度上也反映了发展中国家与发达国家之间的矛盾在国际海底区域资源开发制度中已经不是最主要的矛盾。

　　中国应当将作为承包者的义务和中国国家作为担保国的义务有效分离，避免因承包者的行为而使得中国国家承担损害赔偿责任。④ 现阶段国际海底资源开发制度中的博弈主要是担保国、承担者和国际海底管理管理局之间的利益协调，而担保国与承担者主要

① 参见中华人民共和国外交部条约法律司编著：《中国国际法实践案例选编》，世界知识出版社 2018 年版，第 53~70 页。

② 参见中华人民共和国外交部条约法律司编著：《中国国际法实践案例选编》，世界知识出版社 2018 年版，第 67 页。

③ Advisory Opinion on Responsibilities and Obligations of States Sponsoring and Entities With Respect to Activities in the Area, ITLOS/Press161, Case No. 17, para151-159.

④ 参见张辉：《国际海底区域开发国之担保义务研究》，载《中国地质大学学报（社会科学版）》2014 年第 3 期，第 93 页。

由发达国家团体构成。中国参与海底资源开发的承包者主体主要是中国大洋协会和五矿集团，承包者的利益也是中国在三方利益博弈中需要考虑的重要因素，应当保障承包者合理获取商业利益的权利。2019 年 3 月 11 日中国在对《"区域"内矿产资源开发规章草案》① 内开发规章的财务问题进行的评注中认为：落实"人类共同继承财产"原则之外，也要遵循"健全商业原则"，进而促进国际海底资源的开发实现商业价值。② 根据国际海底管理局理事会成员组成的规定，理事会成员一共分为 A/B/C/D/E 五组，A 组包括主要海底矿物的消费国，B 组代表对于国际海底区域作出主要投资的国家，C 组代表与海底矿物生产有关的陆地生产国，D 组代表具有特殊利益的发展中国家，包括人口众多的发展中国家以及内陆国、地理不利国，E 组则是根据不同大洲按照公平的地域分配产生。中国在 2006 年之前一直以 B 组身份成为国际海底管理局理事会成员，2006 年以后以 A 组成员成为国际海底管理局理事会成员，同组国家主要包括了美国、英国、日本、意大利、俄罗斯。③ 从上述组别分类来看，中国在国际海底资源开发中与发达国家的利益较为一致，在国际海底资源开发担保国制度的博弈中，发展中国家的高门槛开发的基本立场已经不符合中国的国家利益。2022 年 1 月来自巴西的开发者 Companhia de Pesquisa de Rescursos Minerais（CPRM）主动提出放弃其在勘探开发合同中的全部权利，请求国

---

① 参见国际海底管理局文件：ISBA/23/LTC/CPR. 3。

② 参见中华人民共和国常驻国际海底管理局代表处网站：《中国常驻国际海底管理局代表田琦大使在国际海底管理局第 25 届理事会第一期会议"开发规章财务问题"议题下的发言》，访问时间 2019 年 6 月 17 日，访问地址：http：//china-isa. jm. china-embassy. org/chn/xwdt/t1644355. htm。

③ 参见中华人民共和国常驻国际海底管理局网站：《国际海底管理局理事会组成（1996—2012）》、《国际海底管理局理事会组成（2013—2016）》、《国际海底管理局理事会组成（2017—至今）》，访问地址：http：//china-isa. jm. china-embassy. org/chn/gjhdglj/lsh/lshzc/，访问时间：2019 年 9 月 30 日。

际海底管理局以双方互不追究责任为条件允许 CPRM 公司退出国际海底资源开发活动。① 过高的开发门槛与开发成本已经严重阻碍了国际海底区域资源开发制度的可持续性。

中国在国际海底资源开发中的协调国家身份与利益的方式也逐渐与发达国家保持一致，在国际海底管理局法律与技术委员会编写的 2018 年《"区域"内矿物资源开发草案》中，担保国责任制度相比较于 2016 年与 2017 年的草案版本重新变得模糊。② 追求法律规则的模糊不清，事实上也是发达国家在海洋法规则的利益博弈中的重要特色。

第三节　中国与发达国家海洋利益的趋同

中国与发达国家在海洋利益的趋同，是中国国家发展的一种必然结果，中国在全球海洋秩序中的利益诉求与发达国家越来越趋于一致。政策定向法学派认为控制要素的运用并不必然地展现和平追求，这反映了其一定的霸权主义视角。中国在国际社会参与者中角色的变化，使得有西方国家认为中国是现行国际法体系的受益者，进而无须迫切地去改变现行国际法秩序，这是因为尽管现行国际法规则是由欧洲国家推动的，但是在发展模式上中国已经与欧洲国家趋于一致。③从海洋法的发展历史来看，在特定国家成为海洋大国之前，该国在海洋公共秩序问题上很可能与既有海洋大国持有不同甚至相反的立场，但其立场往往随着该国海洋实力的增强与既有海洋大国的立场趋于一致。④

---

① 参见国际海底管理局文件：ISBA/27/A/2。

② 参见王勇：《国际海底区域开发规章草案的发展演变与中国因应》，载《当代法学》2019 年第 4 期，第 81 页。

③ 参见李鸣：《国际法与"一带一路"研究》，载《法学杂志》2016 年第 1 期，第 14 页。

④ 参见蔡从燕：《海洋公共秩序基本原理研究》，载《中华海洋评论》2022 年第 1 期，第 19 页。

一、促进海洋科学研究的高端合作

海洋科学研究范围广泛，涉及的学科众多，一般认为的海洋科学研究主要是一种自然科学领域内的研究，在本部分采用了定量研究的方法，分析我国在海洋科学研究问题上与发达国家之间的相似之处与区别之处。笔者选用了以收录高影响因子文章为主的自然科学数据库 Web of Science，选取了 OCEAN 作为检索的关键词，限定的文章检索时间为 2017—2022 年共 5 年，一共检测到有关的文章共 198783 篇，① 并运用该网站的数据统计工具，按照发文科研机构的国别排名，选取了排名前 19 名的国家制作了树状图。②

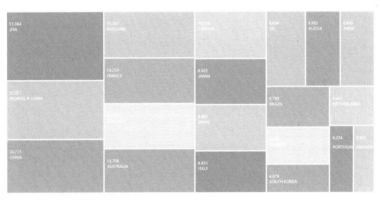

全球发文量前十九位的国家树状图（2017—2022）

从下图中的统计结果，我们可以看出中国的发文总量为 59155

---

① 参见 Web of Science：Available at：http：//wcs. webofknowledge. com/RA/analyze. do？ product ＝ UA&SID ＝ 5FLOLVryeQE9AWGlg8R&field ＝ CU _ CountryTerritory_CountryTerritory_en&yearSort＝false，last visited on December 20, 2022。

② 存在 People's Republic of China 和 China 分类的原因在于中国大陆的学者有些以 China 作为署名国家，另外一些大陆自然科学学者署名了 People's Republic of China；中国台湾的学者均以 China 作为署名国家，不做区分，但两者的统计统计结果中没有重合，没有文章被计算两次的情况。

篇（其中署名为中国台湾的发表量为 2330 篇、中国香港的发表量为 40 篇、中国澳门的发表量为 5 篇），美国的发文总量为 51384 篇文章，中美两国的发文总量大约为世界总量的 50%，中国是发文前十名的国家中唯一的发展中国家。由于 Web of Science 的数据来源比较苛刻，数据库来源的期刊也比较有限，基本能够反映海洋科学研究高端领域的现状。① 从科学研究的整体来看，中国在论文总数、高被引论文数、高被引科学家人数三项指标上，均位于世界前三名以内；虽然在国际大奖的累计获奖人数上较少，累计仅有 14 人获奖，但中国的谢尚平教授 2017 年获得了海洋科学研究领域唯一的国际大奖——斯维尔德鲁普金质奖章。②

　　海洋科学研究需要昂贵的费用与复杂的技术，一直是发展中国家难以触及的海洋问题领域，数据库检索的结果也基本反映了这种情况，但是海洋地理学的研究能够加强主权国家对于国际海洋法的理解与运用。③ 海洋科学研究是公海自由中的六大自由之一，但由于有价值的生物及非生物资源主要位于国家管辖范围以内的专属经济区，所以传统的海洋科学研究一般都是在专属经济区与大陆架内开展的。④ 中国的海洋科学研究大部分也是围绕着传统海洋科学研究的范围进行的，但是美国排名前三名的科学研究机构已经把研究的重点转向深海研究。⑤ 美国虽然没有加入《联合国海洋法公约》，但在本国的实践中却没有停止对于深海资源的研究，《联合

---

　　①　参见李峰：《高校新兴学科发展态势及学科资源整合分析——以北京大学海洋能源学科为例》，载《新世纪图书馆》2016 年第 10 期，第 20 页。

　　②　参见张志强、田倩飞、陈云伟：《科技强国主要科技指标体系比较研究》，载《中国科学院院刊》2018 年第 10 期，第 1057 页。

　　③　参见 Hari M. Osofsky, A Law and Geography Perspective on the New Haven School, The Yale Journal of International Law, Vol. 32, 2007, p. 454。

　　④　参见周江、陈一萍：《论〈联合国海洋法公约〉框架下专属经济区内和大陆架上海洋科学研究争端解决机制》，载《中国海商法研究》2018 年第 2 期，第 86 页。

　　⑤　参见王旭：《全球知名海洋学研究机构的分析与研究》，载《农业图书情报学刊》2018 年第 9 期，第 50 页。

国海洋法公约》生效以来，在海洋科学研究领域发展中国家与发达国家依旧差距巨大，发达国家团体从海洋科学研究自由中获益颇多。在传统的发展中国家团体中，只有中国在海洋科学研究领域产生了突飞猛进的进步，在部分领域处于国际领先的地位，可以预见的是在新的海洋法律秩序变革中，中国在海洋科学研究问题方面会与发达国家产生更多的利益交集。如何通过对国际海洋法规则的研究，为我国的海洋自然科学研究提供更多的资源与方便，是当代国际海洋法研究的目标之一，同时这一学科与其他学科之间也呈现出相互融合发展的趋势。从国际法学科来看，海洋科学研究涉及的国际法分支也比较多，包括国际环境法、国际条约法、国际海洋法、国际能源法等内容；与此相辅相成的是海洋科学研究也促进了国际法的发展，专家技术意见与专家证据已经成为国际法院在处理海洋边界争端中重要的裁判依据。[1]

从政策定向法学派的国际法理论来看也存在着两难的选择，海洋科学研究能够推动全人类的发展属于政策定向法学派应当予以支持的重点发展领域。但是从"普遍狭隘原理"来看，只有第三世界国际法方法论才能够保障各个主权国家能够分享到海洋科学研究的利益，海洋科学研究如果继续以"海洋自由理论"作为其支撑，最终只会拉大发展中国家与发达国家之间的发展差距。这会产生另外一个海洋科学研究中值得思考的问题，发展中国家所主张的海洋科学研究的技术分享是否能够真正地造福发展中国家。国际社会中的主权国家有其本身的分工与定位，在全球的经济秩序中也存在不同主权国家所处的价值链不同而造成国家发展程度的不同。发达国家即使能够与发展中国家分享海洋科学研究中的关键数据与关键技术，大部分发展中国家依然无力依靠自身的国家力量促进海洋科学研究。因此，对海洋科学研究进行分类就显示出其必要性，对于海洋科学研究的基础领域，可以倡导发展中国家进行与其研究能力相适应的海洋科学研究；对于海洋科学研究中的高端领域，应当倡导

---

[1]　参见何田田：《论国际法院与专家证据——以 1994 年国际法院"陆地和海洋边界案"为视角》，载《国际法研究》2019 年第 2 期，第 11 页。

由科学技术发达的国家共同合作进行科学研究，而非单方面研究。这样设计的好处在于单个发达国家不再具有垄断关键性个别技术的能力，促进发达国家集团的海洋科学研究的内部合作与竞争，同时也能够弱化海洋科学研究中国家身份所造成的"研究隔阂"。中国海洋强国愿景的实现，必须依赖于对于海洋科学研究的持续投入与重视，中国与发达国家之间都需要国际社会能够提供一个促进海洋科学研究事业发展的外部法律环境。

二、降低商业航运成本

人口增长、技术进步和能源需求增加是导致空气、水、土壤污染和气候变化等环境问题的最重要因素。① 降低商业航运成本既符合市场规律的要求，也符合可持续发展与环境保护的要求，这是中国与发达国家集团之间新的利益汇合点，尤其是在中国成为世界进出口大国的背景下，降低商业航运的成本有利于我国降低进出口的海上交通费用，促进国际贸易。

（一）国际船舶登记制度

国际船舶登记制度是对《联合国海洋法公约》第 91 条船舶登记制度的一种补充。挪威在 1987 年率先建立了国际船舶登记制度，随后包括丹麦、德国、瑞典、意大利、俄罗斯、日本、新加坡、中国香港等发达国家或地区都效仿挪威建立了自己的国际船舶登记制度；英国、法国、葡萄牙、荷兰、新西兰则在其海外领地建立了类似的离岸船舶登记制度。② 建立国际船舶登记制度，主要有两项优势，一是促进使用"方便船旗国"做法的船舶，以另外一种名义再次接受其真正主权国家的管辖；二是为设立严格船舶登记制度的

---

① 参见 A. Bahareh & A. P. Seyed, R. Roshandel, International Convention to Decrease Conflict Between Energy Supply and Environmental Protection, Ukrainian Journal of Ecology, Vol. 8, 2018, p. 616。

② 参见杨海涛：《国际船舶登记法律制度研究》，大连海事大学博士学位论文，2013 年，第 9 页。

国家提供一种新的重新设计船舶登记制度的方式，方便雇佣别国工资相对低廉的船员，降低航运成本。① 我国在上海自由贸易区规划的《总体方案》的第 6 条明确提出要探索建立"国际船舶登记制度"。根据联合国贸易和发展会议（United Nations Conference on Trade and Development）2018 年海上航运报告（Review of Maritime Transport 2018），我国商业船舶的总吨位位居世界第三，约占全世界商业航行船舶总吨位的 10%，但是我国的商业运输船舶数量却占世界的 45.7%，同时中日韩三国的商船产量的总吨位占世界的 90.7%。②

国际船舶登记制度是主要航运大国在《联合国海洋法公约》之外建立的一套船舶登记的法律制度，是对船舶登记制度的一项创新与发展。以往的船舶登记制度，虽然能够通过"方便旗船国"的做法规避其他国家对船舶的不法管辖，但是也存在着本国对实际上是本国法人或自然主体所拥有的船舶管辖权的缺失。我国逐步建立起来符合我国特色的国际船舶登记制度，是属于对于发达国家这一制度的吸纳与转化，我国与发达国家团体之间在降低商业航运成本问题上的追求是一致的。

建立符合我国国情的国际船舶登记制度符合我国航运大国的利益，它能够显著降低中资船舶船东的航行成本，这也是世界上主要发达国家广泛采用的一种船舶登记制度。在船舶登记制度问题上，中国与发达国家团体采用相同或者类似的制度设计并不是一种意外情况，中国与发达国家都受益于全球贸易的不断发展。

（二）北极航道的商用价值

北极航道问题是随着全球变暖、北极冰川融化而产生的海洋法

---

① 参见王淑敏：《上海自由贸易区实施"国际船舶登记制度"的法律研究》，载《中国海商法研究》2015 年第 2 期，第 104 页。

② 参见 United Nations Conference on Trade and Development：Review of Maritime Transport 2018, Available at：https：//unctad. org/en/Pages/publications. aspx，last visited on December. 30. 2018。

问题。俄罗斯和加拿大基于历史性水域、扇形理论认为北极航道属于其国家的内水范围，但美国与欧盟都反对加拿大和俄罗斯的这种主张。① 2013 年俄罗斯更明确地规定船舶通过北方航线水域时，需要向俄罗斯进行申请取得批准，此外还必须由俄罗斯有偿提供破冰引航服务。② 正是由于北极航道逐渐产生商业利用的价值，俄罗斯与加拿大才声称北极航道地区属于其国家主权范围内的内水，其真正的目的在于从北极航线中分得更多利益。

北极理事会是建立在北极国家对于北极海洋资源的主权性权利之上的国际组织，中国也是北极理事会的一员，中国在北极地区的特殊利益则主要体现在海洋科学研究、气候变化以及北极航道的商业利用价值方面。③ 随着北极理事会组织的日益扩大，北极地区的海洋资源开发正在成为世界的"城镇中心"，越来越多的国家在这个区域共享政治与经济利益，在这一过程中国家间会有更多的合作。④ 由于北极理事会成员国主要是发达国家，我国成为北极航道商用价值海洋法问题中为数不多的能够参与发达国家团体解决海洋法问题的发展中国家，这中间固然有我国是《斯瓦尔巴群岛条约》缔约国的原因，更重要的原因在于我国在航行自由的商用价值问题上，已经成为国际社会的利益相关方。北极争议事务解决的关键问题也在于不同主权国家对于《联合国海洋法公约》的不同理解。⑤ 有学者认为北极航道的争议与国际海峡问题所遇到的争议类似，其

---

① 参见杨显滨：《论我国参与北极航道治理的国际法路径》，载《法学杂志》2018 年第 11 期，第 81 页。

② 参见王泽林：《北极航道法律地位研究》，上海交通大学出版社 2014 年版，第 298 页。

③ 参见 Xiaoyi Jiang and Xiaoguang Zhou, China and Maritime Sovereignty and Right Issues in the Artic, Artic Law and Governance: The Role of China and Finland, Hart Publishing, 2017. pp. 83-100。

④ 参见 Michael Byers, International Law and the Arctic, Cambridge University Press, 4th, 2014. p. 9。

⑤ 参见 Robert Beckman, UNCLOS Dispute Settlement Regime and Arctic Legal Issues, Challenges of The Changing Arctic Continental Shelf, Navigation, and Fisheries, Koninklijke Brill Published, Vol. 19, 2016, p. 573。

问题都在于航行自由与沿岸国管辖权之间的矛盾,《联合国海洋法公约》最终确定的国际海峡通行制度应当运用于北极地区,保障在这一地区的航行自由。① 由此可见,我国国家身份转变的利益特征之一就是对航行自由原则依赖性逐渐增强,对于这一问题的协调与解决越来越需要加强与发达国家的合作。

北极航道之争所涉及的国家,都是在国际上具有影响力的沿海国,除了印度和中国之外也都是传统的发达国家。北极航道不但涉及航行自由原则,也涉及历史性权利、特别敏感水域航行制度以及海洋环境保护等议题。北极理事会成员国以及观察国围绕这些议题的讨论与博弈实际上反映了国际社会中发达国家主要的海洋利益需求。我们需要清醒地看到,《联合国海洋法公约》是发展中国家团体与发达国家团体相互博弈的结果,但是并没有改变发展中国家贫穷、落后的面貌。从经济学的角度来看,北极航道比传统航道具有显著的成本优势,但是一旦加入俄罗斯所提出的破冰引航费用,传统航线就具有成本优势。② 保护航行自由以促进国际贸易是发达国家团体在第三次联合国海洋法会议中的重要贡献,我国已经逐步成为经济领域航行自由原则的受益国家,如果要继续维护和保障这一制度就必须与发达国家团体携手降低国际社会不合理的航运成本,促进经济贸易的全球化。

商业利益分配不均是近代欧洲国家间爆发海洋战争的原因之一,我国在国家身份转变的过程中会产生两方面的效果:一是原有的规则利益中的有利部分可能会转变成不利部分,二是原有的不利部分也有可能会成为有利部分。航行自由原则对海上商业贸易的保护,逐渐成为了我国海洋权益维护的重点问题之一。我国是全球化和全球贸易的受益者,与发达国家合作维护国际社会的航行自由是我国未来海洋维权中的发展方向之一。

---

① 参见王泽林:《北极航道法律地位研究》,上海交通大学出版社 2014年版,第 289 页。

② 参见夏一平:《北极航线和传统航线的成本估算和比较》,载《产业经济》2017 年第 3 期,第 18 页。

三、公海自由原则的趋向有利

公海自由不仅是一个国际法概念，其背后蕴含着基于西方海洋文明的精髓，也是发达国家团体在其海洋实践中长期坚持的基本理论指导。有学者认为，西方文明成功的关键因素在于个人本位与自由进取的精神，这与其发源于临近海洋的岛屿文化有关，唯有在大规模的海洋航行及与其他民族的交往中，才可能在新的层面上理解人类文明。① 从理论基础来看，西方海洋大国一直奉为圭臬的海洋自由原则根植于西方的海洋文明之中，格劳秀斯所著的《海洋自由论》从海洋强国发展的角度肯定了海洋自由。但还存在两个问题：一是不同国家对于"海洋自由"利用的能力不同，海洋自由理论明显偏重利用海洋能力较强的国家；二是格劳秀斯未对"海洋的自由"与"海洋使用的自由"加以区分，进而后世对于海洋自由理论的理解也产生了偏差。② 随着科学技术水平的不断提高，人类在海洋活动的能力不断增强，依据公海自由原则及其相关规则对公海进行使用时，将国家的公海活动分类为一般性使用与军事性使用，越来越成为国际社会倡导主权国家规范使用公海海洋权利的一项共识。③ 从规范法学的角度看，1982 年《联合国海洋法公约》的立法体例中，在海洋法制度所调整的不同区域，大部分都采用了"权利-义务"的立法模式，但是在第七部分公海这一章中单独采用

① 参见何勤华：《法律名词的起源》，北京大学出版社 2009 年版，第249 页。

② "海洋自由"主要是从严格意义解释上定义，指海洋自身不属于任何权利之下，亦不为任何国家之领域。有学者认为，这种视角下的"海洋自由"为后世《联合国海洋法公约》人类共同继承财产制度提供理论依据。"海洋使用的自由"则是指各国均具有自由使用海洋的必要，在公海上的航行不受他国的妨害。参见范扬：《格劳秀斯海洋自由论》，载陈立虎编《东吴法学先贤文录（国际法学卷）》，中国政法大学出版社 2015 年版，第 21~22 页。格劳秀斯著，马忠法译：《论海洋自由》，上海人民出版社 2005 年版，序言。

③ 参见 James Kraska, From the Age of Discovery to the Atomic Age: The Conflux of Marine Science, Seapower, and Oceans Governance, Science, Technology, and New Challenges to Ocean Law, Koninklijke Brill, 2015, p. 61.

了"自由-限制"这一立法模式，罕见地体现出了积极自由与消极自由并存的立法现象。这些问题存在的根本原因是对于法学理论中自由理论及其立法模式理解不深，进而造成在《联合国海洋法公约》的嗣后实践不得不通过附加限制条件的方法逐步限制各国对于公海的绝对自由使用，体现出一种相对自由使用的发展趋势。

公海自由原则是第三世界国家的梦魇。公海自由原则被西方国际法理论所选择的原因就是为欧洲主要的殖民国家瓜分世界提供依据。在第三次联合国海洋法会议期间，发达国家集团的重要立场之一，就是扩大公海的范围，维护其海上军事力量与商业利益。① 发展中国家的立场更符合正义的价值追求，他们从人类共同继承财产原则出发，认为公海属于全人类共同的财产，但是对于公海利用要保持其可持续利用，并要实现有序化。

公海自由问题上的争论，从政策定向法学派的角度，反映了国家集团力量不同所产生的权威立场变化，以及人类发展水平对规则发展的限制。② 发展中国家面临的海洋问题，不仅仅是公海的问题，实际上在现行确定的专属经济区内，发达国家对于发展中国家海洋资源的掠夺在当时也是一种常态。发展中国家虽然也有领海主义国家，但总体来看主要是以保护近海利益为主。人类发展水平的限制体现出格劳秀斯海洋自由理论的价值，他认为公海资源可以被无限制地索取，公海的航行资源是一种取之不尽用之不竭的资源，所以才要产生公海自由。公海自由理论促进了现代国际法中发达国家的概念的产生，发达国家也主动选择了公海自由理论作为其海洋政策的基石。

（一）公海自由理论与实践的偏差

公海自由规则设定与具体实践之间存在的差距，是由于不同参

---

① 参见刘楠来：《国际海洋法》，海洋出版社 1986 年版，第 264 页。

② 参见 Seigfried Wiessner, The New Haven School of Jurisprudence: A Universal Toolkit for Understanding and Shaping the Law, Asia Pacific Law Review, Vol. 18, 2010, p. 60。

与者间的意图与预期产生了偏差，这使这种制度越发体现出难以适应社会发展的特征。但是海洋法对公海自由的修改过程一直采用一种扬汤止沸或者是打补丁的办法，甚至存在着各国利用规则漏洞争相扩大利益范围的现象。公海相对自由主要体现在以下几个方面：公海自由中海上登临权的内容严格限制了他国军舰或执法船对悬挂其他主权国家旗帜的船舶进行登临检查的权利，各个主权国家有权对公海上悬挂本国旗帜的船只进行管理，但在实践中大量海运船舶集中注册在对船舶疏于管理的巴拿马等国，这些船舶的航行不顾海上航行安全以及海上环境保护的责任，通过"方便旗国"（flag of convenience）的做法使得主权国家对于本国船舶的管理形同虚设，难以实现对于船舶航行中的管控，但是世界主要大型航运公司又无一例外地为海洋大国所控制。① 国际法经常赋予船旗国义务，责成其要求所属的船舶为特定或不特定的行为，随着与船舶航行相关的生活现象日趋复杂，这一义务亦相应增加。② 在航行自由、船舶只受船旗国法管辖的借口下，走私毒品、军火、偷渡移民等犯罪行为难以得到有效控制。③ 公海航行油轮的漏油问题，已经成为了中国急需应对与解决的海洋法问题之一，应当通过国内立法与《国际燃油污染损害民事公约》相配套，限制绝对的航行自由。④ 公海海底铺设海底电缆和管道也存在类似的问题，同样属于公海自由的范围，如何确定率先使用公海海底的参与者与后来者之间的权利义务

①　参见 Ademun Odeke, An Examination of Bareboat Charter Registries and Flag of Convenience Registries in International Law, Ocean Development and International Law, Vol. 26, 2005, p. 352。

②　参见黄异：《国际法上船舶国籍制度之研究》，台湾文笙书局 1985 年版，第 71 页。

③　参见 Michael A. Becker, The Shifting Public Order of the Oceans: Freedom of Navigation and the Interdiction of Ship at Sea, Harvard International Law Journal, Vol. 46, 2005, p. 131。

④　参见 Lixin Han and Hongyu Wu, Legal Issues Arising Under the Direct Action Framework in Relation to Oil Pollution Damage, Maritime Law in China: Emerging Issues and Future Developments, Routledge Published, 2017, p. 180。

关系也是一道难题。公海上空的飞越自由与防空识别区的划定也存在一定的冲突，现行的《联合国海洋法公约》可以在一定程度上为国家在本国专属经济区上空划定防空识别区提供依据，但它不能解释为什么国家有权对可能涵盖公海上空的防空识别区内他国航空器进行管辖。① 这些都是传统自由理论无法解决的困难，也是基于传统自由理论建立起来的公海自由必然面临的问题。造成这种公海自由的自发型秩序出现发展困境的原因是多方面的。

第一，从理论基础上对格劳秀斯海洋自由理论进行选择性解读。格劳秀斯的海洋自由理论，无论是从其原文中所使用的词语或者是内容的解读，其主要论点在于论述公海不属于任何一国的主权范围。尤其是在从拉丁文版本的海洋自由论向英文版本的海洋自由论翻译过程中，混淆了 liberty 和 freedom 在法律语言中的含义。

我们今天对"自由"一词的内涵的理解主要来源于英文中的 liberty 和 freedom，前者来源于拉丁语，后者则来源于古希腊语，其意义有一定联系，但并不完全相同。liberty 来源于拉丁语中的 liberalis，其原意更多地在于属于某一社会等级而变得自由或者高贵。freedom 则来源于古希腊语中的 prays，原指"亲爱的"主要指家人或者自己氏族的人，与"奴隶"一词相对应。但随着不断的演化，二者在法律语言中的适用也逐渐不同，由于公海自由原则主要指 freedom of the high seas，我们就对 freedom 一词的内涵做进一步分析。② 有法理学家认为对 freedom 的理解应从其两个固定搭配中入手，分别是 freedom from 与 freedom to，前者意味着法律主体不受他者控制的含义，后者则包含法律主体拥有某种能力去做或者不

---

① 参见李居迁：《防空识别区：剩余权利原则对天空自由的限制》，载《中国法学》2014 年第 2 期，第 19 页。

② 需要指出的是，荷兰国际法学家格劳秀斯（Hugo Grotius）的著作《海洋自由论中》的拉丁文书名对应的是 Mare Liberum 一词，并未与 freedom 一词相联系，格劳秀斯的海洋自由论与现代海洋法中的公海自由原则是一种因果关系而非单纯的继承关系，后者扩大了格劳秀斯的理论的范围。参见 Gary Edmond, The Freedom of Histories：Reassessing Grotius on The Sea, Law Taxt Culture, Vol. 2, 1995, p. 217。

去做某件事情。① 因此，从法理学的角度来看，自由包括"摆脱的自由"和"自为的自由"，或者说是独立能力与行为能力，当行为能力之间并不存在冲突时，就会产生两个法律现象：一是行为能力较强的法律主体会将自由原则作为规则体系的基石，二是自由原则在法律主体具体运用时会体现出绝对自由化的倾向。在法律规则体系形成的过程中，当某一种价值理论因为其他的价值理论并未经过充分论证而成为一种主流价值时，这种价值追求就会在不同价值位阶中居于优先地位，后续规则体系的发展也会将这种价值追求理解为一种"自然发展"的现象，而不会去怀疑价值本身。② 这种理论解释了海洋法发展过程中对格劳秀斯所提出的"海洋自由论"的吸收及应用，而法理学家对于"自由价值"的含义及其分析，则与格劳秀斯关于"海洋自由论"的主要论点不谋而合。

在后续英文语言环境下对海洋自由论的理解与解读，都朝着freedom 的解释方向进行发展，实际上格劳秀斯海洋自由论的本意在于论述葡萄牙人无权拥有对东印度洋的主权权利，其立意与观点都与拉丁文中的 liberum 相一致。但是在后人的解读中则偏向于各个海洋大国间对于公海的自由使用，在将《海洋自由论》由拉丁文向英文的翻译过程中，翻译者基于怎样的考虑调换这一概念的原因不得而知，也造成了后人对于公海自由原则的误解。

第二，从国家实践上对自由理论的发展视而不见。新自由理论的巨大发展指导了 20 世纪以来诸多国内法律部门中的法律运行理论，但是在国际海洋法领域却缺乏对这些理论如何应用于全球治理问题的研究。这一现象不仅反映在发展中国家的国家实践上，发达国家的实践也存在这一问题。

发展中国家在第三次联合国海洋法会议期间取得的重大成果固然有其国家众多，谈判与议事规则对发展中国家相对有利的因素。

---

① 参见何勤华：《法律名词的起源》，北京大学出版社 2009 年版，第248 页。

② 参见 Sebastian Urbina, Reason, Democracy, Society: A Study on the Basis of Legal Thinking, Kluwer Academic Publishers, 1996, p. 51.

从自由理论的新发展来看，发展中国家在全球海洋治理等诸多问题上的诉求相比较于海洋大国的主张，更加符合对于正义的追求，也更加符合新自由理论的立法技术要求。海洋大国在第三次联合国海洋法会议期间接受了诸多发展中国家的主张，其背后也存在对于自由理论理解不深的问题，尤其是在对海洋自由理论的理解问题上。美国在1966年与1970经过约翰逊总统和尼克松总统的确认，认为公海海床资源属于共同继承财产范围，但主张自由开发，并企图通过以公海自由作为理论根据进行对深海海底的殖民主义掠夺。① 在后续的实践中，有学者认为美国不加入《联合国海洋法公约》的原因之一，也在于维护自身在公海上的军事利益。② 美国理论与实践相互冲突的背后是新、旧自由理论之间的冲突，如果从旧有的自由理论看，美国的主张并不存在法理问题；但是新自由理论要求在自由理论的评价中加入正义因素的考察以防止对于规则的滥用。

至此，传统自由理论基础之上建立起来的格劳秀斯海洋自由思想，已经逐渐演变成一门法律解释学，不同的利益集团基于不同的利益诉求继续沿着传统自由理论的基础论证自己主张的合法性，对新自由理论的借鉴仍然不足。

第三，从不同的利益角度出发，国家集团之间斗争不断。第三次联合国海洋法会议的会议成果之一，是确定公海科学研究自由作为公海六大自由的内涵之一，这也是发展中国家与发达国家就海洋科学研究问题上的分歧，最终相互妥协的结果。

发展中国家认为发达国家拥有海上科学研究技术最终的结果只会拉大发展中国家与发达国家发展的差距，基于公海科学研究自由而产出的经济成果还会被昂贵地卖给发展中国家，在规定成果共享的基础上，最终发达国家与发展中国家就公海的科学研究自由达成

---

① 参见王铁崖：《论人类共同继承财产的概念》，载邓正来编：《王铁崖文集》，中国政法大学出版社2003年版，第83页；刘楠来：《国际海洋法》，海洋出版社1986年版，第296页。

② 参见王璟：《美国加入〈联合国海洋法公约〉问题的几点思考》，载高之国主编：《海洋法精要》，中国民主法制出版社2015年版，第328页。

了一致。① 国家集团的不断分化与重新组合是影响海洋法规则进步的最重要因素之一,《联合国海洋法公约》生效之后三十年来的实践，更是对过去国家利益集团中"发展中国家—发达国家"的二元利益体系产生了重大的冲击，各国也开始重新更加具体化地思考本国海洋权益，这对我国来说既是机遇也是挑战。

但是如果不能从全人类的角度思考和审视海洋的和平有序利用，会再次使得海洋问题的斗争成为不同国家身份国家集团间的一种斗争，这显然是不符合现代国际社会的发展方向，政策定向法学派与第三世界国际法方法论都肯定了从全人类的角度思考海洋治理问题的路径选择。

(二) 公海自由的相对化发展趋势

公海相对自由是公海国际法律制度变化的一个过渡现象。目前对于公海开发和利用所产生的一些争议要将国家利益与现有的理论基础相结合，形成有号召力的主张或者观点。从"二战"以后海洋法的发展来看，无论是海洋自由内涵的扩大还是通过消极自由约束缔约方过度利用公海自由原则，都使得公海自由从绝对自由走向相对自由，最终都显示出与现代自由理论一致的发展方向，因此通过现代自由理论预演公海治理将来所可能遇到的困难及走向，具有很强的决策借鉴意义，也是各国海洋权益相互博弈背后相对清晰的线索之一。

公海自由列举范围的扩大，体现了现代自由理论对积极自由立法模式的转变。积极自由本质上是权利的一种类型，通过积极、完全列举的立法模式能够有效约束法律主体扩大自身权利的范围。新增的两项公海自由分别为：在国际法允许的范围内建设人工岛与其他设施的自由，以及进行科学研究的自由。这两条相对于 1958 年《公海公约》规定新增的两项自由明显更加有利于发达国家的利益

---

① 参见 John Knauss, Development of the Freedom of Scientific Research Issue of the Third Law of the Sea Conference, Ocean Development and International Law, Vol. 1, 1973, p. 96。

诉求，但新自由理论将自由与正义作为自由体系中的基石，站在全人类的角度看这两项自由的增加明显更加有利于全人类的共同发展；因此，虽然各国家利益集团在这两项自由中的利益存在此消彼长的关系，发展中国家与发达国家最终还是站在更高的层面，以文字的形式确立了公海科学研究自由与建设人工岛礁的自由。这项对于缔约国新增的权利，符合新自由理论应用中通过完全列举模式转化原有的积极自由的做法，但这一转化并不彻底。

公海自由中限制条件增加、向相对自由的转变，体现了现代自由理论中通过原则反映自由主义价值的新路径。对自由的主张实际是对一系列原则的主张，自由是一种体系，在此体系中所有法律主体都受原则的指导。[1] 传统自由理论有利于海洋强国的特征在美国及其国家实践中体现得尤为明显，美国不签署《联合国海洋法公约》，除了就公约的第十一部分难以达到美国的期望外，诸多《海洋法公约》中的具体或基本原则都极大地限制了美国的原有的利益范围。对美国在南海基于航行自由所主张的权利应当予以尊重，但是军事船舶在这一地区所进行的航行显然不符合《联合国海洋法公约》中规定的和平目的，并且严重侵犯了中国的国家主权与国家安全利益。[2] 现代自由理论通过原则约束绝对自由的过度扩张与滥用，也逐渐被现有的海洋法体系所借鉴，但是还存在着相关原则不多，执行较为僵化的问题。从现代自由理论的发展要求来看，《联合国海洋法公约》需要增加能够适用于公海的具体性原则，并对公海的军事活动以及军事船舶所适用的航行自由规则作出更多的原则性规定，以避免某些国家以航行自由为借口威胁世界和平。

维护航行自由，是丝路精神的题中之义。[3] 公海自由在海洋法体系中具有特殊地位，它在以"权利-义务"作为主要立法模式的

---

[1] 参见哈耶克著，邓正来译：《自由秩序原理》，三联书店1997年版，第79页。

[2] 参见 Zewei Yang, The Freedom of Navigation in the South China Sea: An Ideal or a Reality? Beijing Law Review, Vol. 3, 2012, p. 143。

[3] 参见张小奕：《航行自由绝非军舰的"横行自由"》，载《中国海洋报》2018年10月18日第002版。

《联合国海洋法公约》中，是一种独树一帜的立法模式，它只规定了权利主体而没有规定义务主体。其中有着多层次的因素，也存在着对于自由理论的误读与借鉴不足。从国际法体系来看，国际条约法中有关于条约适用的空间范围这一问题是否能够妥善解决的规定，是化解海洋法与条约法之间法律冲突的关键，主权国家范围之外是否都是自由空间是一个值得思考的问题。这一问题最早是由李浩培先生从国际条约法的角度提出，主权国家是否拥有权力决定主权范围之外的国际事务是一个长期被忽略的国际法问题，但是从最新的研究来看，已经有学者注意到在《联合国海洋法公约》中无法找到公海渔业资源所有权归属这一国际法问题的答案。① 从海洋自由原则的发展来看，我们如今在英语语系下对格劳秀斯海洋自由论的理解存在着对原文的过度解读与选择性借鉴；从自由理论的发展来看，将正义的本质要求纳入海洋法的修改已经是一种大势所趋。

公海自由的相对性是暂时性的过渡现象，在国际社会共进发展的时代背景下，全人类所期盼的是一个自由、正义、和平的海洋秩序，我们要在建设的过程中重视国家利益的同时，也要做深、做强中国主张与中国方案的理论根基。这就要求我们在交叉共识体系的范围内提出中国意见与中国方案时先自行考察该主张是否符合正义的标准。

（三）趋向有利的发展趋势

公海自由原则对我国的趋向有利是一种依政策定向法学派理论从动态发展的角度分析所得到的结论，并不代表公海自由原则及其内涵是一种绝对有利的状态。趋向有利是一种从时间纵向上比较的结果，支持这一论点的理由有以下几点：

第一，公海自由原则有利于中国持续获益于国际贸易规则。中国国家身份转变过程，最重要的因素之一就是经济发展指标。中国

①　参见王传良、张晏瑢：《论海洋渔业的法律地位——以 1982 年〈联合国海洋法公约〉为中心》，载《法律科学》2018 年第 6 期，第 59 页。

是世界贸易规则的受益者，2001 年中国加入世贸组织以来，中国对美国的服务与货物贸易顺差从 819 亿美元增至 3340 亿美元，中国在全球贸易体系中快速成长，已经成为世界第二大经济体，产业基础实现了现代化，并提升了本国在全球价值链中的位置。公海自由原则概念的产生来源于国际海上贸易，以保障各国对于公海航行自由的利用；而发展对外贸易是我国实现国家身份变化的积极动因。

第二，公海自由原则由自由航行理论向规范航行理论转变。航行自由法律制度的主体、范围和权利义务内容都已经悄然发生了重大变化，这种规范形式下的航行自由，是航行自由原则自然演进的结果，从发展方向上看对追求和平利用海洋的国家也更为有利。主体上，普通商船与军事船舶、公务船舶在“自由”的内涵方面差异越来越大；范围上，“自由”的地理范围随着不同海域法律制度的形成而逐渐减小；内容上，沿海国对周边海域的管理权限越来越大，国际社会共同规范航行权利义务的内容越来越丰富。航行自由制度正显现出体系化特征，使其成为海洋法中一个相对独立的领域。① 航行自由所讨论的内容不断深化，是对发达国家企图滥用航行自由原则的一种有力回应，我国对航行自由原则的研究应该更加深入具体，而不能从一般发展中国家的角度一味否定航行自由原则对促进全球贸易的积极意义。

第三，公海自由原则不是美国海上军事力量威胁我国的主要因素。中国与美国在公海自由议题上的争议，是近些年不断发生海洋问题争端的原因之一。② 解决这一问题的根本途径在于必须要建设海上军事力量，保护我国的海洋权益。在全球范围内，主权国家针对美国的“航行自由”计划大部分只能停留在口头抗议上，难以拿出有效的措施制约美国的“航行自由”计划，这也是《联合国

---

① 参见袁发强：《航行自由制度与中国的政策选择》，载《国际问题研究》2016 年第 2 期，第 99 页。

② 在这一议题下的中美冲突，包括：2001 年南海撞机事件、无瑕号测量船的非法测绘活动、美国军舰非法进入南海岛礁 12 海里领海范围等。

海洋法公约》立法目的与实施结果不相一致的现象之一。正是发展中国家团体第三次联合国海洋法会议期间没有正视政策定向法学派视角下"权威与力量"相互匹配的立法规则技术，造成愿景与实践距离较远的现象。《联合国海洋法公约》以和平利用海洋为宗旨，但并不禁止国家发展海上军事力量。发达国家军舰巡航问题、发展中国家射杀非法捕捞渔民的问题，都是海洋维权暴力化的现象，也是国际社会人类力量因素提高之后的结果。不可简单将这些不利因素归结于现行国际海洋法规则，法律本身存在应然与实然的形态区分。公海自由原则本身并没有为美国提供军舰任意航行的国际法依据，在缺乏必要手段予以反制的情况下，发展中国家难以约束发达国家通过自身的国家力量寻求海洋霸权。

对于公海自由原则的运用，我国要注重提高力量因素与政策灵活度。从公海自由的实践来看，沿海国不断扩大"适当顾及义务"成为影响公海自由原则的又一种新主张。① 现行海洋法规则中的公海自由原则成为全球海洋法律秩序变革的重点领域，已经是一种大势所趋，也是人类发展水平提高所带来的必然结果。对公海自由理论的解读，必须要将权利与义务的相互统一作为规则修改的方向，将公海自由修正为主权国家所拥有的公海航行权利。如果修正的方向不能符合国家的力量条件，那新的规则也会再次成为空中楼阁，主权国家开发和保护海洋的能力是决定海洋规则利益的根本因素，其中既包括自然科学中以实现可持续发展为目标的人类与自然间平衡，也包括社会科学中以海洋权益公平分配为目标的主权国家间平衡。

以弱国外交、抱团取暖的发展中国家身份参与国际谈判的方式不符合我国未来的国家身份，我们需要研究海洋强国的谈判策略与方法，实现力量与规则的良性互动。发展中国家在力量与规则的平衡上体现出国家力量无法充分保护本国规则利益的现实情况，发达国家则在力量与规则的运用中体现出运用国家力量获得超越规则范

---

① 参见杨显滨：《论我国参与北极航道治理的国际法路径》，载《法学杂志》2018 年第 11 期，第 91 页。

围利益的运用模式。

四、应对海上非传统安全挑战的合作

非传统安全所要研究的是非国家行为体所带来的安全挑战。[1]
海洋领域非传统安全问题主要包括：海盗、海上恐怖主义势力泛
滥、海洋污染与海平面上升、海洋资源分配所引发的国际争端。[2]
海上非传统安全问题的产生是全球化发展的结果，体现了国际社会
中公共秩序目标的变化，应对海上非传统安全挑战的合作已经成为
中国与发达国家之间利益交集不断扩大的显著特征之一。

中国与美国之间存在着"竞争性共存"的局面，但两国在文
化、政治制度和国家利益方面长期存在的差异阻碍了双边合作的发
展，非传统安全合作能够促进中美由易到难、由远离中国到靠近中
国并逐渐建立双边信心。[3]

竞争性体现在中国与美国在南海地区打击海盗问题上的相互竞
争。美国与其在南海地区的盟国以传统安全合作机制为基础，调控
南海地区海上非传统安全合作进程，倡导通过美日澳海上安全合
作，掌控南海及周边海洋的安全秩序。[4] 这种海洋安全合作只是打
着非传统安全的幌子，实际上是美国重返亚太战略的行为。为了应
对这种挑战，中国与东盟也通过《南海行为宣言》等多项国际法
文件，确定了中国与东盟国家间在南海地区应对非传统安全的合作
框架，与美日澳所主导的安全合作机制展开竞争。

共存性体现在中国与发达国家之间在非传统安全治理中的相互

---

[1]　参见朱锋：《"非传统安全"解析》，载《中国社会科学》2004 年第
4 期，第 139 页。

[2]　参见刘中民、张德民：《海洋领域的非传统安全威胁及其对当代国际
关系的影响》，载《中国海洋大学学报（社会科学版）》2004 年第 4 期，第
60 页。

[3]　参见安德鲁·埃里克森：《非传统安全和美中信心建立措施：挑战中
的机遇》，载《美国研究》2014 年第 1 期，第 1 页。

[4]　参见李文沛：《国际海洋法之海盗问题研究》，法律出版社 2010 年
版，第 168 页。

协作，因为发达国家也同样受益于应对海上非传统安全挑战的合作。从 2002 年起，中国、美国、日本、俄罗斯、韩国、加拿大建立起"西太平洋海事高峰论坛"，以打击西太平洋地区的海盗与恐怖主义活动。从国家间的合作来看，中国正在逐步与发达国家建立携手应对非传统安全的协调机制。非传统安全涵盖的问题广泛，大部分问题都具有国际化的特征，依靠单一的主权国家难以实现对于非传统安全问题的治理。同时国际社会中突发的自然灾害、恐怖主义在威胁人类安全时并不以国家身份作为区分而区别对待，发展中国家与发达国家都面临着非传统安全问题的挑战。但是发达国家有强大的国家实力，同时也是治理非传统安全问题最大的受益者，因此具有应对国际社会非传统安全挑战的动机。

是否具有"双重角色"是区分发展中国家或者发达国家在非传统安全应对中国家身份的重要指标，发达国家既是应对非传统安全挑战的主要义务国，也是主要的受益国。中国在南海地区不但拥有主权性权利，还是南海地区航行自由的最大商业受益国，促进这一地区的和平与稳定是我国的现实需要之一。为了提高南海地区航行的安全性，我国先后与美国、韩国、日本在南海地区进行搜救演练，2015 年我国共组织海上搜救行动 1884 次，协调船艇 6619 艘次，成功搜救遇险人员 13727 人次。① 我国在应对海上非传统安全挑战时，与其他发达国家一样，既是主要的义务国，也是主要的受益国。由于参与非传统安全国际问题的治理，并不会损害他国的国家主权，因此不会对第三世界国际法方法论中居于中坚位置的国家主权平等原则造成冲击。应对海上非传统安全挑战的合作已经成为了中国加强与发达国家合作的关键性领域，海上非传统安全的合作实际上就是一种发达国家间合作为主的海洋治理机制。②

---

① 参见洪农：《论南海地区海上非传统安全合作机制的建设——基于海盗与海上恐怖主义问题的分析》，载《亚太安全与海洋研究》2018 年第 1 期，第 49 页。

② 参见章节根、李红梅：《印度洋地区非传统安全治理与中国的参与路径》，载《南亚研究季刊》2017 年第 4 期，第 1 页。

本 章 小 结

1982 年《联合国海洋法公约》在牙买加签署后的四十余年，也是中国进行改革开放发展的四十余年。我国所承担的国际义务在诸多方面都呈现快速增加的趋势，发达国家相继取消了对我国的援助，我国已经成为了世界上单一的援助输出国，未来我国还可能会丧失在 WTO 规则中的发展中国家身份待遇。目前我国固然可以继续要求保持发展中国家身份，以取得更多的国家现实利益，但必须从法律和政策上做好国际社会对我国进行国家身份重新定位的准备。我们在发展中逐渐发现，过去一些有利于发达国家的海洋法规则，逐渐变成我国海洋权益维护中涉及利益巨大的海洋法问题，原本一些对发展中国家有利的海洋法规则反而成为了我国现在掣肘的内容。这就是国家身份变化给我国海洋权益维护所带来的新发展现象，我们研究这一国际法问题必须要以动态研究的视角进行分析，这中间有两项要求：一是不能认为海洋法规则是一成不变的，二是不能认为国家身份是一成不变的。

国家身份的限制造成中国与发展中国家间的共同利益以及与发达国家之间的共同利益出现了畸形化的发展，这是中国与发展中国家海洋利益需求逐渐不相一致的结果。我国在与发展中国家海洋利益交集变小的过程中，对于发达国家"借道"发展中国家威胁我国的海洋权益准备不足，难以在追求自身的海洋权益中放开手脚。在与发达国家海洋利益逐渐趋同的过程中，如果某一海洋法问题并不涉及发展中国家与发达国家间的立场冲突，那么中国在这些问题上与发达国家的合作就呈现出一种水到渠成的状态，促进海洋科学研究以及降低商业航行成本都体现了这种特点。

但是在争端解决机制问题与军舰的航行权等与政治关联度较高的海洋法问题上，发展中国家身份为中国海洋权益维护所带来的困难并不容易解决。发展中国家内部的分化，使得周边发展中国家不再寻求在发展中国家集团范围内解决海洋争端，发达国家也一直怂恿中国周边的某些发展中国家挑起、激化与中国的海洋争端。发展

113

中国家长期坚持禁止外国军舰在本国领海内航行的主张以及专属经济区内军事测量活动与海洋科学研究之间模糊不清，随着中国综合国力的不断提高，中国对于这些海洋法问题立场的坚持加剧了与部分发达国家之间的对立。

第三章　中国国家身份转变对
海洋利益保护的影响

　　1982 年《联合国海洋法公约》是迄今为止最为全面的海洋法公约，也是人类有史以来最长的国际公约。① 《联合国海洋法公约》还是第一部由发展中国家主导通过的国际条约，无论是从谈判过程，还是从《公约》的文本来看都充分体现了第三世界国际法方法论的特色。发展中国家团体在《公约》中注入了对弱势国家的关怀、对国际社会和平的价值追求、对国际司法程序的信赖、对国家主权平等原则的坚持等诸多积极与正面的内容，这些都是《公约》的闪光点，我们应当肯定第三世界国际法方法论中那些积极的内容。但是国际社会与人类面临的挑战与上世纪 70 年代相比已经发生了巨大变化，《公约》本身也出现了立法目的与实践结果不相一致的情况，如何总结发展新的海洋法规则，选取何种国际法理论作为解决前一问题的基石，已经成为当代国际法研究需要思考的问题。国际法规则的发展具有延续性，这也是国际法需要编撰和逐渐发展的原因。② 国际海洋法规则持续创设的特点，是从政策定向法学派动态研究国际法发展视角下出发对国际海洋法发展趋势的一种总结，它反映了法律规则发展过程中不断地明确法律模糊地

---

　　① 参见杨泽伟：《国际法史论》，高等教育出版社 2011 年版，第 225 页。

　　② 有学者认为"二战"之后发展中国家所主导的国际新经济秩序改革是失败的，其失败的原因是发展中国家寄希望于以革命的方法改变被认为是维护帝国主义利益的传统国际法，过于激进。参见韩立余：《中国新发展理念与国际规则引领》，载《吉林大学学报（社会科学版）》2018 年第 6 期，第 58 页。

带、弥补法律空白、寻求有权法律解释的内在生命力。

第一节　发展中大国的身份定位

发展中大国是 20 世纪 90 年代提出的一个国家概念，与此同时还产生了中小发达国家的概念；发展中大国本身也是一个经济学的概念，但是随着发展中大国的崛起，关于发展中大国在国际社会应当拥有的权利与承担的义务逐渐成为了研究的热点，为国际法研究提供了一种新的思考路径。① 传统观点所认为的大国主要是指西方发达国家团体，从中国的角度来看近代以来西方列强肆意侵犯中国主权使得中国对于西方大国的国际法实践持一种批评态度；但近年来的发展使得中国作为极具实力影响 21 世纪国际关系格局的新兴大国地位举世公认，正确地理解国际法上的大国问题对中国来说是一个具有全局性与战略性的重大理论与实践问题。② 2018 年 6 月中国在《联合国海洋法公约》第 28 次缔约国会议上在发展中大国身份的基础上，进一步提出了"发展中海洋大国"（developing oceanic country）的概念，其内涵是中国将始终做国际海洋法治的维护者、和谐海洋秩序的构建者、海洋可持续发展的推动者。③ 发展中大国的身份定位一方面要求国际社会继续给予中国包括 WTO 体系下发展中国家相关的国际法权利，如单方面关税优惠与高于发达国家的平均税率；同时又主张与发达国家中的大国共同承担起帮助发展中国家发展的义务。

国家身份转变是一个量变到质变的过程，也是一个相对存在的概念。这种相对性体现在两方面，一是体现在时间纵向上国家

---

① 参见俞燕芳：《国内关于发展中大国研究的历程、评估与展望》，载《国际研究参考》2019 年第 7 期，第 50~57 页。

② 参见蔡从燕：《国际法上的大国问题》，载《法学研究》2012 年第 6 期，第 205 页。

③ 参见常驻联合国副代表吴海涛大使：《在〈联合国海洋法公约〉第 28 次缔约国会议"秘书长报告"议题下的发言》，访问地址：http://www.china-un.org/chn/zgylhg/flyty/hyfsw/，访问时间：2019 年 7 月 30 日。

自身的发展与进步，是一种不同时间节点上的相对性；二是体现在国际社会中的权利义务变化，这是一种在国际社会空间中的角色变化。国家身份本身也存在着自我认知与国际社会认知两个方面。从国际社会认知来看，由本书第一章第一节的分析可知，国际社会对于发展中国家与发达国家间的国家分类标准本身也存在着僵化和滞后的现象，本节选取中国身份转变的几个具体体现，来说明中国向发达国家身份转变的趋势。中国的自我认知是一个相对主观的过程，但同时由于国际社会中本身存在的分类标准难题，实质上中国国家身份的自我认知已经成为了中国参与国际社会法治建设的难题之一。

一、承担的国际义务接近发达国家

国际义务是指国际法主体在国际交往中，依据国际法各种渊源的规定所应遵循的法律义务。[①] 传统国际法中主权国家承担国际义务主要是根据双边或者多边条约，但在国际法实践中也存在着主权国家单方面承担宣布承担国际义务的形式。[②]《联合国宪章》第 103 条规定："联合国会员国在本宪章下之义务与其他任何国际协定所负之义务有冲突时，其在本宪章下之义务应居优先。"中国 1949 年之后对外承担国际义务可以分为四个阶段：新生社会主义国家时期、革命社会主义国家时期、最大的发展中国家时期、负责任大国时期；自 20 世纪 90 年代中期开始中国承担的国际义务开始大幅增长。[③] 我国国家身份转变使得我国在国际社会的援助体系中产生了两点变化：一是发达国家逐步全面取消了对我国进行援助的国际义务，二是我国对外承担的国际义务不

---

① 参见马静：《论国际义务的性质》，中国政法大学博士论文，2006 年，第 3 页。

② 如主权国家单方面声明不再进行核试验：法国 1974 年声明不再进行大气核试验，法国发出这一声明的时间早于加入《核不扩散条约》（Treaty on the Non-Proliferation of Nuclear Weapons）。

③ 参见吴兵：《身份与责任：中国国际责任观研究》，外交学院博士学位论文，2007 年，第 48~67 页。

断增多。国际义务的承担存在着多种方式，可以是以金钱义务，也可以是为或者不为的行为义务。我国近年来承担国际义务主要有以下几种形式。

（一）联合国会费

根据联合国会员国 2019 年应缴纳的会费情况，我国应当缴纳的会费为 367902337 美元，占 2019 年所有国家应缴纳会费总和的 12.005%，仅次于美国的 22%，大约相当于缴纳会费占比第三名日本和占比第四名德国的总和。① 我国不但会费占比较高，而且在员工费用抵扣方面也位居世界第二，在联合国会员国体系中无论是人力付出还是金钱付出都承担了较多的国际义务。而在 2009 年，我国所承担的会费为 72529320 美元，占比为 2.667%，十年时间我国承担的联合国会费翻了五倍，已经超过了除美国之外的所有发达国家。② 与中国人口相当的印度，承担联合国会费占比约为 0.834%，人均承担联合国会费的金额大约为中国的十五分之一。2022 年中国作为联合国会员国应缴纳的会费为 480790194 美元，占 2022 年财政年度联合国预算总额的 15.254%，并于 2022 年 9 月 29 日足额缴纳了全部会费。③ 除了中国承担的联合国会费大幅上升以外，同为东亚国家的韩国所承担的联合国会费相比较于 2021 年也大幅上升，已经从第十一大会费缴纳国提升到第九大会费缴纳国。从区域性来看，北美区域美国和加拿大所承担的会费约为 24.63%，东亚区域（中日韩）所承担的会费比例约为 25.85%，西欧区域（英德法意西）所承担的会费比例约为 20.13%，东亚区域已经成为了承担联合国会费最多的区域。

联合国会费分配是主权国家承担国际义务的一种主要方式，有学者认为联合国会费分配机制体现了一国在国际社会的定位，并将

---

① 参见联合国文件：ST/ADM/SER. B/992。
② 参见联合国文件：ST/ADM/SER. B/755。
③ 参见联合国文件：ST/ADM/SER. B/1038。

其分配为国家对国际秩序的认知与国家自我认知两个方面。① 从国家对国际秩序的认知来看，联合国会费分配不但存在数额和比例上的不同，实际上也存在着缴款方式与态度上的不同，缴款方式上来看，联合国允许会员国以本国所派遣人员的工资抵扣作为会费缴纳的一种方式，我国在会费大规模提高的同时所面临的另外一个问题就是在国际组织中任职人员相对较少，有学者统计我国在 2019 年承担的联合国会费大约占比 12%，但是实际工作人员大概只占1%，属于代表性不足的国家。② 缴款态度上主权国家也不尽相同，美国的联合国会费分配比例一直在 22%，不足其每年军费预算的1%，却一直是国际社会长期拖欠联合国会费的国家；中国的经济发展水平虽然不如美国，但一直坚持足额按时缴纳会费，这反映了主权国家对联合国体系的不同态度。在国家的自我认知之中，联合国会费是国家向国际社会提供公共产品的一种方式，联合国会费比例的确定方法虽然是在国民生产总值、人口、支付能力三项标准之上建立起来的一套评价体系，但背后存在着国家集团之间的博弈，发达国家团体迫切地希望新兴国家团体承担的更多的国际义务。联合国会费的分摊比例是主权国家在国际社会中承担国际义务的重要指标。依据《联合国海洋法公约》附件四第 10 条第 3 款（b）项的规定：缔约国应当以长期无息贷款的形式向国际海底管理局的企业部提供海底资源开发初期的行政费用，其具体数额的计算依据主权国家参与联合国经常预算会费分摊比例确定。③

联合国会费分配比例的动态变化，某种程度上说明国际社会对中国发展的预期不足，从侧面也验证了美国"9·11事件"确实为中国的和平发展提供了有利的外部环境。有学者对 2001—2010 年中国承担联合国会费的情况进行了统计总结，认为中国虽然承担的

---

① 参见蔡拓、杨昊：《国际公共物品的供给：中国的选择与实践》，载《世界经济与政治》2012 年第 10 期，第 112 页。

② 参见张贵洪：《扩大在联合国的影响力，并非全靠会费》，载《环球时报》2019 年 1 月 17 日，第 14 版。

③ 参见《联合国海洋法公约》附件四第 10 条。

联合国会费不断增长，但占国民生产总值的比例在不断下降，2001年联合国会费占我国国民生产总值的万分之零点一七，到2010年反而下降到了万分之零点一一，中国的经济增长速度远高于联合国会费增长的速度。① 笔者根据2019年联合国会费分配比例与国家统计局2018年的国民生产总值也进行了计算，目前我国承担联合国会费与国民生产总值之间的比值在万分之零点二二左右，稍高于2001年我国承担会费的比例。从上述数据可以看出，国际社会以及中国对自身国家身份的理解一直存在一种偏向滞后的判断，中国达到发达国家发展水平的时间可能比国际社会预期要稍早一些。

（二）维和行动

自2017年起，中国不但在维和部队的派出人数上是联合国安理会五个常任理事国最多的国家，而且在负担的经费上也仅次于美国，超越了除美国之外的所有发达国家，位列第二。② 以2011—2016年人均国民收入为基础测算的2019年1月1日—2021年12月31日的联合国维和行动预算中，中国所承担的经费比例为15.21%，仅次于美国的所承担比例的27.88%，与中国人口相当的印度所承担的经费比例约为0.16%，约为中国所承担比例的1%。③ 这是因为联合国安理会维和行动经费分担模式与联合国会费的分担模式有一定联系但并不完全相同，联合国维和行动经费分担比例将主权国家以人均收入、国家类别为基础分为A—J10个等级，其中A级由5个联合国安理会常任理事国组成，不考虑人均国民收入对于国家因素的影响。同时A级国家还需要承担D级—J级因国家人均国民收入较低而产生的折扣经费部分，上述因素造成中国在国际性维和行动中所承担的比例高于联合国会费。联合国维和行动经费

---

① 参见蔡拓、杨昊：《国际公共物品的供给：中国的选择与实践》，载《世界经济与政治》2012年第10期，第105~107页。

② 参见蒋振西：《大变革中的联合国维和行动与中国参与》，载《和平与发展》2018年第2期，第128页。

③ 参见联合国文件：A/73/350，A/RES/75/306。

的分担比例，还作为联合国临时性维和行动的计算标准，如 2021 年 6 月联合国南苏丹特派团的经费筹措问题等。①

中国不但在维和行动中参与的人数众多，并且还积极响应联合国对维和工作提出的新要求，建立了一支 8000 余人组成的维和待命部队。② 参与联合国的国际维持和平行动，是中国作为负责任大国为国际社会提供公共产品的重要方式，也是中国建立新型国际关系的重要方式。③ 从传统发展中国家团体与发达国家团体的组成来看，发展中国家团体中有实力能够大量参与维护国际社会和平的国家并不多，而发达国家团体大多积极参加了联合国的维持和平行动。中国参与联合国体制下维护世界和平的工作，从国际义务承担的角度看，是一种输出者的角色，这是中国与发达国家之间的共性。

与此同时，中国参与国际社会的维和行动与传统的发达国家团体相比也存在一些差异。我国没有在海外建立大量的军事基地，我国的维和行动都是在联合国主导下进行的，是国际社会的客观要求与中国主观愿望相结合的结果，符合正义与情理；2012 年 5 月 21 日中央军委还颁布施行了《中国人民解放军参加联合国维持和平行动条例》，从国内法的角度对中国参与联合国维持和平行动作出了系统规范，提供了更为充分的法理支撑。而传统发达国家参与的维和行动掺杂的因素较多，背后大部分都是由国家利益所驱动；传统发达国家在与本国利害关系密切的地区积极参与维和行动，在本国不存在核心利益地区对冲突活动视而不见。④ 从政策定向法学派来看，在国家力量的运用之中，发达国家突出了国家情感要素对国

① 参见联合国文件：A/75/944。

② 参见蒋圣力：《联合国维持和平行动法律问题研究》，法律出版社 2019 年版，第 177 页。

③ 参见盛红生：《中国参与联合国维和行动人员的特权豁免与法律责任》，载《法学杂志》2018 年第 7 期，第 26 页。

④ 参见刘丹：《联合国维和行动的困境与前景》，时事出版社 2015 年版，第 143 页。

家行为的影响，中国与发达国家之间存在着不同的情感要素基础。① 发达国家在维和行动中的情感要素与其对外殖民的历史密切相关，这些曾经的被殖民地区即使实现国家独立之后对其宗主国而言依然有着重大利益；而中国长期与发展中国家携手推动国际秩序变革的历史，使得中国对于发展中国家的情感要素更为普遍，即使是与中国国家利益缺乏高度相关性的地区，中国也积极参与了维和行动。

这种差异性，使得部分学者认为中国在维和行动中下一步改进的重点是参照发达国家，加强在重点区域维和行动的参与度，对于中国而言的首选区域是东南亚地区。② 中国随着自身国家力量的提高不断增加在联合国维和行动中的贡献，体现了中国在国际社会的道义担当，是维护国际社会和平稳定的一支重要力量。

（三）援助国身份

从援助国与受助国的角度来看，中国从 2008 年开始已经是国际社会中单纯的援助国（Donor States），不再有发达国家对中国进行援助。③ 而中国对外援助的力度和范围也在不断扩大，事实上即使是在中国以传统发展中国家身份参全球治理时，就已经是一个对外的援助国，如果说过去中国在国际社会的援助体系中既是援助国，也是受助国，那么现在中国则是一个严格意义上的援助国。在对外援助中中国与其他发展中国家感同身受的发展经历，使得虽然中国与发达国家目前都属于对外援助国，但是也有很大的区别。

以中国对非洲四十年来的援助为例，中国对非洲的援助与其他发达国家不同，中国在对非洲的援助中不但强调对于自然资源的开发利用，也注重对于人员的培训以及政治主张的宣传。毛泽东提出

① 参见 Harold D. Lasswell & Myres S. Mcdougal, Jurisprudence for a Free Society: Studies in Law, Science, and Policy, New Haven Press, 1992, p. 753。

② 参见蒋圣力：《联合国维持和平行动法律问题研究》，法律出版社 2019 年版，第 205 页。

③ 参见张久琴：《对中国"发展中国家地"地位的再认识》，载《国际经济合作》2018 年第 11 期，第 14 页。

的"三个世界"的划分，以及周恩来总理提出的"和平共处五项原则"，不但在亚洲影响力巨大，更重要的是让非洲国家感受到中国对非洲的援助方式不同于发达国家，是以一种积极参与促进非洲长期发展的态度进行援助的。① 并且这种援助的力度与范围，也是随着中国在不同领域的进步而不断扩大。根据联合国贸易和发展会议通过的《圣保罗协商一致意见》中的援助指标，发达国家对发展中国家援助的力度要达到其国民生产总值的 0.7%，其中对最不发达国家的援助要达到其国民生产总值的 0.15%~0.2%。② 中国对外援助的货币资金总额接近 4000 亿人民币，对外派遣了 60 多万名援助人员，仅货币资金就约占 2018 年国民生产总值的 0.44%。③

中国还特别注重对于周边国家的援助与带动发展，通过与周边国家的互联互通，带动经济发展，使得周边国家能够搭上中国快速发展的便车。以我国新疆北部地区与周边国家的能源合作为例，新疆北部边界地区的邻国主要是蒙古、俄罗斯、哈萨克斯坦，对华贸易的依存度较高，同时也是我国陆上邻国中关系和谐、边界稳定的邻国，是进行陆上"一带一路"的理想地区。通过跨境的资源开发与利用，能够获取新的市场与开发资源，同时通过促进边民之间的小额贸易互动，化解边疆地区的不稳定因素，"一带一路"建设是边界资源开发中难得的历史性机遇，是未来边界地区资源开发的新重点。新疆地区的基础设施建设有利于我国从中亚地区进口石油、天然气资源，促进在新疆地区的资源配置。我国的能源问题一直存在着需求旺盛与分布不均的现实情况，为了克服这一困难，我国先后进行了"西气东输""西电东送"等促进能源资源流动的基础建设，但是随着国内经济快速发展，仅从国内资源开发的情况来看，难以满足我国下一步的发展需要。近年来，中国与周边国家签

---

① 参见 George Klay, China's Development Aid to Africa, International Studies Journal, Vol. 7, 2010, p. 155。

② 参见联合国贸易和发展会议第十一届大会文件：第 TD/410 号文件。

③ 参见国务院新闻办公室：《新时代的中国与世界》，人民出版社 2019 年 9 月版。

订的许多有关能源合作的协定，也是构建中国与周边能源共同体的重要法律依据，如 2013 年《关于中哈原油管道扩建原则协议》、2014 年《中哈管道出口原油统一管输费计算方法及各段所有者管输费收入分配方法协议》。① 通过优化资源配置，带动我国周边的发展中国家发展。

这体现出我国在国际社会中越来越扮演着援助国的角色，它是我国国家身份转变的特征之一。下一步中国将更加积极地促进"一带一路"国际合作，加大对于发展中国家的援助力度，促进缩小南北发展差距。②

（四）软实力建设

中国承担国际义务的方式越来越符合发达国家的承担方式，在给予经济援助的同时，注重对于国家软实力的构建。国家的软实力是指文化、价值观与制度等方面的吸引力。③ 中国软实力建设涉及的范围很广，比较有代表性的是孔子学院的建设与"一带一路"倡议的提出。

孔子学院建设的蓝本是德国的歌德学院。中国政府在世界各地大量建设孔子学院的目的是扩大文化交流，中国所期望的是在实现经济发展的同时得到国际社会的尊重。④ 因此，中国不但追求在经济实力上与发达国家相匹配，而且也希望自己的文化能够像西方文化一样在世界广泛传播，为丰富世界的文化资源作出自己的贡献。"一带一路"倡议是习近平总书记提出的，有国外学者认为，"一带一路"倡议是中国提升自我软实力的一种方式，它可以将中国

---

① 参见杨泽伟：《中国与周边能源共同体的构建：法律基础与实现路径》，载《武大国际法评论》2017 年第 5 期，第 30 页。

② 参见习近平：《论坚持推动构建人类命运共同体》，中央文献出版社 2018 年版，第 492 页。

③ 参见约瑟夫·奈，吴晓辉译：《软实力：世界政坛成功之道》，东方出版社 2005 年版，第 6 页。

④ 参见安雅·拉赫蒂宁，崔玉军译：《中国软实力：对儒学和孔子学院的挑战》，载《国外社会科学》2016 年第 2 期，第 157 页。

与世界的交流有序化，同时宣传中国本身国家体制的优越性。① 从上述两个方面，可以看到中国不但在经济实力等硬性指标上向发达国家靠拢，而且在参与全球治理的方式与价值观输出方面也在向发达国家水平看齐。

国家发展的起点，不能决定国家发展所能够达到的高度，上述四个方面是中国在承担国际义务中向发达国家看齐的缩影，其间涉及的国家因素包括经济、军事、政治和文化。中国国家身份转变不能简单地理解为经济发展与经济转型，中国国家身份的转变是一种全方位的转变，显示出中国对于西方发达国家的借鉴和学习。可以预见的是中国这些转变的最终目标，是使中国达到世界发达国家水平。事实上，对于国家身份转变，中国所最担心的是在国际社会中包括海洋法议题在内的国际问题中承担更多的义务。但是从联合国会费、援助国身份、维和行动、文化软实力的建设角度来看，我国事实上相比以往已经承担了更多的国际义务，国家身份转变会为我国国际义务的承担造成具体多少的"增量"是一个目前还难以预测的结果。但是可以肯定的一点是中国随着国家发展承担的国际义务逐渐变多的过程是一个逐步渐进的状态。

二、海洋维权中的力量运用

我国国家身份变化的另一特征，就是逐步采用国家力量进行海上维权，这些行为与措施也都是有充分法理支持的行为，国际法规则不是一种文本法律，而是一种行动的法律（law in action）。我国海洋维权中的力量运用已经显示出明显的强国特征，加强了国内法与国际法在实践中的相互联系。

凯尔森在其著作《法与国家的一般理论》中从纯粹法学的角度思考了国际法与国内法之间的关系，并得出了强国与弱国对于二者关系的推论，凯尔森对于强国与弱国的划分跟传统发展中国家与发达国家之间的划分方式基本相同。凯尔森认为：一个抱有民族主

---

① 参见 Shambaugh David, China's Soft-Power Push, Foreign Affairs, Vol. 94, 2015, p. 103。

义与帝国主义政治态度的国家，将自然接受国内法地位优先于国际法地位的假设；一个对国际主义与和平主义抱有同情的国家，将自然接受国际法居于首要地位的假设。① 发达国家的强国特征之一就是将国内法与国际法混同，甚至将国内法放在优先于国际法的位置。以台湾问题为例，1978 年 12 月中美两国签署《中美建交公报》，明确了一个中国原则。② 但是美国于 1979 年与 2018 年又分别通过了所谓"与台湾关系法"（Taiwan Relations Act）、"台湾旅行法"（Taiwan Travel Act），两部法既非国际条约、亦非国际习惯，不具有国际法性质；其本质上是一部美国联邦的法律，虽然对中美三个联合公报以及有关的国际法原则有所违反，但仍然得以作为美国的国内法而存在。③ "与台湾关系法"的目的在于反对台海统一、维持两岸现状、维持对台军售和美台商业联系，严重损害了中国的国家主权。④ 结合凯尔森关于"国际法与国内法"一元理论的分析，一个比较易于得出的结论就是美国在考虑国际法和国内法时，从来没有采用过"二元体系"，这是国际社会中强国运用国际法的特征之一。凯尔森在其著作《法与国家的一般理论》中从一个特别的视角为我们解答了一国对待国内法与国际法的不同态度，所反映的国家性质的不同。从传统国家身份定位的角度来看，这种分类方法可以轻而易举地解释和预测发展中国家团体与发达国家团体的区别，也可以解释美国对《联合国海洋法公约》的考量究竟

---

① 参见汉斯·凯尔森著，沈宗灵译：《法与国家的一般理论》，商务印书馆 2016 年版，第 455~458 页。

② 李浩培先生认为《中美建交公报》属于形式与实质均有效的双边条约，这是因为 1978 年的《中华人民共和国宪法》未规定国家元首，但是邓小平的最高领导人地位相当于国家元首，《中美建交公报》属于"国家元首间缔结的条约"。参见李浩培：《条约法概论》，法律出版社 2003 年版，第 67 页。

③ 参见罗国强：《论〈台湾旅行法〉对国际法的违反》，载《比较法研究》2018 年第 6 期，第 186 页。

④ 参见高之国：《从国际法看美国〈与台湾关系法〉》，载《政法论坛》1982 年第 2 期，第 74 页。

是以何种理论为基础的。但是凯尔森的理论并不能解释中国目前所面临的问题，发展成为"国内法优先于国际法"的霸权主义国家绝不是我们的发展目标。我们的发展理念或者说是政策定向法学派理论上的权威概念，还是和发展中国家保持一致的；但是我们国家的现实条件或者说是政策定向法学派理论上的力量概念，已经达到发达国家团体水平了。

我国现阶段运用国际法并没有采用美国模式，我国处理国际法规则与国内法的关系更为温和，但已经充分显示相比以往的进步性。我国现阶段处理国际法与国内法的关系的情况是：加强国际法与国内法在实践中的联系，使得二者在付诸实施的过程中发挥作用。①

（一）亚丁湾军舰撤侨行动

维护中国公民的合法权益，既包括中国公民在国内的合法权益，也包括中国公民在海外的合法权益，这是我国《宪法》对我国公民的承诺，也是中国不断拓展海外利益，参与全球化建设的必然结果，还是国家保障在外公民人身财产安全的重要命题。②

2015 年也门亚丁湾撤侨行动是新中国历史上第一次采用军舰进行海外撤侨，由中国海军临沂舰、潍坊舰、微山湖舰将 276 名公民安全撤离也门。2011 年的利比亚撤侨行动，是中国第一次由国内派军队参与海外撤侨，中国出动了包括 4 架"伊尔-76"军用运输机的力量，通过海陆空三路将 35860 名中国公民以及来自欧洲国家的 1200 名平民从利比亚撤出。③ 通过纵向对比，我们可以发现2010 年之后的中国海外撤侨行动更加借助于中国的军事力量，并且在组织撤离的过程中可以协调多个国家的配合，解决公民在撤离

---

① 参见陶凯元：《国际法与国内法关系的再认识》，载《暨南大学学报（哲学社会科学版）》1999 年第 1 期，第 41 页。

② 参见吴志成：《从利比亚撤侨看中国海外利益的保护》，载《欧洲研究》2011 年第 3 期，第 30 页。

③ 参见夏立萍：《试析 21 世纪中国撤侨机制建设》，外交学院硕士学位论文，2016 年，第 50~55 页。

行动中的衣食住行问题。通过横向对比，我国在海外撤侨过程中，不但有力量解决本国的公民撤侨问题，还能够协助其他部分国家公民撤离。通过这样的对比我们可以发现，中国在海外利益的保护中越来越注重运用国家力量维护公民的合法权益。

正是这种加强国际法与国内法在实践中相互联系的办法，提高了国内与国际法的互动水平。这符合海洋强国的国际法维权力量特征，在海洋维权中的力量运用是国家身份转变的标志之一，从政策定向法学派的角度来说，也是权威与力量两项因素的成功结合，主权国家能够通过国家力量的运用使得国际社会中的公共秩序目标更加符合本国利益。

（二）索马里打击海盗行动

打击索马里附近海域海盗的行动也涉及了国内法与国际法相互协调的问题。由于《中华人民共和国刑法》中没有规定海盗罪，有学者认为中国国内法中缺乏海盗罪的立法不利于我国履行打击海盗罪的国际义务。① 但是实际上这并不只是一个国际法问题，也是一个国内法的问题。

国内法的问题在于我国《刑法》立法体例虽然是以德、日刑法作为蓝本进行的刑事立法，但是 1997 年之后的《刑法》在吸收德、日刑法部分立法内容的基础上，进行了罪名规范化建设，取消了流氓罪等不太容易确定其内涵的罪名，转而设立了抢劫罪、强制猥亵妇女罪、故意伤害罪等原来包括在流氓罪中的犯罪。海盗罪主要涉及抢劫罪、故意伤害罪、非法拘禁罪等罪名，从我国《刑法》的立法技术上来看，不具有增加海盗罪的基础。但是实际上日本《刑法》和我国台湾地区实行的刑事规定都规定了强盗罪，其内涵包括了我国刑法内的抢劫、故意伤害、强制猥亵妇女儿童等行为。因此，实际上从我国国内法的法律规范中也能够找到打击海盗行为的国内法依据。

---

① 参见姚春艳：《对我国刑法中增加海盗罪的思考》，载《社会科学家》2009 年第 2 期，第 86 页。

国际法的问题则是各国在索马里海域，运用本国军事力量打击海盗的国际法依据问题。我国的国内法依据主要是《中华人民共和国刑法》第9条普遍管辖权的内容，"对于中华人民共和国缔结或者参加的国际条约所规定的罪行，中华人民共和国在所承担条约义务的范围内行使刑事管辖权的，适用本法"。以及1987年6月全国人大常委会通过的《关于对中华人民共和国缔结或参加的国际条约所规定的罪行行使管辖权的决定》也明确规定："对于中华人民共和国缔结或参加的国际条约所规定的罪行，中华人民共和国在所承担条约义务的范围内，行使刑事管辖权。"我国的国际法依据共分为三个层次，一是《联合国海洋法公约》（United Nations Convention on the Law of the Sea）、《制止危及海上航行安全非法行为公约》（Convention for the Suppression of Unlawful Acts Against the Safety of Maritime Navigation）、《反对劫持人质国际公约》（International Convention against the Taking of Hostage）等打击有关犯罪的公约，二是联合国安理会的部分决议，三是索马里政府的有效同意。① 我国在索马里地区的护航行动有效地保障了我国国际贸易运输通道及我国远洋运输船舶及船员的安全，维护了我国履行国际义务、促进地区和平稳定的负责任大国形象。② 无论是国内法还是国际法都能够为我国运用国家力量打击海上犯罪提供依据，这也是一种加强国际法与国内法在实践中相互联系的方法。

运用海上军事力量参与到国际社会维护航行安全行动之中，是中国海上军事力量发展的一个缩影，也是我国主动承担国际义务的国际法实践，提高了军队在和平时期的战斗水平。有国际法学者认为，国际社会在索马里地区打击海盗的行为已经超出了索马里地区

---

① 参见联合国安全理事会决议文件：S/RES/1814（2008）、S/RES/1816（2008）、S/RES/1838（2008）、S/RES/1844（2008）、S/RES/1846（2008）、S/RES/1851（2008）、S/RES/1897（2009）、S/RES/1918（2010）、S/RES/1950（2010）、S/RES/1976（2011）、S/RES/2015（2011），以及2010年8月25日联合国安全理事会主席声明：S/PRST/2010/16。

② 参见黄惠康：《军舰打击索马里海盗：法律依据和司法程序安排》，载《中国海商法年刊》2011年版，第3页。

的真实需要，实际上已经变成了主权国家展现海军实力的地区。① 海上军事力量的建设，不一定就会为所谓"中国威胁论"提供依据，更不能因害怕甚嚣尘上的所谓"中国威胁论"而放弃海上军事力量的建设。在权威问题上，我们要做到的是根据国家力量实现国内法与国际法的互动，在力量问题上，则把追求强大的海上力量作为海洋强国的重要内涵进行建设。这也是政策定向法学派理论相比较于实在法学派理论在海洋治理问题上，对我国的重要启示之一。

三、向发达国家过渡的价值追求

政策定向法学派理论中的主权国家价值追求是一个比较复杂的问题，我国兼具发展中国家与发达国家的双重价值特征，所体现的转型内容是由典型的发展中国家力量特征向发展中国家与发达国家混合的力量特征转变。与权威内容相比，国家的价值追求是影响规则实质形态的内容，体现了法的物质制约性，中国基于发展中大国身份的价值特征体现在财富与情感两个要素上，另外两项要素教化与权力尚处于潜在发展中。

（一）财富要素——海外利益保护

发达国家价值追求中的财富要素，是建立在其庞大的海外利益之上的，财富要素也被认为是政策定向法学派八项价值评价中最为重要的一项内容。发达国家一直是推动海外利益保护的主力军，冷战之后发达国家基于海外利益的考虑，在联合国体系内提出了"人道主义干涉""保护的责任"等概念，企图瓦解国家主权原则和不干涉内政原则的先在正当性。② 随着中国海外利益的不断扩

---

① 参见 Tullio Treves, Piracy, Law of the Sea, and Use of Force: Developments off the Coast of Somalia, The European Journal of International Law, Vol. 20, 2009, p. 407。

② 参见杨泽伟：《人道主义干涉在国际法中的地位》，载《法学研究》2000 年第 4 期，第 127~139 页；刘莲莲：《国家海外利益保护机制论析》，载《世界经济与政治》2017 年第 10 期，第 149 页。

大，国际社会也在关注中国是否会更加积极地维护自身的海外利益，对人道主义干涉等内容的立场是否会发生改变。①

海外利益的保护，需要从海洋法规则的层面为国家提供更加广阔的活动空间，财富要素已经成为中国逐步重视和参与海洋法律秩序变革的重要诉求，而这一要素在我国以发展中国家身份参与的第三次联合国海洋法会议中并不是中国的价值追求。以深海渔业资源开发为例，由于深海渔业资源的开发需要较高的技术水平与财政补贴，世界上的发展中国家均没有向本国的渔船提供补贴；而向深海渔业资源开发提供补贴的主要是日本、俄罗斯、西欧国家与中国这样的国家，每年补贴的总金额在 300—340 亿美元之间。② 随着"一带一路"倡议在全球的推进，中国的海外利益会变得日益巨大，正确处理义利观也是我国大国外交的特色之一。国际社会中的道义与我国企业、公民在海外的利益，都是我国运用和发展国际法需要保护的对象，对于财富要素的维护，最终还会反哺海洋强国的建设。

上述行动说明在海洋强国建设中，财富要素已经成为了我国的价值特征的要素之一，促进海洋资源的开发要将其经济价值作为重要的考量因素。

（二）情感要素——台湾问题

中国海洋强国价值特征中的情感要素是建立在国家实力的基础之上的，国家能够通过本国的综合实力，反映自身在国际事务中的情感要素追求。情感要素是政策定向法学派理论中长期被外界所批评的内容，法律与情感之间是否具有清晰的界线以及法律作为一门

---

① 参见 Harry Verboeven, Is Beijing's Non-Interference Policy History? How Africa Is Changing China, The Washington Quarterly, Vol. 37, 2014, p. 70。

② 参见 Iwunze V. I, Enhanced Fishing Rights Under the United Nations Law of the Sea Convention 1982: The Challenges Confronting Developing Countries, International Journal of Advanced Legal Studies and Governance, Vol. 5, 2015, p. 19。

理性之学是否应该从情感的角度予以思考是政策定向法学派需要回答的两个问题。但是从海洋法的实践来看，主权国家的情感要素确实影响了国际法运行的实际形态，传统发达国家的情感要素体现在与发展中国家的海洋合作中，也体现在不同的宗主国身份对不同的发展中国家进行区别对待的情感考量。

中国也逐渐体现出在海洋权益维护中的情感考量，传统发达国家中的情感要素大多是以语言、殖民地历史为纽带建立的情感考量体系，由于中国近代历史上并不存在对外殖民的历史，因此中国的情感要素主要是凝结了中华民族近代以来自海而入的苦难历史。

台湾问题是中国海洋维权中的重要情感结点。在 2013 年 5 月 9 日菲律宾射杀台湾广大兴 28 号渔船渔民之后，中国政府先后从舆论发声和实际行动两方面坚决保护包括台湾渔民在内的中国渔民的合法权益，提出绝不允许菲律宾违反国际法在南海撒野，体现出在南海海洋权益维权中的台湾情感因素。① 在南海维权斗争中，虽然存在着"六国七方"的谈判格局，但有学者认为实际上只存在着"六国六方"的南海海洋权益主张，中国台湾地区的权益声索范围与中国大陆的主权声索范围高度一致。② 中国海洋维权中台湾情感要素的考量并不仅仅在南海地区，也并不仅仅是一种单向的情感要素，事实上在东海钓鱼岛的维权中，中国台湾地区民众也显示对大陆的情感归依。20 世纪 70 年代末美国将钓鱼岛的管理权交给日本，自此台湾民众一直都自发进行"保卫钓鱼岛运动"，在国民党当局对日软弱无能的境遇下，"保钓运动"中的台湾民众将收回钓鱼岛主权的希望寄托于大陆。"保钓运动"的意义除了确定钓鱼岛及其附属岛屿的归属之外，在当代台湾地区思想史上也具有重要

---

① 参见华益文：《菲射杀台湾渔民案不能不了了之》，载《人民日报（海外版）》2013 年 5 月 11 日，第 1 版。

② 参见 Kevin A. Baumert, The South China Sea Disputes and Law of the Sea, The American Journal of International Law, Vol. 110, 2016, p. 152。

意义，台湾青年第一次开始诘问和批评"反共意识形态"。① 台湾问题是中国海洋权益维护中的重要情感要素，任何国家、个人以任何形式对中国台湾地区海洋权益的侵犯都是中国运用海洋维权力量的打击对象。可以预见的是，随着中国海洋强国目标的逐步实现，在海洋权益维护中的情感要素也会成为中国海洋强国的重要力量特征之一，也会突出反映我国的国家意志。

虽然在国内法体系中政策定向法学派理论对价值要素中的情感问题评价多抱有批评的态度，但是在国际法体系中政策定向法学派理论肯定了情感要素对于国际法发展的推动作用。并将其总结为两点结论：一是主权国家是当地社群情感的联合结果（主要指西方国家），二是情感要素促进了主权国家间国际条约的形成。② 从这一结论来看，将台湾问题作为中国海洋维权中的情感要素有助于中华民族内部的社群整合，进而促进"一国"原则的实现。这种演进路径并不突破西方国家所主张的"普遍狭隘原理"。

上述两项价值特征，是我国当前阶段发展已经显现出的发达国家价值特征；下文论述的"教化"与"权力"的价值特征，属于中国向发达国家身份转变中潜在的价值追求，在现阶段发展中的外在形态尚不明显。

（三）教化要素——国内法与国际法的互动（潜在）

我国潜在可能会具有的另一项价值特征，从政策定向法学派理

① 参见常彬、邵海伦：《"海外五四运动"的精神羁履：左翼保钓台湾留美学生文学叙事》，载《华侨大学学报（哲学社会科学版）》2019 年第 2 期，第 30 页。

② 哈罗德·拉斯韦尔认为，在珍珠港事件之前，美洲地区的情感要素主要是以英联邦国家、葡萄牙语国家等殖民地与被殖民地之间的情感要素进行连接。但在"珍珠港事件"之后，地区安全的情感要素超越了殖民国家与被殖民国家之间的情感连接，并形成和签署了 1947 年《里约热内卢条约》（又称《泛美联防公约》）与 1949 年的《北大西洋国际社会公约》。参见 Harold D. Lasswell & Myres S. Mcdougal, Jurisprudence for a Free Society: Studies in Law, Science, and Policy, New Haven Press, 1992, pp. 852-859。

论对价值特征的分类来看应当将其认定为"教化"。教化一词在国际法中的形态是一国国际法与国内法之间的互动，通过这一方法打破国际法与国内法之间的神秘感，以追求真实和理性作为目标，使国家的偏好与国际法规则相协调。①

在中国的国际法与国内法的互动中，已经出现有学者主张在主权性权利的海域扩张我国国内法的空间效力，以弥补这部分的法律空白。② 海洋法的语境下主权国家主权性权利的海域范围一般指专属经济区与大陆架的区域范围，主权国家拥有这一海域内资源勘探开发的权力，与这一概念相对应的是主权国家主权范围，主权国家的主权范围包括内水与领海。发达国家对于刑法在专属经济区范围内是否拥有效力态度并不统一，例如大陆法系中的《德国刑法典》将专属经济区内触及刑法的规定定位为"违反国内法的国外行为"，主张保护性管辖权。③ 我国的周边国家中日本、韩国、菲律宾都以刑法的空间效力作为理由，主张其本国刑法在专属经济区与大陆架内的管辖权。④ 无论是主张以相对激进的空间效力作为我国刑法在专属经济区、大陆架内的管辖权依据，还是以相对温和的保护性管辖权主张，都显示出我国可能会以教化的形式促进海洋立法。

中国为了做好海洋资源开发的工作，促进国内法规则与国际海洋法规则相对接，2016 年通过了《中华人民共和国深海海底区域资源勘探开发法》，这是中国第一部规范中国公民、法人和其他组织在国家管辖范围以外海域从事深海海底区域资源勘探、开发活动的法律。2017 年国家海洋局在该法的基础之上进一步制定了相应

---

① 参见 Harold D. Lasswell & Myres S. Mcdougal, Jurisprudence for a Free Society: Studies in Law, Science, and Policy, New Haven Press, 1992, pp. 809-811。

② 参见童伟华：《〈联合国海洋法公约〉视阈下管辖海域空间效力》，载《环球法律评论》2018 年第 5 期，第 140~159 页。

③ 参见《德国刑法典》第 5 条

④ 参见《日本专属经济区与大陆架法》第 3 条、《韩国专属经济区法》第 5 条、《菲律宾设立专属经济区及其他事项》第 5 条。

的部门规章,包括《深海海底区域资源勘探开发许可管理办法》《深海海底区域资源勘探开发样品管理暂行办法》《深海海底区域资源勘探开发资料管理暂行办法》。2019 年 7 月 15 日在牙买加举行的国际海底管理局第 25 届会议上,北京先驱开发公司位于西太平洋地区国际海底区域 7.4 万平方公里的勘探计划以无反对意见的表决结果获得了批准,这是《中华人民共和国深海海底区域资源勘探开发法》颁布实施以来的一次成功实践。① 《中华人民共和国深海海底区域资源勘探开发法》有利于国内法与国际法之间进行相互衔接、维护国际海底区域及其资源的全人类共同利益,规范中国承包者在国际海底资源开发中的行为。② 2018 年修订的《中华人民共和国海洋环境保护法》未对国家管辖范围外海洋环境污染的法律关系进行调整,但规定了在中华人民共和国管辖范围外的行为对中华人民共和国管辖范围内海域造成污染的适用该法。借助国内法力量促进全球海洋问题的治理是中国新的力量特征之一,它能够促进国家的力量要素在国际社会中的有效实施。

中国"一带一路"倡议中所体现的"法律供给不足问题"实际上就是教化要素的缺失,无法以趋同或统一的法律形式扫除"一带一路"倡议中的制度障碍。③ 为了推进教化要素的实施,降低"一带一路"倡议建设中法律的不可知与不可预测性,中国在 2018 年 1 月审议通过了《关于建立"一带一路"国际商事争端解决机制和机构的意见》。根据这一意见精神最高人民法院在广东省深圳市设立"第一国际商事法庭",在陕西省西安市设立"第二国际商事法庭",受理当事人之间的跨境商事纠纷案件。中国的 21 世纪海上丝绸之路建设是通过对中国发展历史总结而产生的教化力

---

① 参见国际海底管理局文件:ISBA/25/C/30,访问地址:http://enb. iisd. org/oceans/isa/2019-2/,访问时间 2019 年 7 月 23 日。

② 参见王超:《国际海底区域资源开发与海洋环境保护制度的新发展——〈"区域"内矿产资源开发规章草案〉评析》,载《外交评论》2018 年第 4 期,第 104 页。

③ 参见蒋新苗、朱雅妮:《"一带一路"法律供给机制研究》,载《西北大学学报(哲学社会科学版)》2018 年第 3 期,第 83 页。

量，是中国对发达国家力量特征建设的成功借鉴。

2021 年 9 月 1 日开始施行的《中华人民共和国海上交通安全法》是中国加强国内法与国际海洋法之间良性互动的成功实践。虽然该部法律的出台引起了国际社会对于南海海洋秩序的广泛关注，有学者认为中国像第三次联合国海洋法会议期间的发达国家团体一样借助了法律模糊（Vagueness），在南海建立了一套"黑暗法律秩序"（Dark Law），① 但实际上《中华人民共和国海洋交通安全法》本身并不是针对东盟国家的，其反对的对象是西方发达国家针对南海问题、台海问题的恶意炒作，体现了中国国际法实践中长期所遵循的"防御性策略"。2022 年 8 月 2 日美国国会众议院议长南希·佩洛西（Nancy Pelosi）窜访台湾，随即中国依据《中华人民共和国海上交通安全法》第 44 条，在环绕台湾岛周围的六片海域建立了禁航区并进行了实弹军事演习。上述实践表明，中国在成为全球海洋大国的过程中选择了法治道路（Legalistic），通过国际法与国家力量的相互结合来追求和平崛起。

经由国际法的国内法改革过程，本质上是中国法与外国法互动的过程，发达国家一直在国际规则的制定上保持较大的话语权，为国际法规则内容提供较为稳定的输出，最终产生发达国家与我国法律体系相互影响的现象。② 应当承认的是，我国目前还不具备以国际法作为媒介影响其他国家法律规范形成的国家实力，但是从国际话语权的角度来看，西方发达国家的实践路径已经充分说明运用国际话语权的目标之一就是促进本国法律文化的输出。海洋强国的力量特征并不仅仅是一种硬实力上的力量特征，我国也应该追求在教化要素方面的发达国家力量特征。

（四）权力要素——海外军事基地的建立（潜在）

政策定向法学派的语境下，我国另外一项潜在的价值特征是对

---

① 参见 Stephen Cody, Dark Law on the South China Sea, Chicago Journal of International Law, Vol. 23, No. 1, 2022, pp. 62-78。

② 参见廖诗评：《经由国际法的国内法改革——改革开放四十年国内法制建设的另类路径观察》，载《中国法律评论》2018 年第 5 期，第 153 页。

于权力的追求。我国以发达国家身份定位进行海洋法实践，在国际社会中的权力位阶及其权力行使方式还是一个不太明确的问题。有学者认为中国在"一带一路"倡议建设中主要发挥了经济权力与政治权力，尚未采用以军事权力为中心的"美国方法"。①

发达国家的权力特征是在海外建立起众多的军事基地以维护其在全球的国家利益，并以国际法中的国际地役作为建立海外军事基地的理论来源，但是具体的国际法规则对于主权国家在海外建立军事基地问题的立场并不统一。一般而言，以人类共同利益作为价值追求的国际条约普遍反对主权国家在海外建立军事基地，如《南极条约》《外空条约》；而发达国家所主导的国际法规则普遍支持发达国家在海外建立军事基地的权力，如《联合国宪章》与《北大西洋公约》。②

有学者主张我国也应该建立海外军事基地，尤其是以海军、空军为主的海外军事基地，以维护我国的海外利益。③ 有的甚至细化到具体方案上提出在巴基斯坦的瓜达尔港建立中国的首个海外军事基地，以促进保障中国的海上能源运输安全，体现中国的国际地位。④ 从肯定的角度来看，与中国周边存在海洋划界争端的国家大部分都是发展中国家，发达国家与东南亚国家之间的互动普遍是以军事行动的方式迫使其接受不利结果，中国如果想要解决与东南亚国家尤其是与越南的海洋争端，必须在南海地区建立强大的海军基地。⑤ 从否定的角度分析，实际上现有发达国家为了维护能源安全

① 参见 Oriana Skylar Mastro, The Stealth Superpower: How China Hid Its Global Amibitions, Foreign Affairs, Vol. 98, 2019, p. 33。

② 参见司玉琢、袁曾：《建立海外军事基地的国际法规制研究》，载《东北大学学报（社会科学版）》2018 年第 3 期，第 192 页。

③ 参见薛桂芳、郑洁：《中国 21 世纪海外军事基地建设的现实需求与风险应对》，载《国际展望》2017 年第 4 期，第 121 页。

④ 参见刘新华：《力场效应、瓜达尔港与中国的西印度洋利益》，载《世界经济与政治》2013 年第 5 期，第 18 页。

⑤ 参见 Yann-Huei Song, China and the Military Use of the Ocean, Ocean Development and International Law, Vol. 21, 1990, pp. 213-236。

与海上运输通道的安全，都投入了巨额的军事经费以维护冲突地区的秩序与稳定，我国也受益于某些特定时期发达国家团体对国际社会安全稳定环境的维护，从而获得了宝贵的国家发展机遇。我国是否有必要建立起与发达国家身份相适应的海外军事基地，不仅仅是一个国际法问题或者国际政治的问题，也应当从经济价值的角度分析我国建立海外军事基地的必要性，尤其是在发达国家团体普遍坚持自20世纪90年代初以来对华武器禁运的政策情况下。[1]从政策定向法学派理论中确定公共秩序目标的角度来看，如果发达国家已经承担了这部分公共秩序目标的需要，我国是否还要以谋求这部分权力为目的是一个值得思考的问题。

综上所述，我国海洋强国的价值特征，已经明显地显现出财富与情感的价值特征，但在教化与权力的价值特征还处于一种发展中的状态。应当充分认识到的是政策定向法学派理论的八项价值特征评价，在海洋法领域中并不是完全平等地存在，其权重并不相同。发达国家价值特征中的财富要素是其价值追求中的核心，相比较于一般发达国家，中国特殊的近代海洋发展史决定了台湾问题是中国以发达国家身份进行海洋维权中的情感纽带，教化与权力要素是传统发达国家处理与发展中国家关系时善于调动的国家实力，其具体的运用方法与形态还要从中国海洋维权的现状与国情出发，有选择地借鉴。

第二节　中国发展中大国身份对自身的积极影响

中国以发展中大国身份参与海洋法律秩序变革对我国海洋权益维护问题寻求规则和制度保障具有重大意义，从法律主体身份转变

---

[1]　发达国家团体内部对这一政策的意见并不统一，"对华武器禁运"政策也反映了发达国家团体中的内部矛盾，以中等发达国家为主的欧盟发达国家团体希望通过恢复对华武器出口，改善欧中关系，同时获得更多的武器研发经费；但美国出于遏制中国崛起与阻止中国获得欧盟相关军事技术的考量，坚决反对欧盟恢复对华武器贸易。参见黄栋：《欧盟解除对华武器禁运事件中的美国因素》，载《外交评论》2010年第5期，第102页。

的角度影响规则的发展和取向。过去五百年里，西方国家就等于发达国家，就等于海洋国家，海洋即实力。① 在现行国际法体系中，《联合国海洋法公约》是少数由发展中国家推动和建立的国际法规则体系，经过 30 余年的发展，发展中国家与发达国家的海洋法理论体系都产生了一些变化。明确我国发展中大国身份的自我认知，在国际海洋法规则层面也会为我国带来一些新的积极影响。

一、有助于形成发展中国家毕业制度

对主权国家进行发达国家与发展中国家二元分类的分类方法，有其本身的缺陷，其分类标准已经不仅仅是经济因素的结果，也反映了国际社会的政治生态与规则利益模型。从其诞生至今的七十余年，这种分类方法依然获得了多个主权国家以及国际组织的承认与运用，其背后反映出国际法发展的"欧洲中心主义"依然主导了国际法的发展。格劳斯秀所处的巨变时代与我国今天社会发展时代类似，都是一个对新世界开放、融入和参与构建的问题，构建新世界秩序的理论诉求，要有像格劳秀斯那样将国家利益与普世规则融会贯通的勇气。②

我国明确自身的发展中大国身份是对传统国际法秩序的一种承认，能够充分证明我国是现行国际法秩序的坚定维护者，而非挑战者；这对于中国实现和平崛起，破除中国威胁论具有重要的国际法意义。中国的发展中大国身份有助于形成发展中国家向发达国家过渡的毕业制度，修正和完善国际社会中的国家身份分类体系。

第一，中国的发展中大国身份是对我国国际社会贡献的一种承认。中国在国际社会中所承担的国际义务逐渐增多，应当获得更多的话语权。中国国家身份的转变不是东方文化的胜利，也不是意识形态的胜利，是国际社会对中华民族的一种肯定。这也证

① 参见赵磊：《从世界格局与国际秩序看"百年未有之大变局"》，载《中共中央党校（国家行政学院）学报》2019 年第 3 期，第 116 页。

② 参见高全喜：《格劳秀斯与他的时代：自然法、海洋法权与国际法秩序》，载《比较法研究》2008 年第 4 期，第 142 页。

明了多种文化和历史影响下的不同国家，都可以通过本国的发展实现国家身份的转变，对国际社会作出更多的贡献，也能够影响国际法规则的发展。发展中大国身份是对传统国家身份分类方法的一种细化与进步，尊重了传统国际社会国家身份分类体系。

第二，中国的发展中大国身份有助于修正联合国体系下的国家分类。中国过去是联合国安全理事会中唯一的发展中国家，中国发展中大国的国家身份将会使得联合国安理会全部由发达国家或准发达国家组成，这会为联合国安理会的团结一致提供更大的凝聚力。也充分证明上世纪 70 年代恢复我国联合国安理会常任理事国席位是联合国发展中一项具有积极意义的决定，能够显著提高联合国在全球治理中的地位与作用。发展中国家与发达国家之间不应该建立一种以国家身份作为标识的对抗关系，实力强大的主权国家应当在国际社会肩负起更多维护世界安全与稳定的责任。即使未来中国以发达国家身份参与到联合国体系下的国际治理之中，我们也要倡导保持和发展与发展中国家之间的关系，在发达国家团体中做发展中国家的"天然盟军"。

2011 年在土耳其伊斯坦布尔第四次最不发达国家发展会议中形成的《伊斯坦布尔最不发达国家行动纲领》文件中，联合国首次提出了最不发达国家毕业制度设计的构想，其标准包括：

（a）最不发达国家通过结构转型增强所有部门的生产能力，并通过有效融入全球经济，包括通过区域一体化，克服边缘化地位，从而实现持续、公平和有包容性的经济增长，达到至少 7% 的年增长率。

（b）扶助持续、公平和有包容性的人类发展和社会发展、性别平等和妇女赋权，以期建设人的能力。

（c）减少最不发达国家面对经济、自然和环境冲击和灾害以及气候变化的脆弱性，并通过增强他们的复原力来提高应对这些及其他挑战的能力。

（d）确保通过国内资源调动、官方发展援助、外债减免、外国直接投资和汇款等途径，使最不发达国家发展所需的财政资源有所改善并得到有效使用。

（e）加强各级善治，为此而强化民主进程、机构和法治；提高效率、一致性、透明度和参与度；保护和促进人权；减少腐败，并加强最不发达国家政府的能力，以期在经济和社会发展中发挥有效作用。①

2012年第67届联合国大会还对最不发达国家毕业制度进行了进一步的完善，设计了每三年评估一次的过渡期制度，以保证最不发达国家在毕业之后其国家发展成果得以巩固，在最不发达国家制度确立之后一共有6个国家从最不发达国家名单中剔除，分别是：锡金（合并入印度）、博茨瓦纳、佛得角、马尔代夫、萨摩亚、赤道几内亚。② 国际社会中缺乏发展中国家向发达国家过渡的毕业制度，而存在最不发达国家向发展中国家过渡的毕业制度，这种差异并不是一种意外。国家身份与国际政治长期相互联系，使得发展中国家与发达国家之间长期存在着国家发展过渡的鸿沟。中国将自身定位发展中大国，既没有彻底改变发展中国家身份，也能够促进形成发展中国家毕业制度，是对完善联合国框架下国家身份分类体系的重要贡献。

第三，中国的发展中大国身份有助于壮大中等发达国家团体的力量。中等发达国家团体大部分都是欧盟国家团体，在国家管辖权以外生物多样性保护的会议中，欧盟国家团体被认为是若干国家团体中最具有务实精神的国家团体。第二次世界大战之后，欧洲国家的价值观体系逐渐转向于在国内治理中主张高福利的国民待遇，在国际社会中主张不同文化之间的自由发展，呈现出一种世俗化的发展趋势（secularization）。③ 中等发达国家团体是国际社会中最具有潜在实力挑战美国唯一超级大国地位的国家团体，发展中国家以及独联体国家都无法肩负起防止美国践踏国际法治的重任。中国的发展中大国身份能够充分肯定欧洲国家对于现代国际法发展的贡献，

---

① 参见联合国大会文件：A/CONF. 219/3。

② 参见联合国大会决议：A/RES/67/221。

③ 参见 Pierre Bréchon&Frédéric Gonthier, European Values：Trends and Divides Over Thirty Years, Koninklijke Brill Published, Vol. 19, 2017, p. 49。

只要是国际社会中追求和平发展、维护国际法治的国家都可以成为中国的伙伴与朋友。中国国家身份争议问题的解决将会为中国与中等发达国家之间的海洋合作提供有利的政治条件，也说明中国未来发展与发达国家的合作是一种大势所趋。

二、加强海洋强国建设与国际法规则的协调

国际法规则利益的追求要服务于国家的发展目标，促进规则与战略相适应，是提高国际法运用水平的重要体现。海洋强国的战略目标不仅仅需要从国内法治理的角度促进海洋高效利用，也需要从国际法的层面为海洋强国的建设寻求国际法规则支持。发达国家虽然具有相似的价值观，但是在具体海洋问题上存在着不同的规则利益诉求，中国海洋强国的建设要加大与部分发达国家之间的合作。①

我国海洋强国战略的提出与制定，参照了多个发达国家在海洋强国问题上的规划与构想，这就在海洋法律秩序变革中展现出与发达国家更为一致的规则利益诉求。中国的发展中大国身份能够使得我国更加直接地追求符合自身海洋发展利益的规则目标，在全球海洋法律秩序变革中促进权威内容朝着符合我国海洋强国战略的方向发展。如果继续片面以发展中国家身份参与全球海洋法律秩序变革，会使得我国在多个海洋法问题上与其他发展中国家之间相互掣肘，其规则的发展方向可能会暂时符合大局上的与发展中国家的团结问题，但是也可能会为中国海洋强国战略的实施再次增加海洋法规则中的不利条件。从过去发展中国家的海洋法实践来看，国家身份固然重要，但是主权国家间一旦爆发海洋问题争端，无论争端国之间是否同属发达国家团体或发展中国家团体，政治解决途径能否奏效依然存在着很大的疑问。从发达国家团体的海洋强国实践来看，不排除运用军事手段解决海洋问题争端，尤其是解决与发展中国家之间的海洋问题争端，军事手段是一种行之有效的方法。有外

① 参见张海文：《海洋战略是国家大战略的有机组成部分》，载《国际安全研究》2013年第6期，第67页。

国学者认为，1982 年《联合国海洋法公约》通过之前中国与南海诸国只存在着岛屿主权的争端，在此之后还存在着如何适用《联合国海洋法公约》的争端，解决这一问题要以军事力量作为后盾进行外交施压，这体现了发达国家海洋维权的特征。[①]

　　从政策定向法学派智识任务的分配过程来看，借助发展中大国身份可以避免对于国际社会话语权的争夺，促进发达国家团体国际社会话语权的分化。国际社会的话语权本质上是国际政治权力关系的现实反映。[②] 实际上第三次联合国海洋法会议的过程也反映了扩大某一国或者某一国家团体国际话语权的方法，并非只能寄希望于本国的话语权实力提高。发展中国家团体与发达国家团体之间在海洋法问题上存在着许多有利于人类命运共同体建设的内容，发达国家团体与发展中国家团体的分化是重构国际社会话语权的重要机遇。中国的发展中大国身份有助于发达国家团体与发展中国家团体携手反对国际社会的海洋霸权主义。如果继续以发展中国家与发达国家对立作为海洋法规则利益协调的最突出矛盾，就会给海洋霸权主义国家利用这一矛盾进行左右逢源的游说提供机会。中国作为"袖珍国家"的一员，在政策定向法学派的视角中固然需要肩负起变革国际法秩序的重任；但是政策定向法学派也认为，这一重任是五大智识任务中的最后一环，只有当现行的国际法秩序失效时，才需要谋求由袖珍国家所提出的"替代性方案"。

　　将国家的海洋权益维护问题全然依靠于政治解决是缺乏战略选择的表现，法律的评价与预测功能是指导各国进行海洋法实践的重要动因。只有将海洋权益维护以国际法规则的形式予以保护，才能够为政治解决提供强有力的"后手措施"。因此，中国海洋强国战略目标的实现，要将国际法中的规则治理理念作为优先选择方向，

[①]　参见浦野起央著，杨翠柏译：《南海诸岛国际纷争史》，南京大学出版社 2017 年版，第 534~535 页。

[②]　参见陈正良、周婕、李包庚：《国际话语权本质析论——兼论中国在提升国际话语权上的应有作为》，载《浙江社会科学》2014 年第 7 期，第 79 页。

海洋强国的建设需要更多依赖海洋法规则的助力，海洋强国团体将共同推动海洋法的发展与变革。

三、促进海洋科学研究的国际合作

1982 年《联合国海洋法公约》的诞生并没有缩小发展中国家与发达国家在海洋科学研究问题上的巨大差距。我国在海洋科学研究问题上要更大范围地寻求与发达国家的广泛合作，在海洋科学研究的利益诉求中我国与发展中国家也越发地不相一致，这些因素需要我国在海洋科学研究问题上获得更大的回旋空间与余地。① 发展中大国的身份定位，能够为实现我国与发达国家海洋科学研究问题的合作提供规则保障。政策定向法学派虽然高度评价了 1982 年《联合国海洋法公约》的进步性，但是同时也认为突破国家身份制约下的国际合作是海洋法律秩序变革的目标与未来，而海洋科学研究是海洋法体系下诸多部分中相对容易推进的突破口。②

海洋科学研究制度设计的目的在于实现沿海国与海洋科学研究方的利益平衡，并根据不同的研究领域与方向作出了不同规定。③在这种利益平衡中，发展中国家追求的是对于沿海国权利的保护，发达国家追求的是对于研究方的利益保护，我国对于科学研究方的利益保护会产生更大的规则需要。海洋科学研究对于《联合国海洋法公约》的影响是巨大的，如果说海洋自由观念得以确立是得益于资本主义发展初期对于贸易、交通自由的需要，那么 21 世纪以来"公海自由"的衰落，在其中起很大作用的就是科学技术的

---

① 参见程时辉：《论国家管辖范围外海洋遗传资源的开发与保护——基于科技、市场和制度的视角》，载《资源开发与市场》2019 年第 2 期，第 220～221 页。

② 参见 Myres S. Mcdouga& William T. Burkel, The Public Order of The Oceans: A Contemporary International Law of The Sea, New Haven Press, 1987, Introduction。

③ 参见邵津：《新的海洋科学研究国际法制度》，载《中外法学》1995 年第 2 期，第 12 页。

发展。① 2019年3月26日习近平主席在访问法国期间，中国与法国共签署《中华人民共和国和法兰西共和国关于共同维护多边主义、完善全球治理的联合声明》，其第9条的内容明确了中国与法国在公海生物资源开发利用以及南极科学研究问题上要加强合作与沟通，中国与发达国家在海洋科学研究领域广泛合作随着中国的发展会成为一种常态。②

我国要实现与发达国家共同进行海洋科学研究的主要动因有以下几个因素：第一，我国难以从发展中国家团体中找到提供实质性合作的国家，由于《联合国海洋法公约》规定了范围巨大的专属经济区与大陆架范围，在此区域由沿海国实现对于科学研究的规制是一件相当困难的事情，我国也无法从"南南合作"的模式中获得比与发达国家合作获得的更大的海洋科学研究空间。第二，海洋科学研究的成果发表与评价体系还是以发达国家的评价体系为主，只有适应了发达国家对于海洋科学研究的知识产权法律保护制度，才能够促进我国海洋科学研究成果产生有效的市场需求，提高我国海洋科学研究从业人员的收入水平。第三，现行《联合国海洋法公约》对于海洋科学研究与军事测量问题存在一定的法律争议，海洋科学研究不仅仅是一项低敏感领域的合作，也存在着潜在的军事需求，在无法从规则层面解决这一问题的情况下，与发达国家合作是降低这一不利因素的有效方法。

海洋科学研究是第三世界国际法方法论与西方国际法方法论在《联合国海洋法公约》中较为成功的一个结合点，发展中国家团体也充分认识到由于部分海洋科学研究对全人类的发展都有着极其重要的意义，所以也支持了一些发达国家所提出且有助于海洋科学研究发展的建议。这种从全人类的角度思考和解决海洋问题的出发

---

① 参见慕亚平：《全球化背景下的国际法问题研究》，北京大学出版社2008年版，第47页。

② 参见外交部网站：《中华人民共和国和法兰西共和国关于共同维护多边主义、完善全球治理的联合声明》，访问地址：https://www.fmprc.gov.cn/web/ziliao_674904/1179_674909/t1648697.shtml，访问时间2019年3月27日。

点，恰恰是政策定向法学派所认为的只能由"袖珍国家"才能够肩负的国际法任务。注重海洋科学研究在中国国家身份转变中的重要作用，是因为有学者在总结多种国家身份分类方法的基础之上认为：发展中国家与发达国家之间的差距主要是在关键领域中信息与知识的差距，发展中国家创造新知识的能力限制了其向发达国家转变的能力。①

四、避免与发达国家间的"普遍公式化对抗"

"普遍公式化对抗"的产生基础是传统的欧洲社群模式，以发展中国家身份定位在发达国家团体中会将中国定位为"寻求普遍公式化对抗"的国家，这种定位会成为中国向发达国家身份转变中的障碍。中国承认自身发展中大国的身份定位，是解决政策定向法学派所认为的新兴大国崛起中会遇到"普遍公式化对抗"问题的关键。从政策定向法学派的智识任务分配来看，中国所肩负的国际法理论创新任务是现行欧洲秩序下的一种替代品，只有传统的欧洲国际法理论对未来的预测失效之后其才存在着发展与被全球普遍接受的可能。②

尽早确定中国的发展中大国身份会显著缩短中国与发达国家团体对抗的时间长度，促进发展中国家与发达国家之间关系的相互缓和。有学者认为中国在共产党领导下所实现的国家发展，对于国际社会而言最大的意义是证明了发展中国家能够依靠自身的发展实现国家身份的转变，每个国家都有走具有本国特色发展道路的权利。③ 中国长期坚持发展中国家身份，是一种权衡利弊之后的选择，国际社会中对于发展中国家团体的优惠政策，会随着中国国家

---

① 参见贾米尔·杰瑞萨特著，徐浩、付满译：《全球化与比较公共管理》，江苏人民出版社 2018 年版，第 155 页。

② 参见 Reisman W. Michael, The New Haven School: A Brief Introduction, Yale Journal of International Law, Vol. 32, 2007, p. 577。

③ 参见 Shao Binhong, The World in 2020 According to China in the World——A Survey of Chinese Perspectives on International Politics and Economics, Koninklijke Brill Published, 2014, p. 49。

身份的转变而消失。但是也应该看到的是，正是中国长期与发展中国家保持一致的对外政策，使得中国成为发达国家团体压制发展中国家团体发展的最优先限制对象。随着在多个国际组织中丧失发展中国家的国家身份利益，失去发达国家对我国的一些援助，中国能够从发展中国家身份中获得的利益已经较为有限，并且成为了发达国家团体实现"普遍公式化对抗"的主要打击对象。主权国家身份转变是国际法研究中的困难问题之一，在后殖民主义时代如何实现发展中国家到发达国家之间的身份转变及其国家的重新定位，是"二战"之后新独立国家发展中遇到的主要困难。从以往的实践来看，韩国、新加坡所实现的发展都是建立在"依附主义"的基础之上，对中国这样一个体量巨大的发展中大国借鉴意义不大。政策定向法学派也同样认为国家间的竞争与对抗是阻碍国际法发展的主要原因，并将与西方国家之间的阻碍因素归类于两方面：一是社会主义制度与资本主义制度之间的对抗，二是发展中国家与发达国家之间的秩序对抗。① 随着冷战的结束，资本主义制度与社会主义制度之间对抗的负面影响已经显著小于第三次联合国海洋法会议时期，中国只有在国家身份转变问题上采取更加积极与发达国家合作的态度，才能够将秩序对抗对国际海洋法发展的消极影响进一步降低。

中国的发展中大国身份是构建新型大国关系的前提性要素，有利于我国的"21 世纪海上丝绸之路"建设。海上丝绸之路建设不仅仅是一种与发展中国家共同合作的重要倡议，很多发达国家也陆续加入了中国的海上丝绸之路建设，意大利于 2019 年 3 月 20 日宣布加入中国的"一带一路"倡议。② 在"21 世纪海上丝绸之路"的建设过程中，中国还要特别注意到协调域外大国的

---

① 参见 Myres S. McDougal&W. Michael Reisman, The Prescribing Function in World Constitutive Process：How International Law Is Made, Yale Studies in World Public Order, Vol. 6, 1980, p. 263。

② 参见习近平：《东西交往传佳话 中意友谊树新篇》，中华人民共和国外交部网站：https：//www. fmprc. gov. cn/web/zyxw/t1646880. shtml，访问时间：2019 年 3 月 21 日。

利益与合理关切。① 中国的发展中大国身份有助于降低世界上发达国家对中国海上丝绸之路的防范心理，将"21世纪海上丝绸之路"建设作为发达国家协助发展中国家实现发展的一种常规化模型，而不是中国继续寻求发展中国家间合作与发达国家团体展开对抗的倡议。

中国的发展中大国身份有助于打消国际社会对于新兴经济体国家的疑虑。实际上面临国家身份转变的国家并不只有中国，印度、巴西、南非这些国家都有国家身份转变的潜在需要，这些国家都是陆海兼备型国家，但是在这一团体中中国是最先面临国家身份转变问题的发展中国家。这次国际社会中国家团体的身份转变，不同于以往"亚洲四小龙"发达国家或地区的身份转变，也不同于部分中东国家依靠能源出口实现国家身份的转变。中国、印度和巴西等国家，都是国际社会中人口较多、领土面积较大、海岸线较长的国家，过去都是传统发达国家的殖民地或半殖民地，都有着向海发展的需要。中国在这些国家中最先实现发展中国家到发展中大国的身份转变，能够打消国际社会的疑虑，也有助于促进发达国家团体与发展中国家团体的合作。这种对于"普遍公式化对抗"模型的突破，既是对于过去相对僵化的"发展中国家与发达国家"二元模型的突破，也说明了国际社会实现民族复兴与国家崛起并不一定必须要依赖战争或者相互打压的方式，和平崛起不失为一种良性选择。

第三节　中国发展中大国身份对自身的消极影响

中国以发展中大国身份参与海洋法律秩序变革所面临的不确定性问题是前所未有的，存在着国家身份的转变造成积极影响与消极影响之间的相互转变。法学专著写作应当面对现实、研究真问题，甚至有意把困难即对本方不利的因素想得更多一点；因此，中国以

----

① 参见杨泽伟：《"21世纪海上丝绸之路"建设的风险及其法律防范》，载《环球法律评论》2018年第1期，第173页。

发展中大国身份参与海洋法律秩序变革的消极影响是应当真正被关心的法律问题。① 法安定性决定了一个稳定的海洋法体系在一段时间内并不可能只反映中国的国家意志，国家身份的转变影响了主权国家在参与国际法进程中的观察视角，进而影响国家间意志的协调。政策定向法学派所认为的国际法五项智识任务中，受国家身份因素影响最大的就是观察者的视角与对未来的预测，国际社会的社会过程是一个相对稳定的状态，而替代性方案的选择则需要寄希望于中国更高水平的发展。打破我国与发展中国家合作的平衡属于观察者视角变化的结果，而不利于我国以发展中国家身份获得特殊利益的规则保护、为中国威胁论提供论据是属于对未来预测中的可能结果。

中国在崛起过程中国际社会的社群期待是：发达国家希望中国承担更多的国际义务，发展中国家希望中国能够发挥一定的领导作用。②

一、降低中国在国际组织表决机制中的影响力

打破我国与发展中国家间合作的平衡，进而降低中国在国际组织表决机制上的影响力，是政策定向法学派中的第四项智识任务——对未来决策预测的结果。我国之前的发展中国家身份定位，虽然在多个海洋治理问题中都不再符合我国的海洋权益需要，但是发展中国家也建立了包括"七十七国集团"在内的众多国际组织，一直是国际政治环境中的一支重要平衡力量。这种国家集团相对固化的格局是不平等交换关系的结果，有学者认为保持发展中国家团体长期的不发达状态是发达国家繁荣富强的前提。③ 我国在国家身份的选择上不仅仅要实现国家海洋利益与其他利益的平衡，也要实

---

① 参见朱苏力等：《经验与心得：法学论文指导与写作》，北京大学出版社 2016 年版，第 7 页。

② 参见杨洁勉：《对外关系与国际问题研究》，上海人民出版社 2009 年版，第 208 页。

③ 参见田文林：《走出依附性陷阱：第三世界的发展困境与道路选择》，社会科学文献出版社 2018 年版，第 15 页。

现近期利益与远期利益的平衡，这实际上也是在海洋治理中长期制约我国国家身份发生变动的原因。

国家的海洋利益虽然重要，但是我国与其他发展中国家在多个国际组织中的合作与相互投票支持，一直是我国国际法实践中的重要指导方针。此外，《联合国海洋法公约》也十分依赖国际组织的支持与参与，在《公约》文本的第 60、61、64、65、72、119、139、143、151、162、163、169、181、279、305 条，以及附件二、附件三、附件四、附件八等位置多次提出海洋治理需要国际组织的广泛参与。仅在全球层面，这些国际组织就主要包括联合国海洋事务与海洋法司、国际海事组织、联合国环境规划署、国际海底管理局、联合国教科文组织政府间海洋学委员会、国际海道测量组织等。

中国与其他发展中国家在国际组织表决机制中相互合作的政策连贯性，是中国大国地位的重要支撑，也是国家主权平等原则的重要体现，我国所提出的"和平共处五项原则"是我国对于国际法发展的重要贡献。政策定向法学派的分析也注重国家身份转变中的情感因素，并将其归入影响规则实践发展的"力量要素"之中，其潜在的内涵在于情感要素会影响国际法实践的具体形态。即使是发达国家也会有在发展中国家团体中寻找情感因素所用以支撑的特殊国家或海外领地，例如英联邦国家和法国的海外领地。如何在中国国家身份变动中，实现与发展中国家团体的情感因素连接，是中国面临的国家身份转变的不利影响之一，这一问题也会深刻影响我国的海洋权益维护问题。

有学者认为，从中国以往在国际组织中表决的结果来看有两点倾向：一是对国家主权问题的表决较为激进，反映了第三世界国家的整体诉求，二是对亚洲事务问题的表决较为激进，除此之外的表决态度趋向于防御。① 在目前国际组织的表决机制下，平权分配的表决方法还广泛存在于国际组织之中，也反映了国家主权平等原

---

① 参见蔡高强：《论国际组织表决机制发展中的中国话语权提升》，载《现代法学》2017 年第 5 期，第 154 页。

则，从权利与义务角度来看，这种表决机制是显著失衡的。这就使得大国如果想要获得对自身有利的表决结果，必须要依靠表决机制之外的政治与经济的影响力。中国与其他发展中国家之间在国际组织表决机制中的长期合作，正是反映了这种经济与政治的影响力。中国将自身定位为发展中大国，并存在着成为未来发达国家的可能，这就使得我国如何在平权表决机制之外寻求国家身份之外的政治经济影响力成为一个不能回避的问题。

从我国海洋权益维护中短期利益与长期利益的考量来看，中国的发展中大国身份呈现出一种逐渐有利于我国海洋权益维护的发展态势。但是因为国家身份变动本身也会为我国的海洋权益维护造成重大的不确定性，这种短期利益的波动也是我国身份变动对于海洋权益维护的不利影响之一。实际上第三次联合国海洋法会议及其成果具有其时代特征，20 世纪 80 年代发展中国家集团作为国际社会最重要的政治经济力量之一遭受到了巨大挑战，尤其是拉美国家被迫接受了发达国家团体苛刻的援助条件，发展中国家集团的影响力至今未能达到 20 世纪 70 年代的水平。[①] 如果从国家身份定位的角度，中国将自身重新定义为发展中大国，那对发展中国家团体来说更是一种不利的结果，也会打破"二战"之后发展中国家与发达国家之间相互平衡的格局，很可能会新进入到发达国家间相互竞争的格局。

虽然规则利益需要与国家利益诉求保持一致，但是规则的相对稳定性，使得主权国家对于通过国际法规则维护自身的海洋权益持一种相对谨慎的态度。法律规则具有权利保护的后盾性特征，如果继续以发展中国家身份参与海洋法律秩序变革，这种谈判模式对于我国而言是一种相对熟悉的合作模式，规则变革方向的预测性也比较强。在这种情况下，如何继续维护与发展中国家之间"近而亲"的关系，在未解决这个前提下以发展中大国身份参与到海洋法律秩序变革所需要的勇气是前所未有的。

---

① 参见钟飞腾：《中国的身份定位与构建发展中国家新型关系》，载《当代世界》2019 年第 2 期，第 24 页。

二、对和平利用海洋原则造成冲击

具有"海洋宪法"之称的《联合国海洋法公约》是一部意在规定和平时期海洋使用规则的国际公约，在联合国海洋法会议中各国有意识地回避了在海洋进行军事行动的相关规则，[1] 而是将和平利用海洋原则写入《联合国海洋法公约》一般规定部分的第 301条、公海专门用于和平目的的第 88 条、国际海底区域用于和平目的的第 141 条，但这些内容都不能简单笼统地认为《联合国海洋法公约》禁止任何军事行动，主要海洋大国并不认为这些条款会对其海军行动产生强制性约束力。[2] 第三次联合国海洋法会议中，苏联与美国的霸权主义海洋诉求是当时国际社会共同反对的对象，中国发展中大国身份可能会在国际社会中造成一种论调，就是中国是否也会在国家崛起过程中谋求进一步对海洋的军事化利用。

《联合国海洋法公约》的宗旨之一，就是实现国际社会对于海洋资源的和平利用与开发，实现和平的海洋秩序。中国国家身份的转变可能会影响国际社会对于中国和平崛起的认知，也可能会造成其他发达国家与我国之间的海洋军备竞赛，这些显然都是与《联合国海洋法公约》的精神与宗旨不相符合的。我国与发达国家之间的海洋安全关系会随着我国"一带一路"倡议的推进，冲突性利益可能有增大的趋势，这必然导致海洋安全关系的紧张。[3] 有学者认为，中国、日本、韩国三国间海洋问题争端所存在的矛盾主要是传统东亚秩序与西方国际法秩序之间的矛盾，《联合国海洋法公约》通过其司法实践对海洋地物（maritime features）的性质及其法律地位的不断明确，有效提高了运用司法方式解决争议的法律可能性；但是随

---

①　参见张晏瑆：《和平时期的海洋军事利用与海战法的发展》，载《东方法学》2014 年第 4 期，第 67 页。

②　参见 B. A. Boczek, Peaceful Purposes Provisions of the United Nations Covention on the Law of the Sea, Ocean Development and International Law, Vol. 20, 1989, p. 359。

③　参见孙婵、冯梁：《海洋安全战略的主要影响因素探析》，载《世界经济与政治论坛》2019 年第 1 期，第 57 页。

着中国综合国力的崛起，如果继续一味强调保持国际法上的"有效控制"理论，就会在二元矛盾因素中加入军事实力对抗的要素。①

在国际海洋法规则体系中，发达国家的概念是一个涉及诸多方面的概念，它既体现在专属经济区、大陆架资源等经济性规则内容之中，也体现在海洋科学研究与环境保护的科技发展水平上，还体现在打击海盗、维护和平海洋秩序海上军事力量的运用中。发展中国家与发达国家相比在上述多个领域都存在着发展水平上的落后，中国的发展中大国身份定位，会面临的直接问题之一就是中国是否会谋求成为世界性的海洋军事强国，是否要为军事强国谋求规则利益。这有可能会在我国国家身份的转变过程中，引起其他发达国家与我国之间的军备竞赛。

发达国家的海洋权益维护大部分都是建立在其国家实力之上的，这部分的国家力量也显然包括了军事力量。中国发展中大国身份的选择，既要在权威因素中与发达国家保持一致，也需要建立相应的国防力量维护我国的海洋权益。我国近些年在南海地区的岛礁建设，明显是通过力量建设维护我国的海洋权益。因此，我国的发展中大国定位必然会带来在军事实力发展上与发达国家团体水平保持一致的发展特征。从政策定向法学派的普遍狭隘性原理来看，国际社会中发展中国家会在中国谋求国家身份变动问题上，自动地比照原有发达国家的发展模式，推测中国可能会谋求的规则利益以及维护自身海洋权益的维权模式。为了争夺在某一海洋区域的主导权，中国与其他发达国家之间势必会出现竞争性的海洋军事力量建设。美国与日本、韩国、菲律宾、新加坡等中国周边国家都有军事同盟关系并且定期举行海上军事演习，这是因为美国认为中国的海军力量发展已经威胁到了美国在亚太地区海洋秩序的主导地位。②

---

① 参见 Hitoshi Nasu& Donald R. Rothwell, Re-Evaluating the Role of International Law in Territorial and Maritime Disputes in East Asia, Asian Journal of International Law, Vol. 4, 2014, pp. 78-80.

② 参见漆海峡：《从军售看美国战略重心东移的布局特征》，载《国际关系学院学报》2012 年第 4 期，第 56~57 页。

与第三次联合国海洋法会议相似的是，美国在发达国家团体中是一种相对孤立的存在，虽然美国不是我国的海上邻国，但是在中国国家身份转变的过程中，美国势必会通过周边的发展中国家或者发达国家加强在中国临近海域的军事存在。中国周边的印度曾经是英国的殖民地、菲律宾曾是美国与西班牙的殖民地、越南曾经是法国的殖民地，政策定向法学派理论中发达国家的情感要素会促使其关注到他们曾经殖民地的地区战略环境，这也会变相造成中国与发达国家间的军事对立。

第三次联合国海洋法会议期间，美国和苏联两个超级大国出于军事航行需要的考虑，即使是处在相互对立的阵营，为了谋求军事对抗的相互平衡，不遗余力地争取军舰和潜艇的航行空间。现行《联合国海洋法公约》中有关于国际海峡的通行制度，就是建立在美国与苏联的全球性海洋战略需要之上，由美国和苏联推动形成了现行国际海峡航行制度。① 美国与苏联出于政治性目的展开的海上军备竞赛，极大地影响了《联合国海洋法公约》对于秩序的价值追求与法律实效。② 这不得不说是第三次联合国海洋法会议成果的一项缺陷，也从另外一个角度证明了即使是在发达国家团体内部，不同国家之间谋求的规则利益并不一致。有学者认为，人类社会对于外太空利用的国际法问题与对海洋利用的国际法问题类似，存在着大国与小国之间关于海洋或者外太空军事化使用的争议；从法律依据来看，大国经常以国际习惯法作为自身诉求的支撑，而中小国家则以和平利用原则作为自身立场的国际法依据。③

我国在国家身份变动中究竟是以发达国家团体中的哪些发达国家成员作为参照对象，进而确定自己的观察视角，是我国参与全球

① 参见李红云：《国际海峡的通行制度》，载《海洋与海岸带开发》1991 年第 1 期，第 64 页。

② 参见张光耀：《〈联合国海洋法公约〉的法律价值与实效分析》，载《武大国际法评论》2017 年第 3 期，第 105 页。

③ 参见 Abigail D. Pershing, Interpreting the Outer Space Treaty's Non-Appropriation Principle: Customary International Law From 1967 to Today, The Yale Journal of International Law, Vol. 44, 2019, p. 178。

海洋法律秩序变革的重要问题。但是受制于意识形态、文化传统、原有国家身份等因素的影响，发达国家对我国的国家身份转变问题会持有更加警惕的态度，目前欧盟和美国还继续保持着对我国的军事禁售。历史上也存在着日本与德国在国家身份转变中面临着守成大国的围追堵截之事例，中国之前一直坚持自己发展中国家的国家身份是一种在军事力量上韬光养晦的选择，中国确定自身发展中大国的身份将会失去发展中国家身份的掩护，使我国的海洋军事力量建设更加引起国际社会的关注。

三、不利于以发展中国家身份寻求特殊法律保护

根据笔者的统计，1982 年《联合国海洋法公约》文本共有 72 处提到了发展中国家，并给予其特殊的法律保护。其内容可以大概分类为：（1）对于发展中国家的援助与利益保护；（2）与发展中国家的技术分享；（3）理事会组成中的发展中国家席位问题。根据以上分类，以下各举一例说明发展中国身份在 1982 年《联合国海洋法公约》中能够争取到的特殊利益保护。

第一，对于发展中国家的援助与利益保护，体现在《联合国海洋法公约》序言部分，这部分内容规定海洋法律秩序的建立要符合全人类的利益，特别是发展中国家的特殊利益和需要。它与 20 世纪 70 年代发展中国家所倡导的新经济秩序变革具有十分密切的关系，《联合国海洋法公约》被认为是促进国际社会中新经济秩序变革的重要内容之一，因此在序言中予以确认。[1] 从理论意义来看，在序言部分认可发展中国家在全球海洋秩序的制度设计中应当被给予特殊待遇，是第三世界国际法方法论的一种胜利，充分体现了发展中国家团体在全球海洋治理中的智力贡献。从现实意义来看，特别关注到发展中国家特殊利益的观点立场，成为七十七国集团及中国在多个外交场合中表达对于海洋治理问题意见时的基调，

---

① 参见 Donald R. Rothwell, Alex G. Oude Elferink, Karen N. Scott, and Tim Stephens（ed.），The Oxford Handbook of the Law of the Sea, Oxford University Press，2015，p. 27。

促进了发展中国家团体内部的团结，提高了中国与发展中国家共同推动多边合作的国际影响力。在 20 世纪 70 年代，国际社会对于发展中国家的援助与支持是推动多边主义发展的重要动力，而随后的国家发展推动发展中国家团体内部也产生了一定的国家分化，国际社会对于发展中国家的援助与支持逐渐更加关注到最不发达国家群体与发生人道主义灾难的地区。中国国家身份的转变会使得中国逐步失去以发展中国家身份参与全球社会过程中的"弱者优势"，势必在全球性海洋治理问题中承担更多的责任与义务。

第二，中国会失去依据《联合国海洋法公约》所获得的发达国家先进技术分享的权利。《联合国海洋法公约》第 244 条第 2 款规定"各国应个别地并与其他国家和各主管国际组织合作，积极促进科学资料和情报的流通以及海洋科学研究所得知识的转让，特别是向发展中国家的流通和转让，并通过除其他外对发展中国家技术和科学人员提供适当教育和训练方案，加强发展中国家自主进行海洋科学研究的能力。"这体现出对于发展中国家海洋科学研究技术分享的制度设计。但是在实践中海洋科学研究投入巨大、耗时周期较长，发展中国家很难有力量能够开展进行高端的海洋科学研究工作。海洋科学研究自由是在第三次联合国海洋法会议期间争议较小的一个法律问题，海洋科学研究的发展对于整个人类发展都具有重要意义，它符合人类命运共同体的追求目标。但是海洋科学研究在发达国家团体中逐渐体现出一种合作研究的趋势，以减少重复性研究。① 从本书第三章对于海洋科学研究成果的数据统计结果来

---

① 在发达国家团体中各个国家的海洋科学研究都有一定的本国特色，美国在海洋科学研究的多个领域都有涉及，既关注到了全球气候变化与海洋治理二者之间关系的宏大议题，同时其排名第一的伍兹霍尔海洋研究所（Woods Hole Oceanographic institution）还重点研究了墨西哥湾和北太平洋地区洋流对美国的影响等具体问题。俄罗斯和日本重点研究的领域都包括了海洋潜艇技术和深海资源开发，法国、英国与加拿大在海洋生态保护等领域的研究处于领先地位，中国在海洋渔业资源开发的研究中处于世界领先的位置。参见王旭：《全球知名海洋学研究机构的分析与研究》，载《农业图书情报学刊》2018 年第 9 期，第 46~50 页。

看，发展中国家团体与发达国家团体差距巨大，中国是海洋科学研究成果排名前十名的国家中唯一的发展中国家，并且超过了除美国以外的所有发达国家。从海洋科学研究的发展现状来看，《联合国海洋法公约》中有关于发达国家技术分享义务的条款并没有显著提高发展中国家的海洋科学研究水平。

第三，中国会失去在部分国际组织中，通过发展中国家推荐而获得的理事国席位。《联合国海洋法公约》第 161 条规定了在国际海底管理局理事会的组成中，必须保持适当的发展中国家席位，以维护发展中国家的权益，在国际海底管理局理事会中需要由 6 个具有特殊利益的发展中国家作为理事会成员。① 这些发展中国家理事会成员的产生大部分有一定的历史性因素，也是在现行法律文本中少数将发展中国家的海洋权益保护问题具体化、制度化的内容。这部分能够以发展中国家身份代表发展中国家团体的国家，实际上是发展中国家团体意见的一个发声组织，有力地提升了发展中国家在海洋治理问题中的话语权，也证明了在全球海洋法律规则体系中只有将发展中国家所享有的特殊权利明确化、具体化才能够更好地保护发展中国家的海洋权益。

这些对于发展中国家海洋权益进行特殊保护的规定，体现了第三次联合国海洋法会议中的会议成果。我国如果将自身定位为发达国家显然不会再具有从这些条款中依据发展中国家身份而获得的相应优待。这也是现行海洋法规则利益格局中对我国国家身份变动具有显著不利影响的内容。这一消极影响不仅体现在国际海洋法的领域，有学者认为随着发展中国家与发达国家的国家身份分类标准的细化，对包括中国在内的发展较快的发展中国家所产生的不利影响会日益突出。② 中华人民共和国商务部在 2018 年 12 月 17 日发布的《中国关于世贸组织改革的立场文件》中提出："愿意在世贸组

---

① 参见张丹:《关于国际海底区域制度的法律研究——以保留区及平行开发制度为中心》,载《太平洋学报》2014 年第 3 期,第 11 页。

② 参见漆彤、范睿:《WTO 改革背景下发展中国家待遇问题》,载《武大国际法评论》2019 年第 1 期,第 97 页。

织中承担与自身发展水平和能力相适应的义务，但绝不允许任何成员剥夺中国理应享受的发展中成员特殊与差别待遇。"① 发展中大国的身份定位，体现了中国在国家身份转变过程中一方面同意增加自身所应当负担的义务，但同时反对发达国家剥夺中国作为发展中国家应当享有的国际法权利。综合来看，中国向发达国家身份转变是一种趋势且具有短期内加速的潜力，由于发达国家普遍深耕海洋文明的传统与历史，中国的海洋权益保护问题也会最先受到中国国家身份转变的影响。

本 章 小 结

国际社会中发展中国家毕业制度的缺失，使得中国现阶段将自身的国家身份定位为发展中大国，但国际社会中其他公认的大国大部分都是传统意义上的发达国家。国家身份转变也与中国的海洋强国战略相辅相成，国家身份转变对于中国的海洋权益维护问题也会造成积极与消极两方面的影响。

从消极影响来看，国家身份转变过程中如何继续获得发展中国家待遇的海洋利益，继续保持中国作为最大的发展中国家在国际组织表决机制中的影响力是国家身份转变过程中需要面对的重要国际法问题。造成这一困境的原因是中国反对传统发达国家对待发展中国家的方式，但在国家主权问题、人权问题、国际新经济秩序等问题上又希望得到发展中国家的当然支持，是一种国家整体利益与海洋利益之间的矛盾。发展中大国身份的自我认定，既坚持自身的发展中国家身份定位，又肯定了自身在国际社会中的大国地位，是一种有效消除消极影响的处理办法。

从积极影响来看，国家身份转变过程中加强与中等发达国家之间的合作，借鉴其海洋治理的先进经验，是中国国家身份转变对海洋利益维护的重要积极因素。中国作为最大的贸易国，严重依赖海

---

① 参见中华人民共和国商务部：《中国关于世贸组织改革的立场文件》第 4 条。

洋自由原则支持下的海运贸易；中国无争议专属经济区仅有 150 多万平方公里，需要更为广阔的海洋科学研究空间，加强与发达国家在海洋科学研究中的成果发表、知识产权保护等问题中的合作；中国长期作为最大的发展中国家，难以避免与发达国家团体的冲突与对抗，造成国际社会金字塔的长期固化与二元对立，中国国家身份转变能够有效缓解这种对立。

国际社会中的阶层流动问题是中国国家身份转变中最本质的障碍。《联合国海洋法公约》作为发展中国家主导、实质上对发达国家也极为有利的国际法规则，是中国实现国家身份转变的重要抓手。相比较于国际贸易法领域、国际投资法领域中的国家身份转变问题，经济利益之外的政治因素考量是国家身份转变在海洋法领域的重要特征。正确地理解国际法上的国家身份转变问题，将海洋法作为突破口对中国来说是一个具有全局性与战略性的重大机遇。

第四章 中国国家身份转变与海洋利益保护相协调的对策建议

国家身份分类起源于对不同国家经济发展水平的划分，国家身份的政治化影响了第二次世界大战之后国际关系的发展，发展中国家与发达国家经过博弈形成了具有约束力的《联合国海洋法公约》。中国以发展中大国身份参与海洋法秩序变革，是一个具有时代特征的身份选择，也是符合我国利益追求的身份选择。发展中国家与发达国家二元国家分类体系的建立是以国家经济发展水平作为衡量标准，有中国的经济学家认为中国是经济全球化的积极参与者与获益者，在新中国成立之后的 70 年里已经实现了对发达国家团体奇迹般的经济赶超。① 发展中国家在发展到一定程度之后毕业，是国际社会中普惠制的现实反映。② 中国自 1978 年以来，在社会经济发展各个方面都取得了长足的进步，是国际社会中国家进步最全面最彻底的发展中国家，这些发展成就深刻地改变了中国参与全球性问题国际法治理的方式与途径。③

中国的国家身份转变会影响到中国国际法实践的方方面面，其中最先受到影响的就是在世界的社群互动过程中中国的观察立场问

① 参见蔡舫：《中国经济发展的世界意义》，载《经济日报》2019 年 6 月 11 日第 1 版。
② 参见贺小勇：《"求同存异"：WTO 改革方案评析与中国对策建议》，载《上海对外经贸大学学报》，2019 年第 2 期，第 37 页。
③ 参见 Xue Hanqin, Chinese Contemporary Perspectives on International Law：History, Culture and International Law, Recueil Des Cours (Collected Courses of the Hague Academy of International Law), 2011, p. 219。

题，这也是政策定向法学派智识任务中的首要任务。① 在重述海洋法规则过程中，要借助发达法学派国家团体在参与海洋法规则制定中所体现的立法技术，推动解决 1982 年《联合国海洋法公约》没有完成的一些立法任务，例如法的物质制约性、体系性以及解释性问题。而发展中国家在第三次联合国海洋法会议中，所追求的公平理念、对弱势国家的特别关照以及国家主权平等原则，是我国推动发达国家团体与发展中国家团体相互理解与相互合作的重要内容，这也是政策定向法学派所认为需要由发展中国家肩负的国际法理论创新任务。中国国家身份转变是中国国际法理念向外输出的重要机遇，是克服中国国家身份转变中主观困难的重要方法，其中的代表性内容之一就是人类命运共同体建设。

第一节　理念与原则层面

中国国家身份转变过程中深入介入国际海洋法的持续造法过程不同于形式主义的模仿与话语文章的数量轰炸，应当首先重视思想与智慧的创新，国家想要更强大并为世界所信服，还需要个性化的思想创造。② 有西方学者认为：美国的国际法教学向学生含蓄地传达了一种"我们所实践的就是国际法"的信息，而中国的国际法教学在潜意识中给人的感觉是"国际法是其他国家所实践的"。③因此，在中国迈向发展中海洋大国的身份变动中，亟须提高对于本国海洋法实践的关注与表述。近年来中国所提出的人类命运共同体理念与"一带一路"倡议能够从理念与原则层面发展国际海洋法规则，进一步降低国际海洋法在发展过程中的欧洲意愿与欧洲文

---

① 参见 Harold D. Lasswell & Myres S. Mcdougal, Jurisprudence for a free Society: Studies in Law, Science, and Policy, New Haven Press, 1992, p. 21。

② 参见罗欢欣：《国家在国际造法进程中的角色与功能——以国际海洋法的形成与运作为例》，载《法学研究》2018 年第 4 期，第 63 页。

③ 参 见 Anthea Roberts, Is International Law International?, Oxford University Press, 2017, p. 161。

化基因，促进发展中国家在理念、原则方面的国际法创新。理念与原则是中国作为新兴发展中海洋大国在海洋法领域引领创新话语的重要内容，也是规范创新、决策创新的前提性要素。①

一、人类命运共同体与人类共同继承财产原则的结合

人类命运共同体与人类共同继承财产原则相结合，是现阶段从中国国情出发为国际社会提供中国方案与中国智慧的方法，是从理念与原则层面消除中国国家身份转变对海洋利益维护不利影响的重要手段。从全人类的角度思考当代国际法问题是一种趋势，包括和平共处五项原则在内的一系列国际法原则应该成为构建人类命运共同体的基本遵循。② 政策定向法学派提出的人类共同尊严认为，国际法的重要智识任务之一就是维护人类的共同尊严，提高人类社群的诉求平衡。③ 人类共同尊严要致力于在全世界范围内缩小人和人之间的差距，促进全人类社会的发展均衡。④ 人类共同继承财产原则是《联合国海洋法公约》的重要成果之一，从其法律属性来看，其主体是全人类，其客体是海洋法规则范围内的财产利益。⑤ 人类命运共同体建设是中国对于世界的重要理论贡献，其目的在于与各国同心协力建设持久和平、普遍安全、共同繁荣、开放包容、清洁美丽的世界，它与东西方传统文化、马克思主义的共同体思想具有

---

① 参见赵骏：《国际法的守正与创新》，载《中国社会科学》2021年第5期，第50页。

② 参见习近平：《论坚持推动构建人类命运共同体》，中央文献出版社2018年版，第416页。

③ 参见哈罗德·拉斯韦尔、迈尔斯·麦克道格尔著，王贵国译：《自由社会之法学理论：法律、科学和政策的研究》，法律出版社2013年版，第638页。

④ 参见 Reisman W. Michael, The New Haven School: A Brief Introduction, The Yale Journal of International Law, Vol. 32, 2007, p. 576。

⑤ 参见金永明：《人类共同继承财产法律性质研究》，载《社会科学》2005年第3期，第60页。

着密切联系，是一种国际法理念的创新。① 人类共同尊严、人类共同继承财产原则、人类命运共同体建设三者体现的是现代国际法正在逐步树立"以个人为本"和"以人类为本"的发展理念。②

人类命运共同体为人类共同继承财产原则提供了更大的思考空间。第三次联合国海洋法会议期间关于气候变化以及海洋环境保护的议题，并不是当时重点讨论的海洋法问题。但是随着时代的发展，这些内容和发展要求都成为如今海洋法律秩序变革新的权威内容，并被广泛包括在人类命运共同体之中。人类从海洋问题的治理之中，所要继承和发展的已经不仅仅是财产，而是一种全面合作与休戚与共的发展模式。发达国家与发展中国家之间并不存在着绝对的对立，而实际上存在着广泛的合作空间，人类共同继承财产原则写入《联合国海洋法公约》固然主要是由发展中国家推动的结果，但是发达国家团体的最终接受，也说明了人类共同继承财产原则在发达国家团体中也具有强大的生命力。

人类命运共同体，能够淡化我国国家身份转变的客观现象，推动发展中国家与发达国家的合作。人类命运共同体本身并不区分发展中国家与发达国家，但是人类共同继承财产原则的规则设计模式，则主要是由发达国家向发展中国家分享资源开发利益的制度模式。由于海底资源的开发，部分依靠类似矿种出口的发展中国家还会面临出口困难的经济境地，人类共同继承财产原则能否从原则层面向规则层面过渡还存在着一定的困难，具体的实施方法与规则设计还需要更加细化的研究。但是如果继续将眼光放在发展中国家与发达国家间的利益分配上，并不能体现出人类命运共同体的价值，反而可能会加剧发展中国家与发达国家之间的矛盾。因此促进人类命运共同建设与人类共同继承财产原则的相互结合，是一种解决发展中国家与发达国家间海洋问题争议的有效途径之一。麦克杜格尔

① 参见廖凡：《全球治理背景下人类命运共同体的阐释与构建》，载《中国法学》2018 年第 5 期，第 42 页。

② 参见曾令良：《现代国际法的人本化发展趋势》，载《中国社会科学》2007 年第 1 期，第 102 页。

认为：《联合国海洋法公约》虽然实现了巨大突破，但是仍然受到了国家身份分类、民族主义思想的制约，海洋法规则在发展中只有实现超越国家身份界限的交流与合作，才能为全人类的共同发展提供更多的推动力。①

人类共同继承财产原则对于国际法理论的继承与发展，并不能够满足现代社会发展的需要。人类共同继承财产原则的国际法变革意义在于摒弃了原有国际法理论中"先占先得"的理论基础，提供了和平合作开发的模式。这在 20 世纪 70 年代无疑是一项巨大的国际法创举，但是这种突破已经不能满足当代对于国际法规则的需要。人类命运共同体的着眼点并不仅仅在于国别平衡，还同时追求了代际公平与代内公平，这些内容都是对于人类共同继承财产原则的重要补充。有学者认为对现代国际法的研究，习惯国际法所要考察的国家实践，应当重点放在第三世界国家团体形成之后的国家实践，只有这样建立起来的习惯国际法才具有国际社会的现实意义，形成正确的国际秩序。② 这种观点实际上并不把第三世界国际法方法论作为一种对抗西方国际法理论的方法，以较为温和的态度建议在习惯国际法的考察中，重视第三世界国家的实践，客观上反映了第三世界国际法方法论形成之后的国家实践与之前相比存在着翻天覆地的变化。③ 中国的发展目标不应该仅仅定位为大西洋或者地中海文明的优等生，中国国家发展的历史使命是对过去两百年的国家转型进行收尾总结，催生新的世界体系观念。④

人类命运共同体融合多种国际法理论流派，也是站在时间节点

---

① 参见 Myres S. Mcdouga& William T. Burkel, The Public Order of The Oceans: A Contemporary International Law of The Sea, New Haven Press, 1987, Introduction。

② 参见 B. S. Chimni, Customary International Law: A Tihrd World Perspective, The American Journal of International Law, Vol. 112, 2018, p. 46。

③ 参见 B. S. Chimni, Customary International Law: A Tihrd World Perspective, The American Journal of International Law, Vol. 112, 2018, p. 46。

④ 参见许章润：《世界历史的中国时刻》，载《开放时代》2013 年第 3 期，第 10 页。

上新时代中国的国际法理论贡献。这也必然要求我国在思考国家身份变动对我国海洋权益的影响问题中，同时思考人类命运共同体建设在海洋法律秩序变革中应该扮演什么样的角色，能否获得国际社会的普遍承认。以海洋为纽带发展共同利益是全球化时代海上丝绸之路建设沿线各国的普遍诉求，其中既包括了发展中国家也包括了发达国家。① 中国的国家身份转变提供了一种从发达国家的角度重新审视和发展人类共同继承财产原则的机遇，国际社会逐步实现利益共同体、责任共同体和命运共同体，必须加强国际法律共同体的建设，促进人类迈向命运共同体。② 从海洋法规则的体系来看，最有希望找到的结合点就是人类共同继承财产原则。如何在人类命运共同体理念之下，进一步调整相应的海洋法体系，是我国在国家身份转变中需要思考的问题。③

二、"21世纪海上丝绸之路"建设与国际合作原则的结合

"21世纪海上丝绸之路"建设既根植于中国古代文明，也是国际法基本原则中国际合作原则的一种具体表现形式，它所体现出"和平合作、开放包容、互学互鉴、互利共赢"的丝路精神，进一步充实和发展了国际合作原则。④ "21世纪海上丝绸之路"建设提出的背景是中国日益扩大的海洋利益，不同于西方国家保护自身海外利益所采取的干涉别国内政的方式方法，中国所提出的"21世纪海上丝绸之路"更加符合国际合作原则，在彼此尊重主权与平

① 参见王涛：《"一带一路"视域下的法律全球化：属性、路径与趋势》，载《西北民族大学学报（哲学社会科学版）》2019年第4期，第119页。

② 参见肖永平：《论迈向人类命运共同体的国际法律共同体建设》，载《武汉大学学报（哲学社会科学版）》2019年第1期，第141页。

③ 参见邹克渊：《国际海洋法对构建人类命运共同体的意涵》，载《中国海洋大学学报（社会科学版）》2019年第3期，第14页。

④ 参见杨泽伟：《"一带一路"倡议与国际规则体系研究》，法律出版社2020年版，第28页。

等互利的基础上保护自身的海洋利益。

"21世纪海上丝绸之路"的产生与发展具有必然性，是中国立足于历史与当下，妥善处理自身身份转变问题的重要举措。作为全球贸易的最大受益者之一，海上通道的互联互通符合中国国家利益，有学者认为"21世纪海上丝绸之路"建设是中国健全自身商业价值追求的重要方式，它能够弥补《联合国海洋法公约》关于打击海盗内容的不足，通过打开大门（Turning doors）的形式保护自身的海洋利益，促进中国从经济大国向全球性领袖国家的身份转变。① 建立健全商业原则是资本主义国家为主的发达国家长期坚持的重要原则之一，健全的商业原则、降低贸易成本能够促进中国经济发展，进而进一步提高中国在国际组织中国家身份认定具体指标的提高。同时"21世纪海上丝绸之路"建设立足于中国文化，回顾郑和下西洋等展现中国和平发展的历史史实，促进中国与沿线国家间的国际合作，是倡导多边主义的重要举措。

"21世纪海上丝绸之路"建设与海洋自由原则相比具有异质性，是建立在国家主权平等基础之上的国际合作。以"21世纪海上丝绸之路"建设在太平洋岛国地区的实施为例，太平洋岛国长期受助于发达国家附加政治条件的援助措施，对于中国的海上丝绸之路建设也抱有陷入"债务陷阱"（debt trap）的疑虑，但事实证明在国家主权平等基础之上中国不谋求以霸权主义的方式发展与太平洋岛国之间的关系，是中国区别于其他发达国家的重要特征。② 海洋自由原则看似公平合理，实质上在国家间发展水平差异巨大的背景下，并不能使得国际社会中的弱势国家受到最大程度的利益倾

---

① 参见 Helen Tung, Turning Doors-Piracy, Technology and Maritime Security along the Maritime Silk Road, The Belt and Road Initiative：Law, Economics, and Politics, Published by Koninklijke Brill, 2018, pp. 454-465。

② 参见 Roland Rajah&Alexandre Dayant, Ocean of Debt? Belt and Road and Debt Diplomacy in the Pacific, available at：https：//www.lowyinstitute.org/sites/default/files/Rajah%2C%20Dayant%2C%20Pryke_Belt%20and%20Road%20and%20the%20debt%20diplomacy%20in%20the%20Pacific_WEB.pdf, last visited on April. 20, 2020。

斜。近年来，发展中国家参与海洋事务热情不高，长期缺席国际海底管理局等机构的会议；即使在缺乏调查研究的情况下走马观花式参会，也难以形成真正有利于发展中国家的海洋法规则，这使得发达国家在海洋自由原则的基础上肆意扩张自身的海洋利益。中国国家身份转变过程中，维护自身的海洋利益并不采取传统发达国家的路径，而是主张在"共商、共建、共享"原则基础之上推动"一带一路"倡议的发展，共商原则体现了国家主权平等的国际法基本原则，共建与共享原则体现了国际合作的国际法基本原则。

"21 世纪海上丝绸之路"建设具有融合性，以实现全球海洋治理从发达国家治理到"南北"共同治理的合作融合。"21 世纪海上丝绸之路"建设的沿线国家不仅仅包括发展中国家也包括英国、法国、意大利等传统的发达国家，中国在政治立场上与发展中国家的长期一致，在海洋利益中与发达国家的日趋一致，使得中国所提出的"21 世纪海上丝绸之路"建设成为了融合发展中国家与发达国家共同治理的新平台。倡导多元合作，不以意识形态、国家身份、文化传统作为合作障碍，是"21 世纪海上丝绸之路"建设从国家身份角度解决中国国家身份难题的重要方法，而发达国家、发展中国家向海而兴的发展历史，使得海洋法成为促进国际合作的重要场域。

第二节 法律规则层面

"海洋国家"一词，在 1982 年《联合国海洋法公约》诞生之前，是一个被西方社会对象化的词语，其范围主要被限制在殖民国家；在此之后，《联合国海洋法公约》重新规范了世界海洋秩序，"海洋国家"的对象才逐步扩展到新兴国家与发展中国家。[1] 发达国家身份与发展中国家身份，如果抛开政治性考量因素，实质上是对国家不同发展阶段的定义，中国成为现代化的社会主义国家，必

---

[1] 参见杨国桢：《重新认识西方的"海洋国家论"》，载《社会科学战线》2012 年第 2 期，第 230 页。

然要逐步以发达国家的身份参与全球海洋法律秩序的变革。生产力的进步导致生产关系的更新，国际体系的变迁也同样促进国际法规范的发展。①

　　发达国家在海洋法实践中的优势地位与其海洋国家的历史密不可分，在《联合国海洋法公约》通过后，两个"执行协定"对相关内容的细化与补充都是为了应对人类利用海洋过程中遇到的新的法律问题。从政策定向法学派对法律过程的分析来看，排除发达国家团体的国际海洋法实践是一种国际法上的"伪权力"，法律运行过程中对于规则的发展要保持同发达国家的互动与一致。

一、通过执行协定的方式发展国际海洋法规则

　　通过"执行协定"从规则层面对《联合国海洋法公约》进行不断地细化和补充，对于全球海洋事务管理的发展具有重要作用。② 相比较于《联合国海洋法公约》，执行协定中的内容更加重视对于发达国家海洋利益的协调，通过执行协定的对《联合国海洋法公约》进行适当发展，符合身份转变过程中中国的海洋利益。

　　第一，执行协定给予了发达国家团体"特殊否决权"，特殊否决权是指只有批准生效的国家包含一定数量的发达国家时，执行协定才会产生法律效力。例如在《关于执行 1982 年 12 月 10 日〈联合国海洋法公约〉第十一部分协定》（Agreement Relating to the Implementation of PartXI of the UN Convention on the Law of the Sea of 10 December 1982）第 4 条有关于协定生效的内容中，要求 40 个批准生效的国家中至少有 5 个发达国家，这项执行协定才能产生法律效力。③ 这种给予发达国家集体否决权的办法，能够有效克服发达国家团体内的孤立主义，实现最大范围的发展中国家与发

---

　　① 参见李杰豪：《体系转型与规范重建——国际法律秩序发展研究》，社会科学文献出版社 2019 年版，第 264 页。

　　② 参见杨泽伟、刘丹、王冠雄、张磊：《〈联合国海洋法公约〉与中国》，载《中国海洋大学学报（社会科学版）》2019 年第 5 期，第 1 页。

　　③ 参见联合国会议文件：A/RES/48/263。

达国家的相互合作，也是对第三次联合国海洋法会议中《议事规则》过于有利于发展中国家而作出的一种修正。根据有关学者的统计，虽然有 130 多个发展中国家是国际海底管理局的成员，但每年来参加开会的发展中国家只有不到 50 个，中国、印度、巴西、韩国等新兴经济体积极参与国际海底区域的开发，而其他的发展中国家则进一步被边缘化。① 这印证了政策定向法学派在法律分析过程要求确定真正参与者的意义，发展中国家能够真正参与国际海底资源开发的国家还十分有限。

第二，执行协定在适用顺序上优先或等同于《联合国海洋法公约》。《执行 1982 年 12 月 10 日〈联合国海洋法公约〉有关养护和管理跨界鱼类种群和高度洄游鱼类种群规定的协定》（Agreement for the Implementation of the Provisions of the UN Convention on the Law of the Sea of 10 December 1982, Relating to the Conservation and Management of Straddling Fish Stocks and Highly Migratory Fish Stocks）第 4 条的规定"本协定的任何规定均不应妨害《公约》所规定的国家权利、管辖权和义务。本协定应参照《公约》的内容并以符合《公约》的方式予以解释和适用"。但在其第 7 条又援引《联合国海洋法公约》第 61 条有关于专属经济区内关于生物资源养护的规定，认为"沿海国和在公海捕鱼的国家有义务进行合作，以便就这些种群达成互不抵触的措施"，将国家间关于部分鱼类种群养护的国际合作作为一种强制性义务，事实上增加了沿海国根据《联合国海洋法公约》所应当承担的国家义务。

而在《关于执行 1982 年 12 月 10 日〈联合国海洋法公约〉第十一部分协定》第 2 条《执行协定》与《联合国海洋法公约》第十一部分的关系中规定更为直接。该条第 1 款规定"本协定和第十一部分的规定应作为单一文书来解释和适用。本协定和第十一部分如有任何不一致的情况，应以本协定的规定为准"这就在事实上使得《执行协定》在适用顺序上优先于《联合国海洋法公约》

① 参见张磊：《论国家管辖范围以外区域海洋遗传资源的法律地位》，载《法商研究》2018 年第 3 期，第 177 页。

的一般规定，实质上修改了《联合国海洋法公约》第十一部分的内容。有学者认为，这种对《联合国海洋法公约》的修改是一种不诚实的行为，它在标题上显示是为了《公约》的执行，在实质内容上则构成了对于《公约》内容的修改，是条约法中一种奇怪的存在。①

第三，执行协定逐渐成为了一种国际海洋法发展的新路径。第66届联合国大会上，国际社会为确保国家管辖范围以外区域海洋生物多样性的养护和可持续利用的法律框架能有效处理国家管辖权以外生物基因资源的保护与可持续利用问题，继续查明差距、确定前进方向。包括执行现有文书和可能根据《联合国海洋法公约》拟订一项多边协定，发起了拟定第三份《联合国海洋法公约》执行协定的动议。②

与第三次联合国海洋法会议时期相比，执行协定的谈判过程中，发展中国家对于发达国家的让步更大，尤其是在议事规则的部分就显示出执行协定谈判过程中发达国家的优势地位。在2017年7月21日BBNJ谈判筹备委员会第4次会议上，已经开始采用协商一致的方式作为最主要的议事规则，将多数国家意见较为一致的非排他性问题与目前存在意见分歧的问题分为A/B两节，以供后续谈判中予以讨论。③协商一致方式本身是发达国家在第三次联合国海洋法会议中提出的表决方式，但被发展中国家团体所拒绝，目前关于执行协定的谈判又重新采用了协商一致的方式。

二、基于国家身份区分建立区域性海洋法规则

从《联合国海洋法公约》的实施过程来看，国家的海洋地理因素是国家身份之外另一影响主权国家规则利益需要的原因。我国与12个陆上邻国划定了陆地边界，但是与8个海上邻国均未能划

---

① 参见 R. R. Churchill & A. V. Lowe, Law of the Sea, 3rd ed, Manchester University Press, 1999, p. 20。

② 参见联合国大会决议：A/RES/66/231。

③ 参见联合国会议文件：A/AC. 287/2017/PC. 4/2。

定海上边界线。① 中国的发展中国家身份并没有为中国解决与周边国家的海洋争端问题提供很大的帮助，还存在着其他发达国家通过向中国周边国家或地区出口海上军事装备、协助周边国家谋求司法解决方法等严重侵害我国海洋权益的行为。看似是我国与发展中国家之间的海洋争端问题，一些争端的背后实质存在着发达国家的因素，这也说明在发展中国家团体的框架内已经不能从根本上解决我国与周边国家的海洋争端问题。周边国家中一些曾经被殖民的国家，在民族解放运动蓬勃发展 50 多年后，与其原宗主国之间的关系明显好转，这些都是第三次联合国海洋法会议期间难以预料的发展变化。我国的海上邻国中既有发展中国家也有发达国家，如何解决与周边国家的海洋争端，是我国参与海洋法律秩序变革亟待解决的问题之一。

（一）中国与周边发展中国家的区域性规则

中国发展中大国的身份定位，使得中国在与东盟国家的社群互动过程中，处于一种相对发达国家身份的地位；而中国在与日本、韩国的社群互动过程中，则从过去发展中国家与发达国家的社群互动模式逐渐过渡到发达国家间社群互动模式。不同社群互动模式下，建立起来的区域性海洋法规则也有自身的特点。

中国与东盟国家之间的社群互动过程属于中国同发展中国家间的社群互动过程，在国际海洋法的应用中目的是解决中国与东盟国家之间的南海问题争议。南海早期合作的主要规范性文件有 1976 年《东南亚友好合作条约》（Treaty of Amity and Cooperation in Southeast Asia）、1976 年《东盟协调一致宣言》（Declaration of ASEAN Concord）、1992 年《关于南海的东盟宣言》（Declaration on the South China Sea）、1995 年《东南亚无核武器区条约》（Southeast Asia Nuclear Weapons Free Zone）。1995 年美国通过"中菲美济礁"事件强迫中国与东盟就南海问题进行协商，并在《关于南海的东盟

---

① 参见杨泽伟：《中国与周边能源共同体的构建：法律基础与实现路径》，载《武大国际法评论》2017 年第 5 期，第 28 页。

宣言》第 4 条基础之上构建南海地区的行为准则。①《南海行为宣言》（Declaration on the Conduct of Parties in the South China Sea）是《南海行为准则》（Code of Conduct in the South China sea）的阶段性成果，计划于 2021 年完成《南海行为准则》的谈判。2019 年 5 月 18 日落实《南海行为宣言》第 17 次高官会在中国杭州举行，中国与东盟十国会议中对《南海行为准则》进行了磋商并交换意见。

　　中国与东盟国家间就《南海行为准则》所进行的谈判，是解决南海争议问题的重要国际法路径，周边的发展中国家近代历史上都有被西方国家殖民的历史，他们在面对一个正在逐步崛起的中国时，其谈判角色也类似于第三次联合国海洋法会议中的发展中国家。"普遍对抗原理"认为：对于与原有宗主国依赖性较强的国家，可以采用普遍对抗原理进行国际法治理，即以其宗主国的行为方式维护自身的海洋权益，因为这类被殖民国家比较熟悉这种过去具有"普遍性"的治理模式。这也说明，我国在国家身份变动中，以发达国家的方式加强在南海地区的军事存在，能够显著地影响南海相关国家对我国海洋权益的尊重。妥协、让步与经济拉拢，实际上并不是发展中国家与发达国家之间解决争端的主要模式，发达国家的国家实力是真正让发展中国家感到担忧的因素，这也验证了"以斗争求和平则和平存"的道理。因此，我国的国家身份变动在海洋法规则实践中，也必须学习发达国家海洋维权模式，在《联合国海洋法公约》允许的范围内充分调动国家实力维护自身的主权利益，学习与运用发达国家对发展中国家包括经济、政治、军事等多种控制手段，坚决反制某些积极反华的国家。对于对华友好的发展中国家，应当加强与友好国家之间在经济合作、政治互助、军事协作等领域的深度融合发展，不宜不加区分地与所有发展中国家展开海洋事务合作。

　　《南海行为准则》谈判过程中中国控制手段运用的底线与标准应当符合《维也纳条约法公约》第 52 条的规定，该条规定禁止以

---

　　① 参见王玫黎：《〈南海行为准则〉谈判主要争议问题研究》，载《国际论坛》2019 年第 5 期，第 102 页。

武力或武力威胁强迫他国接受内容条约。但在《维也纳条约法公约》谈判过程中对于"武力"是否包括经济与政治的压力是发展中国家与发达国家争议的问题之一，最终发达国家以拒绝签署《维也纳条约公约》作为谈判筹码，发展中国家最终也没有提议将政治与经济压力纳入武力威胁的范围内，通过政治与经济手段在谈判过程中对相关国家施加影响力，符合《维也纳条约法公约》的规定，但应当坚决避免南海问题的军事化。[①]

政策定向法学派对于解决中国与周边国家之间的海洋争端，也有一些启示性的内容。政策定向法学派认为，中国、印度等国都有自身国家治理模式与历史文化的特点，这在东亚、南亚地区是一个非常显著的现象，《联合国海洋法公约》没能解决东亚以及东南亚地区的海洋争端问题，说明解决这一地区的海洋争端需要一种具有区域特色的《联合国海洋法公约》"替代制度"，这也是政策定向法学派研究中所认为需要进行国际法创新的研究领域。[②] 实际上对于这一问题，欧盟已经成立了欧洲法院（European Court of Justice）以解决欧盟内部缔约国之间的海洋事务争端，有学者认为欧洲国家中现在主张在《联合国海洋法公约》争端解决机制框架下解决海洋争端的只有少数欧洲海洋法学者。[③]《联合国海洋法公约》作为一项缔约国众多的国际公约，原则上其修改应当得到全体缔约国的同意，但如果坚持这一原则对进行改动的难度极大，实践中的变通模式是在多个缔约国之间缔结彼此间协定（inter se agreement）。[④] 如果采用这一模式，那么与周边国家在《联合国海洋法公约》的框架下缔结彼此间协定，就成为了解决我国与周边国家间海洋争端

---

① 参见李浩培:《条约法概论》，法律出版社 2003 年版，第 233 页。

② 参见 Harold D. Lasswell & Myres S. Mcdougal, Jurisprudence for a Free Society: Studies in Law, Science, and Policy, New Haven Press, 1992, p. 38。

③ 参见 Sonja Boelaert-Suominen, The European Court of Justice and the Law of the Sea, International Journal of Marine and Coastal Law, Vol. 23, 2008, p. 714。

④ 参见丘宏达:《现代国际法》（第五版），台湾三民书局 1986 年版，第 169 页。

问题的国际法方法之一。

（二）中国与周边发达国家的区域性规则

韩国和日本在 20 世纪下半叶都先后通过自身的发展进入发达国家的团体之中，解决与韩国、日本之间的海上争议问题需要考虑地区的文化与传统，日本、韩国在发达国家团体中是一种特殊的存在。这是由于其并不是天然存在于西方国际法体系中的发达国家，而是国际社会评价体系对这些东亚地区国家发展水平认可后的结果。西方发达国家普遍存在文化自豪感，实际上中、日、韩三国也存在着文化自豪感，而国家经济发展所取得的巨大成功并不能掩盖韩国、日本在发达国家团体中的挫败感。有学者认为，在第二次世界大战之前日本效仿了德国的国家发展模式，最终以失败告终；在第二次世界大战之后效仿了美国的国家发展模式，最终被里根总统所确立的"军事打击苏联、经济打击日本"的战略所击败。① 第二次世界大战的遗留问题已经不再成为中国、日本、韩国之间的主要矛盾，日本主张关于第二次世界大战的遗留问题已经得到多个国际法文件的妥善处理，而中国与韩国关于劳工问题则主张向其目前存续的日本国内法人进行求偿，这进一步扫清了三国政府间合作的障碍。② 中、日、韩三国所形成的"东亚意识"，不仅仅是一种文明共同体，也是一种东亚命运共同体；"东亚意识"是欧洲中心主义之外第一个真正意义上的异质文明。③

这些相似的历史与文化因素，是国际法发展中重要的创新源泉。1993—1994 年，中国与日本签署了《中日环境保护合作协定》，中国与韩国签署了《中韩环境保护合作协定》，日本与韩国

①　参见刘江永：《战后日本政治思潮与中日关系》，人民出版社 2013 年版，第 342 页。

②　参见 Timothy Webster, The Price of Settlement: World War II Reparations in China Japan and Korea, Journal of International Law and Politics, Vol. 51, 2019, p.384。

③　参见许章润：《从"法政速成科"看中国近代法政转型与东亚命运共同体的文明论》，载《社会科学论坛》2016 年第 1 期，第 9 页。

签署了《韩日环境保护合作协定》；2010 年中国、日本、韩国共同签署的《2020 年中日韩合作展望》，将加强地区环境保护作为中日韩三国的共同愿景。中国与日本、韩国在达成海洋环境保护等低敏感领域的区域性规则所面临的阻力会小一些。在敏感度较高的渔业纠纷与海洋划界问题上，中国与日本在 1997 年签署了《中日渔业协定》，2000 年中国与韩国签署了《中韩渔业协定》，但是中国渔民在渔业协定签署之后还是多次遭到韩国与日本海警的暴力执法；2008 年中国与日本签署了《中日东海问题原则共识》，2014 年中国与韩国签署的《中华人民共和国与大韩民国联合声明》第 5 条提出重启中国与韩国海域划界谈判。中国与韩国、日本之间的海洋事务合作，随着中国发展水平的不断提高，合作的层次与内容都展现出向发达国家间合作的趋势。上世纪 90 年中国与韩国、日本之间有关于环境保护协定的签署，更多是韩国与日本两国提供资金与技术支持中国的海洋环境保护。但是近年来的发展，使得中、日、韩三国更加注重东亚区域内海洋事务的相互合作，2018 年 5 月 9 日中、日、韩三国发表的《第七次中日韩领导人会议联合宣言》提出加强对于外来入侵物种的管理与海洋资源的可持续利用，加强对于北极事务以及海洋科学研究中的相互合作。2019 年 8 月 21 日中、日、韩三国共同签署了《"中日韩+X"合作概念文件》在其第 1 条内容中规定"中日韩+X"合作概念的重要目标就是解决亚洲地区发展中国家众多、地区发展不平衡的突出问题。①

如果说 20 世纪 70 年代第三次联合国海洋法会议，是由发展中国家为国际海洋法的发展提供了创新发展的思路；那么如何利用好东亚地区的历史、文化、地理地情、法律传统为中国解决与周边国家之间的海洋争议问题提供新启发，这也正是政策定向法学派所寄希望于"袖珍国家"所肩负的国际法任务。此种情形下的"袖珍国家"（就是非传统欧洲发达国家）能够产生一种与自身文化、历史相适应

---

① 参见中华人民共和国外交部网站："中日韩+X 合作概念文件"，访问地址：https：//www.fmprc.gov.cn/web/gjhdq_676201/gj_676203/yz_676205/1206_676836/1207_676848/t1690619.shtml，访问时间 2019 年 10 月 1 日。

的争端解决方法，这可以归类到五大智识任务中最后一项的替代性方案中。虽然目前这一争端解决方法尚不明显，但是比较明显的现象是中、日、韩三国都没有采用现行海洋法规则中的强制性争端解决机制。这是这种亚洲文化与欧洲文化的异质性，使得从争端解决机制来看，东亚国家普遍选择了"和平搁置争端"（peaceful non-settlement）。①

中国周边国家的国家身份差异巨大、发展水平不一，中国如果忽视这些差异性实施平等的对外海洋政策，就会自然地促使中国的海上邻国间相互结盟，对华友好国家会面临巨大的国内舆论压力。促进《联合国海洋法公约》的区域性发展已经被欧盟国家证明是一种可行的路径，欧盟在其实践中一方面推动其国际社会海洋事务中外部的一致性，另一方面将欧盟国家间的海洋事务争端在欧盟的框架下予以解决。国际法中全球治理的困难在于主权国家难以放弃其主权权利以服从于全球治理，但是强调区域内的地缘利益（geopolitical interests）是这一问题的出口之一。② 如果在发展中国家阶段，中国解决与邻国间海洋争端的主要方式是搁置争议；那么中国在发达国家阶段，就应当与周边国家一同建立"区域海洋利益共同体"思维。

三、附条件、附期限承认发达国家身份

附条件与附期限是现代法学领域较为成熟的一种立法技术，其具体的条件与期限可以分为法定与意定，国际法中现存的最不发达国家毕业制度就是运用了这种立法技术，将主权国家国家身份的转变以法定的形式确定下来。现阶段中国向发达国家身份转变的最大困难，是发展中国家身份毕业制度在政治上不可行，技术上无法操作。③ 国家身份的模糊性是制约我国参与国际谈判的主要原因，我

---

① 参见黄瑶：《论人类命运共同体构建中的和平搁置争端》，载《中国社会科学》2019 年第 2 期，第 132 页。

② 参见 Robert L. Kuttner, Development, Globalization and Law, Michigan Journal of International Law, Vol. 26, 2004, p. 35.

③ 参见张向晨大使发言："发展中成员特殊和差别待遇原则不容否定"，访问地址：http：//wto. mofcom. gov. cn/article/xwfb/201903/20190302839142. shtm，访问时间：2020 年 1 月 10 日。

国现阶段发展的尴尬之处在于无论是加入发展中国家集团还是加入发达国家集团，都无法反映我国的自身特色。①

正是发展中国家与发达国家之间缺乏国家身份转变的桥梁与纽带，造成了发展中国家与发达国家的长期隔阂。2019 年 10 月 25 日韩国在国际社会缺乏具体发展中国家毕业制度的情况下，主动承认了自身的发达国家身份。中国应当在国际社会现有的最不发达国家毕业制度基础上，参与设计符合自身利益的发展中国家毕业制度，其必要性主要有以下三点：

第一，发展中国家毕业制度问题正在成为中国国家实力不断提升之后，中国与美国之间博弈的重要国际法问题。美国在世界贸易组织中建立发展中国家毕业制度的提案遭到否决之后，转而通过寄希望于通过美国国内法律文件《关于改革世贸组织中发展中国家地位的总统备忘录》，争取对于国家身份转变这一国际法问题的主动权。笔者通过对于二者的比较发现，相比较于美国 2019 年 1 月 15 日美国向世界贸易组织提交的文件《一个无差别的世贸组织：自我认定的发展地位威胁体制的相关性》②，《关于改革世贸组织中发展中国家地位的总统备忘录》对国家身份转变问题进行了更为深入的法律包装。抛弃了关于产业政策、科技水平、超级计算机规模、企业规模、太空空间与军事等难以量化，或者与国际法现行体系难以衔接的内容；转而以世界银行的高收入国家标准、市场经济国家、G20 成员国、国际贸易总额占比超过 0.5% 四项具体标准，与现行国际法体系进行衔接。这说明发展中国家毕业制度已经成为了美国进一步遏制中国崛起的手段之一，中国亟须对这一问题进行预研。

---

① 参见陈贻健：《国际气候法律新秩序构建中的公平性问题研究》，北京大学出版社 2017 年版，第 223 页。

② 参见 World Trade Organization：An Undifferentiated WTO：Self-Declared Development Status Risks Institutional Irrelevance，available at：https：//docs. wto. org/dol2fe/Pages/FE_Search/FE_S_S009-DP. aspx? language = E&CatalogueIdList = 251556&CurrentCatalogueIdIndex = 0&FullTextHash = 371857150 &HasEnglishRecord = True&HasFrenchRecord = True&HasSpanishRecord = True，last visited on January. 3, 2020。

　　第二，发展中国家毕业制度有助于中国实现"两个一百年"的发展规划。"两个一百年"发展目标，最早产生于 1987 年的中国共产党第十三次全国代表大会，它的内涵是：在中国共产党成立一百周年时，全面建成小康社会；在新中国成立一百周年时，建成富强民主和谐的现代化国家，达到中等发达国家的发展水平。① 我国未来以发达国家身份参与海洋法律秩序变革是国家发展规划的一种必然结果，发达国家身份定位符合"两个一百年"的发展目标。新中国成立之后，不同时期的国家领导人审时度势地对海洋事业提出了不同的战略发展目标：毛泽东提出"加强防卫，巩固海防"的战略部署，邓小平紧扣和平与发展的时代主题提出"加快经济建设与沿海地区开放"的经济发展要求，习近平准确把握百年未有之大变局的世界发展趋势，开启了"依海强国、以海富国、人海和谐"的新征程。② 发达国家身份定位密切联系了党为国家设计的发展路径与发展目标，通过提高我国参与全球治理的能力推动国际秩序朝着更加公正合理的方向发展，为实现"两个一百年"的奋斗目标创造更加有利的外部条件，"两个一百年"的奋斗目标就是实现中华民族伟大复兴的中国梦。③ 在"两个一百年"的发展规划中，海洋强国建设扮演举足轻重的角色，中国要实现达到中等发达国家发展水平的目标必不可少的过程之一是逐渐适应以发达国家身份参与到全球的海洋秩序变革之中。

　　第三，发展中国家毕业制度能够解决中国现阶段的身份困难问题，是现阶段国家身份政治化困境的法律出口。中国一直是联合国安理会常任理事国中唯一的发展中国家，在国际话语权的表达中与发展中国家保持一致，是我国长期秉持的外交理念之一，这种严重依赖发展中国家支持的国际话语权表达是多种原因造成的。中国的

---

　　① 参见王从标：《关于"两个一百年"奋斗目标》，载《党的文献》2017 年第 5 期，第 5 页。

　　② 参见贾宇、张小奕：《毛泽东、邓小平和习近平的海洋战略思想初探》，载《边界与海洋研究》2018 年第 3 期，第 16 页。

　　③ 参见习近平：《论坚持推动构建人类命运共同体》，中央文献出版社2018 年版，第 383 页。

国际法实践改变了国际法为殖民主义服务的工具性作用，触动了帝国主义在国际关系中的利益，中国一直致力于建设平等、公正的国际秩序。① 中国以发达国家身份参与国际治理的经验不足，是影响中国正确认识自身国家身份变动的重要因素。中国缺乏以发达国家身份参与国际治理的原因是中国与发达国家团体之间的互信程度较低。这种互信不足主要体现在两个方面，一是发达国家团体在要求中国以发达国家身份参与国际治理时，总是遵循着义务先行的理念，企图增加中国所应当承担的国际义务，造成中国对发达国家身份缺乏兴趣与信任。二是发达国家团体内部居于领导地位的是西方国家集团，这一集团的形成主导了第二次世界大战之后不同主权国家对自身国家身份的自我认知，中国在当时并不具备西方国家身份的历史传统、战略考量与国家实力。一个公平合理的发展中国家毕业制度，是打破殖民国家与被殖民国家之间天然隔阂的重要方法。

发展中国家毕业制度设计中的条件与期限是提高国家身份转变制度技术上可行性的重要方法。相比较于发展中国家毕业制度的美国方案，最不发达国家毕业制度是联合国主导下形成的国家身份转变制度，这一制度更为合理，也具有客观上的可行性。其具体条件包括经济发展水平、政府治理能力、社会发展与环境的和谐、国家财政情况等五项内容，与国际社会目前较为主流的人类发展指数分类法、世界银行分类法等国家身份分类方法密切相关。其具体期限设计了最不发达国家毕业的过渡期制度，设计了每三年进行一次评估的过渡期，以确保最不发达国家能够切实获得国际社会的充分帮助。条件与期限的规则设计也有充分的理论支撑，反映了法学家对特定现象的法技术化努力，其着眼点是法律关系中的待定状态源自法律规定，而非当事人之间的意思自治。②

---

① 参见 Xue Hanqin, Chinese Contemporary Perspectives on International Law: History, Culture and International Law, Recueil Des Cours (Collected Courses of the Hague Academy of International Law), 2011, p. 219。

② 参见冯洁语：《论法定条件的教义学构造》，载《华东政法大学学报》2018 年第 5 期，第 108 页。

2022 年 12 月 24 日美国拜登总统签署的《2023 年国防授权法案》明确就中国的发展中国家身份问题进行评论，其主要论点有二：一是中国已经实现工业化进程，应当被剥夺发展中国家身份，二是美国将在未来的一段时间内谋求在所有国际组织中取消中国作为发展中国家享有的特殊利益。关于中国的国家身份之争，会随着中国国家实力的不断提升而日益凸显，附条件、附期限承认中国的发达国家地位是对于自身发展阶段的主动认定，如不对上述问题进行深入研究，而坐以待毙地接受发达国家身份的被动认定，美国等西方国家势必会增加其在"法律续造"中的主观能动力，造成中国在上述议题中的被动局面。

第三节　法律过程层面

在一个特定的社群中进行辨别身份定位时，最重要的一个步骤是找到社会过程的真正参与者，进而确定世界社群中的共同期望。① 每一次国际法体系的重铸，客观上都是对"文明与野蛮"国家，"先进与落后"国家，"成功和失败"国家的再定义。② 因此，国家身份变动与国际法规则发展之间存在着密切的关系，传统发展中国家与发达国家身份分类方法的弊端在于过于强调国家身份的政治性，而忽视了国家本身对于海洋利益的目的与诉求。因此中国在国家身份转变的过程中，要逐渐淡化发展中国家身份特征，坚持目的导向作为海洋法规则变动的主要驱动力，提高立法过程中的有效参与，在国家实践中向发达国家看齐。

一、提高立法过程中的有效参与

确定国际海洋法规则创设过程中不同主体间的立场与目的问题

---

① 参见哈罗德·拉斯韦尔、迈尔斯·麦克道格尔著，王贵国译：《自由社会之法学理论：法律、科学和政策的研究》，法律出版社 2013 年版，第 306 页。

② 参见陈晓航：《等待"野蛮人"：国家理论、帝国秩序和国际法史》，载《北大国际法与比较法评论》第 15 卷，法律出版社 2018 年版，第 3 页。

分为三个步骤，一是主体的构成及其团体，二是各个团体内部的目的确定，三是不同团体之间目的内容的争议问题。对这一问题的分析结构是按照政策定向法学派中国际法权威确定的三个过程，结合海洋法律秩序变革的内容予以确定。他们之间的对应关系是：主体及其构成——确立观察立场，各个团体内部的目的确定——世界的社会过程，不同团体之间目的内容的争议问题——明确设立基本公共秩序目标。① 有学者认为现代国际社会中的由西方国家向新兴国家的权力转移已经成为了当代国际法发展最重要的一种新趋势，但是以中国为代表的新兴国家如果想在国际法规则更多地体现他们的意志，需要解决的问题之一就是主导力量转化的合法性问题（Transcivilizational Legitimacy），新兴国家解决这一国际法问题并不彻底，只有加强对于法律过程的参与才能够为主导力量的转化提供法律依据。②

（一）主体的构成及其团体

主体的构成及其团体问题，是各个主权国家确立观察立场的结果。各个主权国家必然从其政治、经济、地理地形等方面选择自身的观察立场，进而形成各个团体。

主体的构成与团体问题，是目的确定过程的第一步。传统国家身份分类方法与新的国家身份分类方法相比，可能传统国家身份的分类方法会更加有效。这是因为从新的国家身份的分类方法——人类发展指数来看，相同人类发展指数的国家，在海洋领域的利益诉求可能会产生较大的差异，甚至可能存在沿海国与内陆国之间人类发展指数相同的情况。传统的国家身份分类方法，即发展中国家与发达国家的分类方法，融合了地理上的临近效应，亚洲国家、非洲

---

① 参见哈罗德·拉斯韦尔、迈尔斯·麦克道格尔著，王贵国译：《自由社会之法学理论：法律、科学和政策的研究》，法律出版社 2013 年版，第151~161 页。

② 参见 Onuma Yasuaki, International Law in a Transcivilizational World, Harvard International Law Journal, Vol. 59, 2018, p. 441。

国家和拉美国家，可能会因为地理上的临近而产生较为一致的利益诉求和观察视角。但是这种观察视角一般会局限在海洋法问题中的主权性权利问题上；对于国家管辖权以外的区域，地理上的临近并不一定会带来对这部分海洋法议题观点上的统一。另外一个现象就是国际组织参与到海洋法问题的讨论频率增多，参与修订的国际组织的性质可能是政府间组织，也可能是非政府组织，这是与第三次联合国海洋法会议在参与主体上不太一致的情况之一。① 第三次联合国海洋法会议以来，欧盟就逐渐开始介入国际海洋事务，并逐渐成为国际海洋事务的主要参与者，1998 年欧盟加入《联合国海洋法公约》，成为迄今为止唯一一个国际组织缔约方。② 影响全球海洋法律秩序变革修订主体的团体形成的因素包括了国家身份、地理临近、国际组织的重新整合等因素。

从观察立场上来看，国际组织内部本身存在着不同主权国家间利益的协调，在海洋法律秩序变革中的立场趋于中立，这也将推动新的海洋法律秩序变革更多地反映国际法的价值追求，降低国际政治对国际法规则形成的干扰。

（二）团体内部协调模式的改变

不同国家团体内部的目标确定是一个相对复杂的问题，这是因为发展中国家团体与发达国家团体的内部目标确定模式并不统一。

发展中国家团体内部的社会过程发生了一些改变，随着非殖民化运动已经进行了 50 余年，发展中国家感同身受的被殖民经历，能够为发展中国家团体提供多少团结的向心力是一个疑问。此外，团体形成过程中政治性因素可能会相对降低，各国根据不同的需要从本国的利益出发，会产生不同的国家团体。发展中国家的内陆国在内部团结的问题上根本利益并没有发生很大的变化，但是发展中

---

① 参见刘惠荣：《主权要素在 BBNJ 环境影响评价制度中的作用》，载《太平洋学报》2017 年第 10 期，第 8 页。

② 参见刘衡：《欧洲联盟的〈联合国海洋法公约〉观——基于早期实践初探》，载《国际法研究》2017 年第 6 期，第 84 页。

国家团体中的小岛屿国家与部分沿海国家，从联合国的投票格局来看已经明显不再和发展中国家保持一致，发展中国家团体在不同议题上的团结程度也不太相同。① 传统发展中国家团体中一些发展较快的经济体已经被列入新兴经济体之中，但是部分发展中国家虽然经过了非殖民化运动 50 多年的国家发展，却依然面临着贫穷、饥饿、战争等因素的威胁，部分发展中国家还需要大量进口发达国家的武器装备以维持国内政权的稳定。注重国家团体内部的权威统一已经不能够适应发展中国家权威确定的过程，只有进一步地提炼、总结第三次联合国海洋法会议中发展中国家参与的经验与教训，才能够提高发展中国家团体内部的凝聚力，提升全人类的福祉。

发达国家团体也面临着同样的问题，其分化的趋势更为明显。欧盟的建立使得欧盟已经成为联合国中一支相对独立的政治力量，在海洋法相关议题中，欧盟更倾向于将自身作为单独提出方案的一方参与国际海洋法规则的修订。② 苏联及其控制的东欧国家团体是第三次联合国海洋法会议中最追求海洋军事化使用的国家，随着苏联解体以及部分东欧国家发生颜色革命，现在的俄罗斯在海洋军事化利用问题上已经缺少与美国相互抗衡的国家力量。而美国在其本国的海洋法实践中矮化了（dwarfed）所有其他国家，包括发展中国家与发达国家，这种立场进一步加大了美国在国际海洋事务中被其他发达国家所孤立的局面。③ 但是发达国家团体中比较统一的一面是都十分重视对于海洋的科学研究，将社会科学与自然科学相互结合进一步促进人类了解和认知海洋。发达国家团体在海洋法议题中所建议提出的新的公共秩序目标，大部分是建立在其科学研究的

---

① 参见毛瑞鹏：《联合国大会中的投票格局和发展中国家集团》，载《当代世界社会主义问题》2017 年第 2 期，第 126 页。

② 参见扈大威：《走向"有效的多变主义"——试析欧盟与联合国的伙伴关系》，载《国际问题研究》2005 年第 5 期，第 43 页。

③ 参见 Myres S. Mcdouga & William T. Burkel, The Public Order of The Oceans：A Contemporary International Law of The Sea, New Haven Press, 1987, Introduction。

成果之上，说服力得到了很大提升。

除了发达国家团体与发展中国家团体之外，实际上美国自建国开始所长期奉行的美国例外主义（American exceptionalism）一直影响了美国人对于美国国家特性与世界角色的理解，是美国民族主义意识形态的核心。① 美国例外主义与美国海洋霸权的深度结合，使得美国的国家身份在国际海洋法律秩序变革中显得独树一帜，美国例外主义的身份阐释是与美国不断获得胜利的历史相互绑定的。有趣的是，自美国建国以来最大的信心危机正是在 1970 年—1980 年第三次联合国海洋法会议期间，越战失败使得美国民众产生了对美国例外主义的怀疑，这也使得美国在第三次联合国海洋法会议期间展现出对发展中国家主要诉求的让步与妥协。由此可见，美国例外主义与美国参与多边海洋事务合作之间存在着此消彼长的关系，也反映出美国国家身份的特殊性。

这些国家团体内部的新发展也是与第三次联合国海洋法会议中不太一致的变化，而这些变化都可能会对团体内部的协调问题造成影响，海洋法律秩序变革中的修订主体会面临新的排列组合。

（三）法律目的导向难易划分

法律目的导向，要根据固有不同团体间的争议问题确定争议内容所对应的法律问题，将利益诉求转化为法律诉求，并从内容上对其进行划分。根据法律诉求的不同，不同国家团体间达成一致的难度也不尽相同，明确法律模糊部分的内容难度最大，寻求有权司法解释的难度居中，填补法律空白的难度最小。

明确法律模糊部分的内容，会涉及对过去主权国家违反《联合国海洋法公约》行为的评价，这个问题也与发达国家借助自身国家力量独立进行海洋法实践的行为有关，会成为不同团体间争议较大的一部分内容。实然法的模糊形态有利于国家力量较强的发达

---

① 参见王立新：《重申例外主义：里根对美国国家身份的塑造及其影响》，载《清华大学学报（哲学社会科学版）》2022 年第 6 期，第 32 页。

国家进行相关的海洋法实践，扩张自身的海洋权利。在发达国家聚集的欧洲地区，海洋空间的层次化治理成功地解决了一部分发达国家间的海洋争议问题。实然法的模糊状态还会面临非缔约国美国的强力支持，如果将实然法进一步具体化、明确化，美国加入新的《联合国海洋法公约》的可能性更加微乎其微。明确法律模糊部分的内容是修订主体间权威争议问题中解决难度最大的一部分内容。

填补法律空白，主要是为了解决人类目前发展阶段所产生的一些全球性的海洋法问题。这部分内容大部分都属于原来公海自由原则调整的范围，需要从全球治理的角度促进解决这些事关人类可持续发展的重大议题，这种命运"共同性"与"共进性"会降低国家身份不同所造成的国家团体间的对立。这一议题的前沿性决定了发展水平较高的发达国家会引领这部分公共秩序目标的确定过程，发展中国家所要承担的义务不应当超过其国家发展水平，这部分修订主体间的权威争议问题解决的难度最小。

寻求有权法律解释，则是对《联合国海洋法公约》条文内容的一种补充。理论上《联合国海洋法公约》规定有权作出司法裁决的机构都可以进行法律解释，但这一问题的权威确定既存在着程序上的设计问题，也存在着条文的解释方向和解释方法的问题。《联合国海洋法公约》争端解决机制被认为是具有划时代意义的一项创举，发展中国家也寄希望于通过司法程序的建立进一步约束发达国家的海洋实践，约束其通过力量要素扩张其海洋权利。① 但如果不规范国际司法机构的法律解释行为，会使得主权国家的海洋权利处于一种难以预测的状态。从成文法与判例法的法律传统比较来看，作为一部成文法的《联合国海洋法公约》会赋予法官进行法律解释的权力，在缺乏审级与审判监督的情况下，会使得法官的主观能动性进一步扩大；如果坚持英美法系判例法中的"同案同判"原则，如何评价已经形成的有关于海洋争端解决的先例判决就是一

① 参见 Jonathan I. Charney, The Implications of Expanding International Dispute Settlement Systems: The 1982 Convention on the Law of the Sea, The American Journal of International Law, Vol. 90, 1996, p. 74。

个必须要回答的问题。寻求有权法律解释这一公共秩序目标，是全球海洋法律秩序变革中亟待改革的一项的内容，其解决难度较为居中。

政策定向法学派认为，身份的产生反映了法律主体集体主义的思维与站位，与此相对应的是个人主义则更加重视契约的内容。①国际海洋法规则发展过程中，发展中国家身份的优势在于将国家数量的优势转化为表决机制的优势，但从有效参与和有限社群的观点来看，只有发现立法过程中的实质性参与者，才能够进一步提高立法的参与程度。随着中国海洋治理水平和国际法运用能力的提高，中国在国际海洋法规则创设中要转变思维，实现从"选择题"思维，即支持发展中国家或者发达国家方案；向"填空题"思维转变，通过有限社群与有效参与加强大国间的意志协调，独立提出符合中国国家利益的海洋法方案。中国角色和地位的日益凸显，意味着中国在国际海洋秩序变革中将逐渐由"跟跑者"向"领跑者"转变。②

二、寻求法律运行中的有权解释

法律解释可以使不太明确的含义得以明确，其背后具有着隐含的权力（implied power）。③法律解释可以分为有权解释和无权解释，《联合国海洋法公约》既没有规定成立正式的机构对《公约》的有关条款作出权威的解释，也没有设立组织机关对缔约国履行《公约》的义务进行审查和监督。④国际法上的有权解释与无权解释，跟国内法中的有权解释与无权解释并不完全相同，国际法上的

①　参见 Harold D. Lasswell & Myres S. Mcdougal, Jurisprudence for a free Society: Studies in Law, Science, and Policy, New Haven Press, 1992, p.778。

②　参见杨泽伟：《中国与〈联合国海洋法公约〉40 年：历程、影响与未来展望》，载《当代法学》2022 年第 4 期，第 39 页。

③　参见梁西著、杨泽伟修订：《梁西国际组织法（第七版）》，武汉大学出版社 2022 年版，第 87 页。

④　参见杨泽伟：《论 21 世纪海上丝绸之路建设与国际海洋法法律秩序的变革》，载《东方法学》2016 年第 5 期，第 51 页。

解释主体即使有权进行解释，其作出的解释也不一定是有拘束力的。①《联合国海洋法公约》的法律解释问题是国际海洋法中牵一发动全身的敏感问题，它是谈判各国能够达到脆弱共识（weak compromise）的基础，也是《联合国海洋法公约》能够成为"一揽子协议"（package deal）所做的必要牺牲。②

《联合国海洋法公约》应当依据条约法的习惯确定法律解释的主体和权力，寻求有权法律解释，排斥单方解释和无权解释，这是《联合国海洋法公约》需要进行变革的一个重要原因。在一般法律体系中，法律解释的体制有两种：一是谁制定谁解释的一体化解释体制，二是制定和解释分离的体制，法律解释权的配置在法律解释中处于最重要的地位。③ 在国际法体系中有权解释是指一个条约的全体缔约国对该条约的解释，如果该条约是双边的，应该由缔约双方对它进行解释；如果是多边的，应是该多边条约的全体缔约国（毫无例外地）对它作出解释。④ 海洋法法律秩序变革面临的问题之一，就是如何设立和确定有权解释的机关。

（一）定期召开缔约国大会

倡议召开《公约》审议会议，是一种符合国际条约法中有权解释的途径。⑤ 它属于国际条约法中第一种有权解释的方法，这种解释方法类似于立法解释，其效力和参与程度是毋庸置疑的，但是存在一定的困难。第一，召开审议《公约》会议，要重新确定关

---

① 参见饶戈平：《国际组织与国际法实施机制的发展》，北京大学出版社 2013 年版，第 144 页。

② 参见 Donald R. Rothwell, Alex G. Oude Elferink, Karen N. Scott, and Tim Stephens（ed.），The Oxford Handbook of the Law of the Sea, Oxford University Press，2015，p. 26。

③ 参见魏胜强：《法律解释权的配置研究》，北京大学出版社 2013 年版，序言。

④ 参见李浩培：《条约法概论》，法律出版社 2003 年版，第 347 页。

⑤ 参见杨泽伟：《论 21 世纪海上丝绸之路建设与国际海洋法法律秩序的变革》，载《东方法学》2016 年第 5 期，第 51~52 页。

于法律解释通过的议事规则，这种前提性议题达成一致的难度不亚于第三次联合国海洋法会议中前两期会议解决问题的难度。第二，《公约》的进一步解释一定会触及部分主权国家的核心利益，可能会造成主权国家争相退出《公约》的现象。第三，如何确定《公约》的非缔约国是否参与到审议会议，也是一个可能存在的国际法问题。

正是受制于这些困难，《联合国海洋法公约》在它的实践中缺乏一个常态性的协商机制，也没有一个强有力的专门性组织负责审议和管理海洋法法律解释的问题，而只能大量地依赖争端解决程序与谈判。国际海洋法审议机构的长期缺失，正是《联合国海洋法公约》在实践中争端不断加剧的重要原因。如果想要作出一个符合国际条约法的有权法律解释，召开缔约国大会专门设立一个海洋法解释与审议机关是一个有效途径。

（二）国际法院

国际法院的咨询管辖权与诉讼管辖权，是国际法院依据《联合国宪章》所拥有的权力，它所作出的法律解释也是一种有权解释。其中咨询管辖权的法律依据来源于《国际法院规约》第 65 条和《联合国宪章》第 96 条。国际法院的咨询管辖权在推动国际法发展和解决国际争端方面发挥着积极的作用，但是有权提出咨询的机构依然限定在联合国安理会和联合国大会等 20 多个国际机构的范围以内，如何扩大国际法院的咨询管辖权已经成为重要的国际法议题之一。①

根据《国际法院规约》第 65 条第 1 款的规定，国际法院对于任何法律问题如经任何团体由《联合国宪章》授权而请求，或者依照《联合国宪章》而请求时，得以发表咨询意见。可以推断，这些规定中所指称的"任何法律问题"自然包括条约解释的问题。因此，国际法院在审理咨询案件时也获得了条约解释的权能，它在

---

①　参见曾令良：《国际法院的咨询管辖权与现代国际法的发展》，载《法学评论》1998 年第 1 期，第 1~10 页。

咨询活动中对条约所作出的解释是一种有权解释。① 但是国际法院在裁决海洋法问题争端时，面临的困难之一就是对于海洋法规则的解释缺乏一种明确的指引，这样国际法院在对海洋法问题裁决时将进入到一种危险的状态，不得不进行一种补充解释，而这种方法是缺乏法理支持的。② 在 2009 年的"黑海划界案"中，国际法院总结之前国际司法裁决中所确立的海洋划界方法，创造了"公平原则"下的"海洋划界方法论"，"公平原则"的演变突出反映了国际司法机构的造法成果转化为国际习惯法规则时的反复性与不确定性。③ 这是因为在国际法院的条约解释实践中，并没有明确以哪种法律解释方法作为最优，国际法院条约解释的实践证明依赖一种有损其他考虑因素的条约解释办法，是不符合国际法院条约解释方法的。④ 也有学者认为国际法院的解释方法主要采用的是目的解释的解释方法。⑤ 因此，《联合国海洋法公约》如果需要寻求国际法院的有权解释，需要增加前言和宣誓性条款，并针对《联合国海洋法公约》的条约解释问题设立专门的条款予以规范。

（三）国际司法机构有权解释的效力否定

解释主体有权作出法律解释，并不当然代表其作出的解释具有法律效力。《联合国海洋法公约》第 281 条第 1 款规定："作为有关本公约的解释或适用的争端各方的缔约各国，如已协议用自行选

① 参见万鄂湘、石磊、杨成铭、邓洪武：《国际条约法》，武汉大学出版社 1998 年版，第 244 页。

② 参见 Chan Kai-chieh, The ICJ's Judgement in Somalia v. Kenya and Its Implications for the Law of the Sea, Utrecht Journal of International and European Law, Vol. 34, 2018, p. 204。

③ 参见张华：《反思国际法上的"司法造法"问题》，载《当代法学》2019 年第 2 期，第 146 页。

④ 参见安托尼·奥斯特著，江国青译：《现代条约法与实践》，中国人民大学出版社 2005 年版，第 180 页。

⑤ 参见宋杰：《国际法院司法实践中的解释问题研究》，武汉大学出版社 2008 年版，第 25 页。

择的和平方法来谋求争端解决，则只有在诉诸这种方法仍未得到解决以及争端各方间的协议并不排除任何其他程序的情形下，才适用本部分所规定的程序。"① 有国际法学者认为，这实际上是公约赋予了缔约国在争端解决方式中自行对相关条款进行解释的权利，反映了《公约》第 280 条广泛赋予缔约国所选方法的优先性。② 对于缔约国自行解释又一赞同理由是，承认缔约国有权解释《公约》第 281 条对第 15 部分争端解决程序有效性所造成的威胁，相比较于一方或者多方突然中断谈判，这种威胁要小得多。③ 因此《联合国海洋法公约》在争端解决程序的设计上赋予了主权国家自行解释的权力，这种自行解释的理解得到了国际海洋法法庭和国际法院部分裁决的支持。④

国际司法机构通过判决有权作出法律解释符合国际条约法的规定。但是其"有权解释"的判定标准是显著高于国内法的。国际司法机构有权作出法律解释，不代表其解释能够产生法律拘束力，在界定"条约有权解释"的概念时，应当将解释主体是否有权与解释是否产生拘束力相分离，《联合国海洋法公约》第 287 条第 1 款授予了多主体国际司法机构对《公约》进行解释的权力。⑤

有权解释与其解释效力之间，是一种必要不充分的关系，解释的有效性必然要求解释主体有权解释，但解释主体有解释权，并不

①　中译本参见国家海洋局战略研究所：《联合国海洋法公约》，海洋出版社 2014 年版，第 173 页。

②　参见 Colson David A, Satisfying the Procedural Prerequisites to the Compulsory Dispute Settlement Mechanisms of the 1982 Law of the Sea Convention: Did the Southern Bluefin Tuna Tribunal Get it Right, Ocean Development and International Law, Vol. 34, 2003, p. 62。

③　参见贾兵兵：《〈联合国海洋法公约〉争端解决机制研究：附件七仲裁实践》，清华大学出版社 2018 年版，第 75 页。

④　参见贾兵兵：《〈联合国海洋法公约〉争端解决机制研究：附件七仲裁实践》，清华大学出版社 2018 年版，第 76~85 页。

⑤　参见饶戈平：《国际组织与国际法实施机制的发展》，北京大学出版社 2013 年版，第 148 页。

代表其作出的法律解释具有法律效力。这是因为《联合国海洋法公约》在争端解决程序中赋予了各国自行解释《公约》争端解决程序的权力，主权国家有权排除国际司法机构的法律解释，否定这种法律解释的效力。

在条约法实践中，多主体的法律解释制度设计已经被证明会出现法律解释相互冲突甚至对立，这就会产生如何处理有效力的法律解释之间的问题，如果《公约》本身没有对这个问题进行规定的话，只能寻求国际社会的政治解决。①《联合国海洋法公约》的法律解释问题是海洋法律秩序发生变革的重要动因，也是一部国际法规范无法回避的重要问题。

三、提高国家海洋法实践中的治理手段

法律实践中的治理手段在政策定向法学派的语境下存在的目的是实现某一群体中的公共秩序目标，而具有相似公共秩序目标的国家会在国际社会社群活动进行中进行联合，这是从政策定向法学派解释发展中国家与发达国家分类标准的结论之一。我国在国家实践中的治理手段存在着从发展中国家到发达国家的过渡。国家实践中治理手段的不断提高也是一个不断的世界社会过程，发展中国家与发达国家在确定公共秩序目标时所肩负的任务也不相一致。

我国与发达国家间存在着日趋一致的治理手段，主要包括以下几个方面：（1）建立海洋空间层次化的控制体系，提高海洋法规则的实践性。（2）帮助治理能力不足的发展中国家进行海洋治理，保护船舶的航行安全。（3）尽可能地提供自由的海洋科学研究环境。国际社会的发展使得发展中国家与发达国家之间在权威内容的确定中，也体现出一些比较一致的公共秩序目标，这部分的权威内容已经不是由发展中国或发达国家所单独提倡的权威内容，如对海洋环境保护问题，发展中国家与发达国家之间并不存在权威内容的

① 参见饶戈平：《国际组织与国际法实施机制的发展》，北京大学出版社2013年版，第152页。

争议，而存在着国家义务内容的争议。

（一）建立海洋空间层次化控制体系

建立海洋空间层次化的控制体系，是依据《联合国海洋法公约》对不同海洋区域进行划分后，发达国家所展现出的更高层次的治理需求，其开发和利用海洋的方式方法也更加精细化。海洋空间的层次化治理体系是发达国家团体对国际海洋法规则的一种新的发展与应用，但就其具体的范式与内容而言，不同发达国家的建立模式并不相同。自 2006 年起，联合国教科文组织下属的政府间海洋学委员会（Intergovernmental Oceanographic Commission）开始推行基于生态系统保护的海洋空间规划体系。

发达国家基于自身的海洋地理国情及其国内的行政体制，建立起可分为三种的控制模式：“国家—区域—地方”的层级控制体系、“战略—结构—内容”的内容控制体系、“国家管辖与地方管辖并存”的独立自由控制体系。[1] 这种海洋空间层次化体系的建立，最早产生于英国，其目的在于实现海洋环境保护与经济发展之间的平衡，并在欧洲的发达国家间展现出了跨区域的合作。[2] 有学者认为海洋空间的层次化治理，不但可以应用于主权国家管辖以内的海洋区域，在国家管辖权以外的区域也可以运用海洋空间的层次化体系进行治理。[3] 这种建立在《联合国海洋法公约》区域治理模式之上的海洋空间化治理体系，是发达国家所展现出的新的海洋治理手段，实现了原有海洋区域划分中经济发展与环境保护的相互结合。同时它改变了原有海洋治理体系中重视国家间横向海洋权益划分而不注重纵向海洋空间治理的缺陷，通过层级控制或者内容控

---

[1]　参见方春洪：《海洋发达国家海洋空间规划体系概述》，载《海洋开发与管理》2018 年第 4 期，第 55 页。

[2]　参见 Anne Michelle, What is Marine Spatial Planning, Environmental Law Review, Vol. 14, 2012, p. 6。

[3]　参见 Becker Weinberg, Preliminary Thoughts on Marine Spatial Planning in Areas beyond National Jurisdiction, International Journal of Marine and Coastal Law, Vol. 32, 2017, p. 588。

制降低海洋争端敏感性，促进国际合作。

中国向发达国家的身份转变，能够促进中国、日本、韩国三国在海洋空间层次化治理体系中的合作，以东亚发达国家团体的形式促进海洋环境的保护。2010 年中国、日本、韩国共同签署的《2020 年中日韩合作展望》，将加强地区环境保护作为中日韩三国的共同愿景。2018 年韩国制定了《海洋空间规划与管理法》，2019 年 4 月正式实施了《韩国海洋空间基本规划》，加强海洋空间规划的国际合作，实质上是在更大的空间尺度内保护海洋生态系统，以防对周边国家也产生不利影响。① 有学者认为过去制约中国、日本、韩国合作进行海洋环境保护的主要因素是中国的发展中国家身份，因为发展中国家普遍将发展经济优先于海洋环境保护，日韩作为发达国家团体成员与中国在公共秩序目标上并不一致。② 虽然中日韩三国相互之间都存在海洋问题争端，但是这从未影响三国在海洋环境保护中的相互合作，从这一现象来看，产生于发达国家团体的"海洋空间层次化控制体系"在东北亚地区也具有广泛的应用前景。

2015 年我国也由国务院印发了《全国海洋主体功能区规划》的规范性文件，以促进海洋强国的建设。③ 2019 年 5 月中共中央发布了《中共中央国务院关于建立国土空间规划体系并监督实施的若干意见》和《自然资源部关于全面开展国土空间规划的通知》，提出要加强海洋主体功能区的规划。④ 海洋空间层次化治理体系是推进"一带一路"建设、深度参与全球海洋治理、构建人类命运共同体的重要抓手，但我国海洋空间层次化治理体系起步较

---

① 参见王晶等：《〈韩国海洋空间规划与管理办法〉概况及对我国的启示》，载《海洋开发与管理》2019 年第 3 期，第 16 页。

② 参见李玫、王丙辉：《中日韩关于海洋垃圾处理的国际纠纷问题研究》，对外经济贸易大学出版社 2015 年版，第 72 页。

③ 参见国务院文件：《国务院关于印发全国海洋主体功能区规划的通知》，国发〔2015〕42 号，2015 年 8 月。

④ 参见中共中央办公厅文件：《中共中央国务院关于建立国土空间规划体系并监督实施的若干意见》，中发〔2019〕18 号，2019 年 5 月。

晚，对于海洋空间规划的体系研究、海洋空间规划的评估、公海极地远景开发战略等方面还需要进一步的研究。① 海洋空间层次化控制体系的建立，是中国在海洋资源获取能力与海洋空间活动能力不断提高并缩小与发达国家之间差距的写照。

（二）帮助治理能力不足的发展中国家进行海洋治理

帮助治理能力不足的发展中国家进行海洋治理，主要体现在合作模式的转变上。我国过去帮助发展中国家进行海洋治理，主要是在南南合作的框架之内，实现发展中国家对发展中国家的帮助与合作。在部分海洋法议题日益全球化的背景下，我国越来越多地采用与发达国家合作对发展中国家进行帮助的合作模式，在扶持落后地区发展等问题上，与我国共同肩负起这些任务的国家大部分都是发达国家，这说明我国对发展中国家进行帮扶的方式上，逐步演变为发达国家对发展中国家的援助模式。

中国通过海上丝绸之路建设加大对于太平洋岛国地区发展中国家的援助力度，就是同发达国家一道帮助治理能力不足的发展中国家进行海洋治理的案例之一。对于中国来说，太平洋岛国地区一直是重点发展对外关系的地区。新中国成立之后，中国在不同时期不同外交背景下，先后从政策上将其定义为"大洋洲殖民地、托管地岛国、正在进行民族解放运动的国家"②，"大周边外交战略的重要一环"③，以及"21世纪海上丝绸之路的南线国家"④。中国同太平洋岛国之间的合作与共同发展一直属于传统的"南南合作"的范畴，但中国通过21世纪海上丝绸之路建设逐步建立起与发达

---

① 参见狄乾斌、韩旭：《国土空间规划视角下的海洋空间规划研究综述与展望》，载《中国海洋大学学报（社会科学版）》2019年第5期，第64页。

② 王泰平：《新中国外交50年》，北京出版社1999年版，第1532页。

③ 参见 Jian Yang：The Pacific Islands in China's Grand Strategy：Small States，Big Games，Palgrave Macmillan，2011，p. 51。

④ 习近平：《构建相互尊重、共同发展的战略伙伴关系，共圆发展繁荣和谐之梦》，载《人民日报》2014年11月23日，第1版。

国家一道帮助太平洋岛国发展的新模式。

太平洋岛国本身发展对外依存度极高，中国与其他主要发达国家相比，对于太平洋岛国的建设存在着进入时间晚和力度不够两方面的问题。太平洋岛国经济增长缓慢，整体发展水平较低、严重依赖外援的现状一直没有改变。① 中国参与太平洋岛国地区建设相比发达国家时间较晚，对太平洋岛国的援助主要集中于经贸领域。② 据有关学者的统计，中国 2006—2013 年对于太平洋岛国的援助共计 10.6 亿美元，排在澳大利亚、美国、日本与新西兰之后，位居第五位。③ 中国在 2015 年成为了对于太平洋岛国援助活动的第三大援助国，澳大利亚占有主导地位，但是中国可能会在未来几年内取代美国成为第二大捐助国。④ 太平洋岛国长期接受域外大国援助的发展模式在短期内不太可能出现较大的变化，在崛起的过程中，中国有意或无意地对某一地区的关注提高，都会引起其他大国的警惕。在太平洋岛国地区更是如此，为了加强与主要大国之间的战略互信，我国对于"一带一路"倡议在太平洋岛国的实施要更加重视与其他国家的交流与协助。不同域外大国在太平洋岛国中的诉求不相同，援助的目的也各有特点，我们要倡导与其他主要大国共同承担起帮助太平洋岛国发展的任务，避免竞争性或者对抗性的援助与发展模式，增强战略互信，避免让太平洋岛国地区成为新的大国的角力场，而应当倡导让太平洋岛国地区成为世界范围内发展中国家与发达国家携手发展的示范区。我国通过海上丝绸之路建设，逐步形成与其他发达国家一同肩负起帮助发展中国家进行海洋治理的"南北合作"模式。

---

① 参见中华人民共和国外交部政策规划司：《中国外交（2017 年版）》，世界知识出版社 2017 年版，第 6 页。

② 参见 Trence Wesley-Smith, China in Oceania: New Forces in Pacific Politics, East-west Center Press, 2007, p.27.

③ 参见罗伊国际政策研究网站：http://www.lowyinstitute.org/，访问时间 2018 年 12 月 2 日。

④ 参见《美媒：中国持续援助太平洋岛国，取代美位列第二》，载《参考消息》2015 年 3 月 11 日第 1 版。

太平洋岛国地区作为我国大周边外交的重要一环，在以往的交往中受制于多方面因素的限制，仍然存在着较大的提升空间与合作潜力。对于我国"一带一路"倡议分区域、分层次、分步骤地设计解读，能够更好地挖掘我国在太平洋岛国地区进行"一带一路"建设的重点方向与实施路径，进而化解太平洋岛国本身的疑虑、消除中国崛起的威胁论调、摒弃部分发达国家与中国之间在南太平洋地区的零和博弈。在坚持"共商、共享、共建"的原则之上，从太平洋岛国地区的实际情况出发，谋求"一带一路"倡议在太平洋岛国中的广泛关注与积极回应。

（三）共同促进人类海洋科学研究事业

尽可能提供海洋科学研究自由的研究环境是发达国家团体一直倡导的海洋秩序内容之一，也是科技发达的海洋强国谋求科技进步的重要前提。发达国家团体为了发展海洋科学研究事业，主张在公海的科学研究自由，同时主张在主权国家的专属经济区内进行海洋科学研究活动。

主权国家在公海区域的科学研究自由毋庸置疑，发展中国家团体与发达国家团体之间的争议点在于专属经济区内的海洋科学研究问题。发展中国家主张，根据剩余权利的理论，《联合国海洋法公约》有关专属经济区未做规定的权利应当归属于沿海的主权国家；而发达国家则主张沿海国在专属经济区内只享有经济性权利，除此之外的其他方面应当属于公海自由的范畴。[1] 这种公共秩序目标冲突产生的背后是发展中国家与发达国家间海洋科学研究能力差距巨大，发展中国家宁可本国不在专属经济区内进行海洋科学研究活动，也不允许发达国家在本国专属经济区内进行海洋科学研究活动。产生这一问题的原因也有发达国家对发展中国家海洋科学研究技术分享不足的因素，从海洋治理能力来看，发展中国家对于发达国家在本国专属经济区的海洋科学研究活动大多数情况下难以进行

---

[1]　参见白佳玉：《志愿船的国际法律规制及中国应对》，载《边界与海洋研究》2019 年第 1 期，第 89~90 页。

监管。主张主权国家对于海洋科学研究的开放态度，是发达国家团体内部的一项共识，中国作为海洋科学研究大国之一也需要更为广阔的海洋科学研究空间，与国际社会中的其他国家一道促进人类社会的海洋科学研究事业。

为了这一共同的公共秩序目标，我国国内法《中华人民共和国涉外海洋科学研究管理规定》给予了外国船舶在我国专属经济区以及大陆架内与中方合作或单独进行科学研究的权利，但须经过自然资源部的审批程序。① 联合国教科文组织确认将 2021—2030 年指定为海洋科学研究促进可持续发展的十年，并呼吁政府间海洋学委员会与会员国、专门机构、基金及其他政府间国际组织、非政府间国际组织和利益攸关方，为这十年编写规划。② 尽可能地提供海洋科学研究自由有助于我国提高本国的海洋科学研究能力，我国在此部分的海洋治理需求与发达国家相一致。

本 章 小 结

中国以发展中大国的身份参与海洋法律秩序变革，需要解决三个问题：一是在发达国家团体中选择哪些国家作为参照对象；二是如何处理与传统发展中国家团体的关系；三是这些转变会对海洋法规则的变革产生何种影响。③ 我国"两个一百年"的发展目标提

---

① 参见《中华人民共和国涉外海洋科学研究管理规定》第 4 条、第 5 条、第 9 条、第 11 条。

② 参见联合国大会决议：A/RES/72/73。

③ 这种困难简而言之是中国国家身份转变之后所要面临的"社群困难"，中国对于参与发展中国家团体内部及一致对外的社群互动过程较为熟悉，但并不符合本国的发展利益；中国对于发达国家团体内部的社群互动过程并不了解，缺乏信任造成了中国在全球海洋法律秩序变革中社群困难的现象。政策定向法学派不断对自己的国际法理论进行修订，并认为影响国际法规则的三大要素是：国际法基本原则、国际社会的公共秩序目标、主要国家的国家力量。参见 Malcolm N. Shaw, International Law, 7th ed, Cambridge University Press, 2014, p. 42。

出，我国在 2049 年要达到中等发达国家的发展水平。在海洋法治理中也存在着中等发达国家团体的概念，这部分国家大部分都是欧盟国家，他们的利益诉求与海洋地理环境与我国有一定的相似性，这些国家能够为我国在身份变动过程中确定自身的规则利益需要提供一定的借鉴。

从全球层面来看，中国国家身份转变还面临着发达国家与发展中国家长期对立的二元格局，尽管这一矛盾相比较于第三次联合国海洋法会议时期已经得到了缓和。从人类层面思考国际法问题的人类命运共同体视角，与第三次联合国海洋法会议中发展中国家重要贡献之一的人类共同继承财产原则，具有着相同的晶核。将二者结合是中国贡献自己的国际法方案，解决国家身份转变难题的重要路径。从全球性的海洋法规则来看，通过"执行协定"的形式对《联合国海洋法公约》进行实质性修改成为了一种被普遍接受的方法；中国应当加强在此过程中与发达国家的实质合作，以未来新发达国家的身份定位寻求符合自身期望利益的海洋法规则，提高立法过程中的有效参与。

从区域层面来看，发达国家在世界的分布特征呈现出区域性聚集现象，北美与西欧地区都是发达国家聚集的区域。中国要实现从发展中大国向发达国家的转变，同样要遵循这一发展规律，加强与区域内日本、韩国发达国家的海洋事务合作，使东亚未来成为世界上第三个发达国家聚集区域。这一过程既要注重对于欧洲国家现有成熟治理模式的借鉴，也要注重东亚文明与文化传统的因素，肩负起政策定向法学派所倡导的国际法创新任务。东盟国家大多还尚属于发展中国家，国家身份的区分对于中国与周边海洋国家的合作具有重要意义，发达国家间与发展中国家间的社群互动模式并不相同。东盟国家相互抱团与中国展开《南海各方行为宣言》谈判，实质上在发展中国家团体内部强化了东盟国家身份，区域性规则的形成有助于从规则层面解决中国与海洋邻国间的争议问题。

从法律过程层面来看，《联合国海洋法公约》还存在着法律解释问题与实践中的治理手段问题。严格限制对《联合国海洋法公约》进行法律解释的权利、《联合国海洋法公约》存在一些较为模糊的内容是一种有意为之的结果，发展中国家与发达国家在这些问题上不能达成一致的原因也是因为其背后涉及巨大的海洋利益。中国香港提高国家海洋实践中的治理手段，借鉴发达国家海洋治理的最新成果推进海洋空间的层次化治理体系，根据国务院发布的《全国海洋主体功能区规划》提高海洋治理能力，推进海洋科学研究事业。

结　　论

我国战国时代军事著作《司马法》对国家身份与国际社会之间的关系进行了总结认为"国虽大，好战必亡；天下虽安，忘战必危"；威斯特伐利亚体系则确立了符合其时代背景的国家主权平等、不干涉内政和势力均衡三大国际法原则。虽然国际法规则经常会随着时代的发展而产生变化，但是国际法原则却是一种相对稳定的状态，稳定的背后存在着合理性。国家身份问题也是这样，这种评价体制和对国家的分类固然存在其不足，但确实深刻影响了国际法规则的形成和发展。发展中国家与发达国家之间的对立与合作问题，并不仅仅停留在海洋法领域，在国际法的其他分支领域也存在这样的问题，如国际投资法中中国由东道国到投资国的身份转变。

我国以发展中国家身份参与海洋法规则的形成与实践，已经发展成一种相对成熟的机制，发展中国家身份为我国海洋权益维护带来的有利影响已经得到了充分的展现，但是这依然不能克服我国现在所面临的海洋争端加剧、发达国家的岛链封锁、远洋资源开发成本相对较高、近海渔业资源枯竭的困境，这中间的一些困难既有发达国家的因素也有发展中国家的因素。我国在海洋维权中单纯采用发展中国家的维权方式已经显然不能满足我国海洋权益维护的需要，规则是由主权国家制定的，规则的实施则是一个多方因素影响的法律过程。实在法研究能够为我国的海洋权益维护提供指引，国际法理论的研究也能提供一种新的思路，上述研究对我国在全球海洋秩序变革中国家身份与国家利益的协调性问题有以下五点结论：

一、中国国家身份转变是"百年未有之大变局"中的重要变量，影响的是中国在世界社群中观察者的视角，国际组织对主权国家进行身份分类的方法具有普遍性与客观性，中国 2018 年已经进入"高人类发展水平"阶段，2022 年中国进入到高收入国家团体。同时应坚决反对美国企图以"国防授权方案""总统备忘录"等国内法形式取消中国发展中国家身份定位的行为。

二、海洋强国与中国国家身份转变问题紧密相关，世界上的主要发达国家都是海洋大国，中国应当将国际海洋法领域作为重点突破口，保护自身日益扩大的海洋利益。

三、将人类命运共同体建设与人类共同继承原则相结合，能够降低国家身份区分的不利影响，使人类命运共同体建设能够在新时期发挥中国在发展中国家团体中提出"和平共处五项原则"那样的感召力。

四、美国的海洋法实践具有一定的特殊性，美国的海洋法实践并不代表发达国家集团的态度，美国也存在着矮化其他发达国家的态度。中国国家身份转变过程中应当将这部分发达国家也作为自身海洋事务的新合作伙伴，将已签署《联合国海洋法公约》的发达国家海洋法实践作为重要参考。

五、突破传统国际法规则体系中的"普遍狭隘原理"是中国能否完成西方认可的国家崛起的关键，后来的挑战者不能以挑战现行国际法秩序作为目标，而应当作为一种替代方案的提出者参与世界社会过程，实现国际社会话语权与国际法规则之间的互动，等待现行国际法规则失灵的情况下再提出新的理论与主张。

中国向发达国家身份的过渡，会随着中国的发展产生一种由量变到质变的转化，一旦发生这种转变，我国能否处理好发达国身份与运用、发展海洋法规则之间的平衡是一个需要进行预研的问题，不同的应用场域可能会产生不同的结论。但是一个非常明显的道理是中国未来成为世界上的发达国家对于中国人民来说是一件可喜可贺的事情，我们的发展目标并不是永远停留在发展中国家的阶段。中国的影响力不断提高，在全球海洋法律秩序变革中必然会为中国提供更多的发言权，如果继续仅在七十七国集团的范围内集体发声，就显然辜负了国际社会的期待。

参 考 文 献

一、中文著作

（一）中文专著

［1］陈德恭：《国际海底资源与海洋法》［M］. 北京：海洋出版社，1986。

［2］陈德恭：《现代国际海洋法》［M］. 北京：海洋出版社，2009。

［3］陈拯：《新兴大国建设国际人权规范研究》［M］. 上海：上海人民出版社，2017。

［4］陈贻健：《国际气候法律新秩序构建中的公平性问题研究》［M］. 北京：北京大学出版社，2017。

［5］陈泽宪：《当代中国国际法研究》［M］. 北京：中国社会科学出版社，2010。

［6］董世杰：《争议海域既有石油合同的法律问题研究》［M］. 武汉：武汉大学出版社，2019。

［7］邓妮雅：《海上共同开发管理模式法律问题研究》［M］. 武汉：武汉大学出版社，2019。

［8］方芳：《恐怖主义的媒体话语权与中美国家身份》［M］. 北京：中国政法大学出版社，2015。

［9］方银霞、尹洁、唐勇编译：《沿海国200海里以外大陆架外部接线划界案执行摘要选编（2011—2017）》［M］. 北京：海洋出版社，2018。

［10］范晓婷：《公海保护区的法律与实践》［M］. 北京：海洋出版社，2015。

[11] 付琴雯：《〈联合国海洋法公约〉在法国的实施问题研究》[M]. 武汉：武汉大学出版社，2022。

[12] 高之国、贾宇、张海文主编：《国际海洋法的新发展》[M]. 北京：海洋出版社，2005。

[13] 高健军：《中国与国际海洋法——纪念〈联合国海洋法公约〉生效 10 周年》[M]. 北京：海洋出版社，2004。

[14] 高健军：《〈联合国海洋法公约〉争端解决机制研究》[M]. 北京：中国政法大学出版社，2010。

[15] 高岚君：《国际法的价值论》[M]. 武汉：武汉大学出版社，2006。

[16] 高全喜：《法律秩序与自由正义》[M]. 北京：北京大学出版社，2003。

[17] 韩德培主编、蓝海昌、张克文副主编：《现代国际法》[M]. 武汉：武汉大学出版社，1992。

[18] 黄炳坤：《当代国际法》[M]. 香港：华风书局，1988。

[19] 黄异：《国际法上船舶国籍制度之研究》[M]. 台北：文生书局，1985。

[20] 黄异：《国际海洋法》[M]. 台北：渤海堂文化出版社，2002。

[21] 黄惠康：《国际法上的集体安全制度》[M]. 武汉：武汉大学出版社，1990。

[22] 黄文博：《海上共同开发争端解决机制的国际法问题研究》[M]. 武汉：武汉大学出版社，2022。

[23] 何勤华：《法律名词的起源》[M]. 北京：北京大学出版社，2009。

[24] 何志鹏等：《国际法的未来》[M]. 北京：法律出版社，2017。

[25] 何志鹏、孙璐：《国际法的中国理论》[M]. 北京：法律出版社，2017。

[26] 何海榕：《泰国湾海上共同开发法律问题研究》[M]. 武汉：武汉大学出版社，2020。

[27] 贾兵兵：《国际公法：和平时期的解释与适用》[M]. 北京：

清华大学出版社，2015。

[28] 贾兵兵：《〈联合国海洋法公约〉争端解决机制研究：附件七仲裁实践》[M]. 北京：清华大学出版社，2018。

[29] 孔令杰：《领土争端成案研究》[M]. 北京：社会科学文献出版社，2016。

[30] 江河：《国际法的基本范畴与中国的实践传统》[M]. 北京：中国政法大学出版社，2014。

[31] 江红义：《国家与海洋权益》[M]. 北京：人民出版社，2015。

[32] 金永明：《海洋问题专论》（第一卷）[M]. 北京：海洋出版社，2011。

[33] 李浩培：《条约法概论》[M]. 北京：法律出版社，2003。

[34] 李国选：《中国和平进程中的海洋权益》[M]. 北京：中国民主法制出版社，2016。

[35] 李红云：《国际海底与国际法》[M]. 北京：现代出版社，1997。

[36] 李开盛：《理解中国外交（1949—2009）：民族复兴过程中的国家身份探求》[M]. 北京：中国社会科学出版社，2011。

[37] 李杰豪：《体系转型与规范重建——国际法律秩序发展研究》[M]. 北京：社会科学文献出版社，2019。

[38] 李文沛：《国际海洋法之海盗问题研究》[M]. 北京：法律出版社，2010。

[39] 李玫、王丙辉：《中日韩关于海洋垃圾处理的国际纠纷问题研究》[M]. 北京：对外经济贸易大学出版社，2015。

[40] 梁西著、杨泽伟修订：《梁西国际组织法》（第七版）[M]. 武汉：武汉大学出版社，2022。

[41] 梁源：《中国-东盟海洋教育发展报告（2021）》[M]. 天津：天津大学出版社，2022。

[42] 刘楠来：《国际海洋法》[M]. 北京：海洋出版社，1986。

[43] 刘志云：《现代国际关系理论视野下的国际法》[M]. 北京：法律出版社，2006。

[44] 刘凯：《国家主权自主有限让渡问题研究》[M]. 北京：中

国政法大学出版社，2013。

［45］刘利民：《不平等条约与中国近代领水主权问题研究》［M］. 长沙：湖南人民出版社，2010。

［46］刘江永：《战后日本政治思潮与中日关系》［M］. 北京：人民出版社，2013。

［47］刘丹：《无人机海洋应用的国际法问题》［M］. 北京：世界知识出版社，2022。

［48］柳华文：《国际法研究导论》［M］. 北京：中国社会科学出版社，2021。

［49］刘亮：《大陆架界限委员会建议的性质问题研究》［M］. 武汉：武汉大学出版社，2020。

［50］吕北安、宋云霞：《海军海上行动法教程》［M］. 北京：解放军出版社，2003。

［51］罗国强：《国际法本体论》（第二版）［M］. 北京：中国社会科学出版社，2015。

［52］慕亚平：《全球化背景下的国际法问题研究》［M］. 北京：北京大学出版社，2008。

［53］马得懿：《海洋航行自由的秩序与挑战：国际法视角的解读》［M］. 上海：上海人民出版社，2020。

［54］丘宏达：《现代国际法》（第五版）［M］. 台北：三民书局，1986。

［55］秦亚青：《实践与变革：中国参与国际体系进程研究》［M］. 北京：世界知识出版社，2016。

［56］屈广清、曲波：《海洋法》［M］. 北京：中国人民大学出版社，2011。

［57］全国人大法工委：《中国海洋权益维护法律导读》［M］. 北京：中国民主法制出版社，2014。

［58］饶戈平：《国际组织与国际法实施机制的发展》［M］. 北京：北京大学出版社，2013。

［59］饶戈平：《全球化进程中的国际组织》［M］. 北京：北京大学出版社，2005。

［60］孙立文:《海洋争端解决机制与中国政策》［M］.北京:法律出版社,2016。

［61］宋云霞:《国家海上管辖权理论与实践》［M］.北京:海洋出版社,2009。

［62］宋杰:《国际法院司法实践中的解释问题研究》［M］.武汉:武汉大学出版社,2008。

［63］孙传香:《中日东海大陆架化解国际法问题研究》［M］.武汉:武汉大学出版社,2019。

［64］田文林:《走出依附性陷阱:第三世界的发展困境与道路选择》［M］.北京:社会科学文献出版社,2018。

［65］万鄂湘:《国际强行法与国际公共政策》［M］.武汉:武汉大学出版社,1991。

［66］万鄂湘、王贵国、冯华健:《国际法:领悟与构建》［M］.北京:法律出版社,2007。

［67］万鄂湘、石磊、杨成铭、邓洪武:《国际条约法》［M］.武汉:武汉大学出版社,1998。

［68］王铁崖:《王铁崖文选》［M］.北京:中国政法大学出版社,1993。

［69］王铁崖:《国际法引论》［M］.北京:北京大学出版社,1998。

［70］王泽林:《北极航道法律地位研究》［M］.上海:上海交通大学出版社,2014。

［71］吴慧:《国际海洋法庭研究》［M］.北京:海洋出版社,2002。

［72］魏胜强:《法律解释权的配置研究》［M］.北京:北京大学出版社,2013。

［73］习近平:《论坚持推动构建人类命运共同体》［M］.北京:中央文献出版社,2018。

［74］徐进、李巍:《改革开放以来中国对外政策变迁研究》［M］.北京:社会科学文献出版社,2017。

［75］谢晖、陈金钊:《法律:诠释与应用——法律诠释学》［M］.

上海：上海译文出版社，2002。

［76］谢益显：《中国外交史：中华人民共和国时期（1949—
1979）》［M］. 郑州：河南人民出版社，1988。

［77］杨泽伟：《国际法析论》（第五版）［M］. 北京：中国人民大
学出版社，2022。

［78］杨泽伟：《国际法史论》（第二版）［M］. 北京：高等教育出
版社，2011。

［79］杨泽伟：《主权论——国际法上的主权问题及其发展趋势研
究》［M］. 北京：北京大学出版社，2006。

［80］杨泽伟：《国际法》（第四版）［M］. 北京：高等教育出版
社，2022。

［81］杨泽伟：《"一带一路"倡议与国际规则体系研究》［M］. 北
京：法律出版社，2020。

［82］杨泽伟主编：《海上共同开发国际法理论与实践研究》［M］.
武汉：武汉大学出版社，2018。

［83］杨泽伟主编：《〈联合国海洋法公约〉若干制度评价与实施问
题研究》［M］. 武汉：武汉大学出版社，2018。

［84］杨泽伟主编：《海上共同开发协定续编》［M］. 武汉：武汉
大学出版社，2018。

［85］杨泽伟主编：《"一带一路"高质量发展的国际法问题研究》
［M］. 武汉：武汉大学出版社，2023。

［86］杨瑛：《〈联合国海洋法公约〉与军事活动法律问题研究》
［M］. 北京：法律出版社，2018。

［87］杨洁勉：《对外关系与国际问题研究》［M］. 上海：上海人
民出版社，2009。

［88］杨珍华：《中印跨界水资源开发利用法律问题研究》［M］.
武汉：武汉大学出版社，2020。

［89］曾令良：《21 世纪初的国际法与中国》［M］. 武汉：武汉大
学出版社，2005。

［90］曾皓：《国际法中有效控制规则研究》［M］. 武汉：武汉大
学出版社，2022。

［91］赵理海：《海洋法的新发展》［M］. 北京：北京大学出版社，1984。

［92］赵维田：《国际航空法》［M］. 北京：社会科学文献出版社，2000。

［93］张海文：《联合国海洋法公约（图解）》［M］. 北京：法律出版社，2010。

［94］张新军：《权利对抗构造中的争端——东海大陆架法律问题研究院》［M］. 北京：法律出版社，2011。

［95］张颖：《"一带一路"背景下油气管道过境法律问题研究》［M］. 武汉：武汉大学出版社，2022。

［96］周忠海：《国际海洋法》［M］. 北京：中国政法大学出版社，1987。

［97］周忠海：《海涓集——国际海洋法文集》［M］. 北京：中国政法大学出版社，2012。

［98］支振锋：《西方法理学研究的新发展》［M］. 北京：中国社会科学出版社，2013。

［99］朱苏力等：《经验与心得：法学论文指导与写作》［M］. 北京：北京大学出版社，2016。

［100］朱晓琴：《发展中国家与 WTO 法律制度研究》［M］. 北京：北京大学出版社，2006。

［101］中华人民共和国外交部条约法律司编著：《中国国际法实践案例选编》［M］. 北京：世界知识出版社，2018。

［102］中华人民共和国外交部政策规划司：《中国外交（2017 年版）》，［M］. 北京：世界知识出版社，2017。

（二）中文译著

［1］［英］马尔科姆·肖著，白桂梅等译：《国际法》（第六版）［M］. 北京：北京大学出版社，2011。

［2］［英］罗伯特·詹宁斯著，孔令杰译：《国际法上的领土取得》［M］. 北京：商务印书馆，2018。

［3］［英］海伦·赞塔基著，姜孝贤、宋方青译：《立法起草：规

制规则的艺术与技术》[M]．北京：法律出版社，2022。

［4］［斐济］萨切雅·南丹主编，吕文正等译：《1982年海洋法公约评注》（第一卷、第三卷、第六卷）[M]．北京：海洋出版社，2014。

［5］［加］巴里布赞著，时富鑫译：《海底政治》[M]．上海：三联出版社，1981。

［6］［荷］格劳秀斯著，马忠法译，张乃根校：《论海洋自由》[M]．上海：上海人民出版社，2020。

［7］［美］路易斯·亨金著，张乃根、罗国强译：《国际法：政治与价值》[M]．北京：中国政法大学出版社2005。

［8］［美］傅崐成编译：《弗吉尼亚大学海洋法论文三十年精选集——1977—2007》（第四卷），[M]．厦门：厦门大学出版社，2010。

［9］［美］孟德斯鸠著，严复译：《论法的精神》[M]．上海：三联出版社，2009。

［10］［美］赖斯曼著，万鄂湘、王贵国、冯华健主编：《国际法：领悟与构建》[M]．北京：法律出版社，2007。

［11］［美］哈罗德·拉斯韦尔、迈尔斯·麦克道格尔著，王贵国译：《自由社会之法学理论：法律、科学和政策的研究》[M]．北京：法律出版社，2013。

［12］［美］安托尼·奥斯特著，江国青译：《现代条约法与实践》[M]．北京：中国人民大学出版社，2005。

［13］［美］费正清著，杜继东译：《中国的世界秩序——传统中国的对外关系》[M]．北京：中国社会科学出版社，2010。

［14］［美］约翰·康利、威廉·欧巴尔著，程朝阳译：《法律、语言与权力》[M]．北京：法律出版社，2007。

［15］［美］贾米尔·杰瑞萨特著，徐浩、付满译：《全球化与比较公共管理》[M]．南京：江苏人民出版社，2018。

［16］［美］约瑟夫·奈著，吴晓辉译：《软实力：世界政坛成功之道》[M]．北京：东方出版社，2005。

［17］［奥］哈耶克著，邓正来译：《自由秩序原理》[M]．上海：

三联出版社，1997。

[18] ［奥］汉斯·凯尔森著，沈宗灵译：《法与国家的一般理论》
　　　［M］．北京：商务印书馆，2016。

[19] ［日］浦野起央著，杨翠柏译：《南海诸岛国际纷争史》
　　　［M］．南京：南京大学出版社，2017。

[20] ［韩］柳炳华著，朴国哲、朴永姬译：《国际法》（上、下）
　　　［M］．北京：中国政法大学出版社，1997。

（三）中文论文

[1] 安雅·拉赫蒂宁，崔玉军译：《中国软实力：对儒学和孔子学
　　院的挑战》［J］．《国外社会科学》2016 年第 2 期。

[2] 白桂梅：《政策定向学说的国际法理论》［J］.《中国国际法年
　　刊》1990 年。

[3] 白桂梅：《梅尔斯·麦克杜格尔与政策定向法学派》［J］.《中
　　国国际法年刊》1996 年。

[4] 白佳玉：《志愿船的国际法律规制及中国应对》［J］.《边界与
　　海洋研究》2019 年第 1 期。

[5] 白佳玉：《〈联合国海洋法公约〉缔结背后的国家利益考察与
　　中国实践》［J］.《中国海商法研究》2022 年第 2 期。

[6] 蔡从燕：《国际法上的大国问题》［J］.《法学研究》2012 年
　　第 6 期。

[7] 蔡从燕：《海洋公共秩序基本原理研究》［J］.《中华海洋评
　　论》2022 年第 1 期。

[8] 蔡拓：《当代中国国际定位的若干思考》［J］.《中国社会科
　　学》2010 年第 5 期。

[9] 蔡拓、杨昊：《国际公共物品的供给：中国的选择与实践》
　　［J］.《世界经济与政治》2012 年第 10 期。

[10] 蔡高强：《论国际组织表决机制发展中的中国话语权提升》
　　　［J］.《现代法学》2017 年第 5 期。

[11] 曹明德：《中国参与国际气候治理的法律立场和策略：以气
　　　候正义为视角》［J］.《中国法学》2016 年第 1 期。

［12］晁译：《美国对〈联合国海洋法公约的态度〉》［J］.《国际法研究》2015 年第 3 期。

［13］常彬、邵海伦：《"海外五四运动"的精神羁履：左翼保钓台湾留美学生文学叙事》［J］.《华侨大学学报（哲学社会科学版）》2019 年第 2 期。

［14］陈一峰：《国际法的"不确定性"及其对国际法治的影响》［J］.《中外法学》2022 年第 4 期。

［15］陈慧青：《中国与〈海洋法公约〉：历史回顾与经验教训》［J］.《武大国际法评论》2017 年第 3 期。

［16］陈明辉：《转型期国家认同困境与宪法回应》［J］.《法学研究》2018 年第 3 期。

［17］陈正良、周婕、李包庚：《国际话语权本质析论——兼论中国在提升国际话语权上的应有作为》［J］.《浙江社会科学》2014 年第 7 期。

［18］程时辉：《论国家管辖范围外海洋遗传资源的开发与保护——基于科技、市场和制度的视角》［J］.《资源开发与市场》2019 年第 2 期。

［19］大沼保昭：《战后日本国际法——以教学科研为视角》［J］.《北大国际法与比较法评论》2017 年总第 17 期。

［20］范扬：《格劳秀斯海洋自由论》［J］.陈立虎编《东吴法学先贤文录（国际法学卷）》，中国政法大学出版社 2015 年版。

［21］方春洪：《海洋发达国家海洋空间规划体系概述》［J］.《海洋开发与管理》2018 年第 4 期。

［22］高之国：《中国海洋事业的过去和未来》［J］.《海洋开发与管理》1999 年第 10 期。

［23］高之国：《从国际法看美国〈与台湾关系法〉》［J］.《政法论坛》1982 年第 2 期。

［24］高志平：《三十年来中国对不结盟运动的研究》［J］.《世界历史》2012 年第 1 期。

［25］古祖雪：《现代国际法的多样化、碎片化与有序化》［J］.《法学研究》2007 年第 1 期。

［26］关培凤：《外部干预与索马里-埃塞俄比亚边界争端》［J］.《西非亚洲》2018 年第 3 期。

［27］国家发展和改革委员会经济研究所课题组：《未来三十年国内外发展环境变化及第二个百年奋斗目标展望》［J］.《经济纵横》2018 年第 3 期。

［28］韩小林：《洋务派对国际法的认识和运用》［J］.《中山大学学报（社会科学版）》2004 年第 3 期。

［29］韩立余：《中国新发展理念与国际规则引领》［J］.《吉林大学学报（社会科学版）》2018 年第 6 期。

［30］何海榕：《南海共同开发需要解决的基本法律问题》［J］.《海南大学学报（人文社会科学版）》2022 年第 2 期。

［31］何志鹏：《国际关系中自然法的形成与功能》［J］.《国际法研究》2017 年第 1 期。

［32］何志鹏：《国际法治：一个概念的界定》［J］.《政法论坛》2009 年第 4 期。

［33］何志鹏、孙璐：《大国之路的国际法奠基——和平共处五项原则的意义探究》［J］.《法商研究》2014 年第 4 期。

［34］何传添：《中国海洋国土的现状和捍卫海洋权益的策略思考》［J］.《东南亚研究》2001 年第 2 期。

［35］何田田：《论国际法院与专家证据——以 1994 年国际法院"陆地和海洋边界案"为视角》［J］.《国际法研究》2019 年第 2 期。

［36］贺小勇：《"求同存异"：WTO 改革方案评析与中国对策建议》［J］.《上海对外经贸大学学报》，2019 年第 2 期。

［37］黄志雄：《从国际法实践看发展中国家的定义及其识别标准》［J］.《法学评论》2002 年第 2 期。

［38］黄惠康：《军舰打击索马里海盗：法律依据和司法程序安排》［J］.《中国海商法年刊》2011 年。

［39］黄惠康：《国际海洋法前沿值得关注的十大问题》［J］.《边界与海洋研究》2019 年第 1 期。

［40］黄瑶：《论人类命运共同体构建中的和平搁置争端》［J］.

《中国社会科学》2019 年第 2 期。

[41] 黄栋：《欧盟解除对华武器禁运事件中的美国因素》［J］.《外交评论》2010 年第 5 期。

[42] 黄少安、陈言、李睿：《福利刚性、公共支出结构与福利陷阱》［J］.《中国社会科学》2018 年第 1 期。

[43] 洪农：《论南海地区海上非传统安全合作机制的建设——基于海盗与海上恐怖主义问题的分析》［J］.《亚太安全与海洋研究》2018 年第 1 期。

[44] 扈大威：《走向"有效的多变主义"——试析欧盟与联合国的伙伴关系》［J］.《国际问题研究》2005 年第 5 期。

[45] 胡必亮、唐幸、殷琳：《新兴市场国家的综合测度与发展前景》［J］.《中国社会科学》2018 年第 10 期。

[46] 贾兵兵：《国际法中的"法律不明"问题浅析》［J］.《中国国际法年刊》2013 年。

[47] 贾宇、张小奕：《毛泽东、邓小平和习近平的海洋战略思想初探》［J］.《边界与海洋研究》2018 年第 3 期。

[48] 蒋小翼：《气候变化背景下北极争端与我国海洋权益的国际法思考》［J］.《理论月刊》2016 年第 2 期。

[49] 蒋振西：《大变革中的联合国维和行动与中国参与》［J］.《和平与发展》2018 年第 2 期。

[50] 蒋新苗、朱雅妮：《"一带一路"法律供给机制研究》［J］.《西北大学学报（哲学社会科学版）》2018 年第 3 期。

[51] 金永明：《国家管辖范围外区域海洋生物多样性养护和可持续利用问题》［J］.《社会科学》2018 年第 9 期。

[52] 金永明：《人类共同继承财产法律性质研究》［J］.《社会科学》2005 年第 3 期。

[53] 廖凡：《全球治理背景下人类命运共同体的阐释与构建》［J］.《中国法学》2018 年第 5 期。

[54] 廖诗评：《经由国际法的国内法改革——改革开放四十年国内法制建设的另类路径观察》［J］.《中国法律评论》2018 年第 5 期。

［55］李寿平：《自由探测和利用外空资源及其法律限制——以美国、卢森堡两国有关空间资源立法为视角》［J］.《中外法学》2017 年第 6 期。

［56］李鸣：《何谓国际法研究》［J］.《国际法研究》2014 年第 1 期。

［57］李鸣：《当代国际法的发展：人权定向与主权定向》［J］.《武大国际法评论》2011 年第 14 卷第 2 期。

［58］李鸣：《国际法与"一带一路"研究》［J］.《法学杂志》2016 年第 1 期。

［59］李金明：《中菲南海争议的由来与现状》［J］.《海交史研究》2013 年第 1 期。

［60］李居迁：《防空识别区：剩余权利原则对天空自由的限制》［J］.《中国法学》2014 年第 2 期。

［61］李峰：《高校新兴学科发展态势及学科资源整合分析——以北京大学海洋能源学科为例》［J］.《新世纪图书馆》2016 第 10 期。

［62］李红云：《国际海峡的通行制度》［J］.《海洋与海岸带开发》1991 年第 1 期。

［63］蓝海昌：《我国批准〈联合国海洋法公约〉的利弊分析》［J］.《法学评论》1988 年第 6 期。

［64］梁源：《"一带一路"在太平洋岛国地区的良性发展路径》［J］.《人民论坛·学术前沿》2019 年第 10 期。

［65］梁源：《论公海自由的相对性》［J］.《江苏大学学报（社会科学版）》2020 年第 1 期。

［66］刘中民：《〈联合国海洋法公约〉生效的负面效应分析》［J］.《外交评论》2008 年第 3 期。

［67］刘中民、张德民：《海洋领域的非传统安全威胁及其对当代国际关系的影响》［J］.《中国海洋大学学报（社会科学版）》2004 年第 4 期。

［68］刘惠荣：《主权要素在 BBNJ 环境影响评价制度中的作用》［J］.《太平洋学报》2017 年第 10 期。

［69］ 刘莲莲：《国家海外利益保护机制论析》［J］.《世界经济与政治》2017 年第 10 期。

［70］ 刘志云：《纽黑文学派：冷战时期国际法学的一次理论创新》［J］.《甘肃政法学院学报》2007 年第 9 期。

［71］ 刘衡：《欧洲联盟的〈联合国海洋法公约〉观——基于早期实践初探》［J］.《国际法研究》2017 年第 6 期。

［72］ 刘衡：《中国关于国际海洋争端解决的政策与实践》［J］.《国际法研究》2022 年第 6 期。

［73］ 罗欢欣：《国家在国际造法进程中的角色与功能——以国际海洋法的形成与运作为例》［J］.《法学研究》2018 年第 4 期。

［74］ 罗国强：《〈联合国海洋法公约〉的立法特点及其对中国的影响》［J］.《云南社会科学》2014 年第 1 期。

［75］ 罗国强：《论〈台湾旅行法〉对国际法的违反》［J］.《比较法研究》2018 年第 6 期。

［76］ 林峰：《银河号事件与国际法》［J］.《法学评论》1994 年第 3 期。

［77］ 林毅夫：《新中国 70 年发展与现代经济学理论的自主创新》［J］.《宏观质量研究》2019 年第 1 期。

［78］ 吕江：《重构与启示：国际法纽黑文学派的新进展》［J］.《华东理工大学学报（社会科学版）》2010 年第 3 期。

［79］ 苗吉：《"他者"的中国与日本海洋国家身份建构》［J］.《外交评论》2017 年第 3 期。

［80］ 庞珣、何晴倩：《全球价值链中的结构性权力与国际格局演变》［J］.《中国社会科学》2021 年第 9 期。

［81］ 潘俊武：《1982 年〈联合国海洋法公约〉中的强制争端解决程序》［J］.《法律科学》2014 年第 4 期。

［82］ 曲波：《历史性权利在〈联合国海洋法公约〉中的地位》［J］.《东北师大学报（哲学社会科学版）》2012 年第 3 期。

［83］ 秦亚青：《国家身份、战略文化和安全利益》［J］.《世界经济与政治》2003 年第 1 期。

［84］邱文弦：《跨学科视域下大陆架划定法则之重塑：张力与制约》［J］.《当代法学》2018 年第 5 期。

［85］漆海峡：《从军售看美国战略重心东移的布局特征》［J］.《国际关系学院学报》2012 年第 4 期。

［86］漆彤、范睿：《WTO 改革背景下发展中国家待遇问题》［J］.《武大国际法评论》2019 年第 1 期。

［87］饶戈平：《国际法律秩序与中国的和平发展》［J］.《外交评论》2015 年第 6 期。

［88］司玉琢、袁曾：《建立海外军事基地的国际法规制研究》［J］.《东北大学学报（社会科学版）》2018 年第 3 期。

［89］邵津：《银河号事件的国际法问题》［J］.《中外法学》1993 年第 6 期。

［90］邵津：《新的海洋科学研究国际法制度》［J］.《中外法学》1995 年第 2 期。

［91］盛红生：《中国参与联合国维和行动人员的特权豁免与法律责任》［J］.《法学杂志》2018 年第 7 期。

［92］史久镛：《国际法院判例中的海洋划界》［J］.《法治研究》2011 年第 12 期。

［93］舒建中：《美国对外政策与大陆架制度的建立》［J］.《国际论坛》2013 年第 7 期，

［94］孙婵、冯梁：《海洋安全战略的主要影响因素探析》［J］.《世界经济与政治论坛》2019 年第 1 期。

［95］陶凯元：《国际法与国内法关系的再认识》［J］.《暨南大学学报（哲学社会科学版）》1999 年第 1 期。

［96］唐宏强：《论全球化背景下中国国家角色扮演同法律变革与发展》［J］.《河北法学》2003 年第 1 期。

［97］唐家璇：《回忆 2001 年中美南海撞机事件（上）》［J］.《党的文献》2009 年第 5 期。

［98］唐家璇：《回忆 2001 年中美南海撞机事件（下）》［J］.《党的文献》2009 年第 6 期。

［99］唐世平：《国际秩序变迁与中国的选项》［J］.《中国社会科

学》2019 年第 3 期。

[100] 毛瑞鹏：《联合国大会中的投票格局和发展中国家集团》[J].《当代世界社会主义问题》2017 年第 2 期。

[101] 牛新春：《中国国际身份刍议——国际横向比较视角》[J].《现代国际关系》2014 年第 12 期。

[102] 肖永平：《论迈向人类命运共同体的国际法律共同体建设》[J].《武汉大学学报（哲学社会科学版）》2019 年第 1 期。

[103] 许可：《21 世纪海上丝绸之路面临的安全挑战——银河号事件的启示》[J].《亚非纵横》2015 年第 2 期。

[104] 许章润：《世界历史的中国时刻》[J].《开放时代》2013 年第 3 期。

[105] 许章润：《从"法政速成科"看中国近代法政转型与东亚命运共同体的文明论》[J].《社会科学论坛》2016 年第 1 期。

[106] 邢望望：《海洋地理不利国问题之中国视角再审视》[J].《太平洋学报》2016 年第 1 期。

[107] 夏一平：《北极航线和传统航线的成本估算和比较》[J].《产业经济》2017 年第 3 期。

[108] 薛桂芳、郑洁：《中国 21 世纪海外军事基地建设的现实需求与风险应对》[J].《国际展望》2017 年第 4 期。

[109] 杨洁勉：《改革开放 30 年的中国外交和理论创新》[J].《国际问题研究》2008 年第 6 期。

[110] 杨洁勉：《中国特色海洋外交的实践创新和理论探索》[J].《边界与海洋研究》2017 年第 4 期。

[111] 杨泽伟：《〈联合国海洋法公约〉的主要缺陷及其完善》[J].《法学评论》2012 年第 5 期。

[112] 杨泽伟：《防扩散安全倡议：国际法的挑战与影响》[J].《中国海洋法评论》2008 年第 2 期。

[113] 杨泽伟：《论 21 世纪海上丝绸之路建设与国际海洋法律秩序的变革》[J].《东方法学》2016 年第 5 期。

[114] 杨泽伟：《海上共同开发区块如何选择》[J].《社会观察》

2015 年第 9 期。

[115] 杨泽伟：《搁置争议、共同开发原则的困境与出路》［J］.《江苏大学学报（社会科学版）》2011 年第 3 期。

[116] 杨泽伟：《国内法与国际法解释之比较研究》［J］.《法律科学》1996 年第 5 期。

[117] 杨泽伟：《人道主义干涉在国际法中的地位》［J］.《法学研究》2000 年第 4 期。

[118] 杨泽伟：《"21 世纪海上丝绸之路"建设的风险及其法律防范》［J］.《环球法律评论》2018 年第 1 期。

[119] 杨泽伟：《中国与周边能源共同体的构建：法律基础与实现路径》［J］.《武大国际法评论》2017 年第 5 期。

[120] 杨泽伟：《中国与〈联合国海洋法公约〉40 年：历程、影响与未来展望》［J］.《当代法学》2022 年第 4 期。

[121] 杨泽伟：《全球治理区域转向背景下中国—东盟蓝色伙伴关系的相建、成就、问题与未来发展》［J］.《边界与海洋研究》2023 年第 2 期。

[122] 杨泽伟：《中国与〈联合国海洋法公约〉40 年：历程、影响与未来展望》［J］.《当代法学》2022 年第 4 期。

[123] 杨泽伟：《论"海洋命运共同体"理念与"21 世纪海上丝绸之路"建设的交互影响》［J］.《中国海洋大学学报（社会科学版）》2021 年第 5 期。

[124] 杨泽伟：《新时代中国国际法观论》［J］.《武汉科技大学学报（社会科学版）》2020 年第 5 期。

[125] 杨华：《海洋法权论》［J］.《中国社会科学》2017 年第 9 期。

[126] 杨欣：《过境自由对中国拓展出海口的影响及对策》［J］.《法学杂志》2018 年第 1 期。

[127] 杨显滨：《论我国参与北极航道治理的国际法路径》［J］.《法学杂志》2018 年第 11 期。

[128] 杨国桢：《重新认识西方的"海洋国家论"》［J］.《社会科学战线》2012 年第 2 期。

[129] 姚春艳：《对我国刑法中增加海盗罪的思考》[J].《社会科学家》2009 年第 2 期。

[130] 余民才：《中国与〈联合国海洋法公约〉》[J].《现代国际关系》2012 年第 10 期。

[131] 余敏友：《论解决争端的国际法原则和方法的百年发展——纪念第一次海牙和会一百周年》[J].《社会科学战线》1998 年第 5 期。

[132] 袁发强：《国家安全视角下的航行自由》[J].《法学研究》2015 年第 3 期。

[133] 袁发强：《航行自由制度与中国的政策选择》[J].《国际问题研究》2016 年第 2 期。

[134] 万鄂湘：《海洋法公约与条约制度的新发展》[J].《武汉大学学报（社会科学版）》1990 年第 1 期。

[135] 吴志成：《从利比亚撤侨看中国海外利益的保护》[J].《欧洲研究》2011 年第 3 期。

[136] 王从标：《关于"两个一百年"奋斗目标》[J].《党的文献》2017 年第 5 期。

[137] 王超：《国际海底区域资源开发与海洋环境保护制度的新发展——〈"区域"内矿产资源开发规章草案〉评析》[J].《外交评论》2018 年第 4 期。

[138] 王旭：《全球知名海洋学研究机构的分析与研究》[J].《农业图书情报学刊》2018 年第 9 期。

[139] 王立新：《美国国家身份的重述与"西方"的形成》[J].《世界历史》2019 年第 1 期。

[140] 王立新：《重申例外主义：里根对美国国家身份的塑造及其影响》[J].《清华大学学报（哲学社会科学版）》2022 年第 6 期。

[141] 王涛：《"一带一路"视域下的法律全球化：属性、路径与趋势》[J].《西北民族大学学报（哲学社会科学版）》，2019 年第 4 期。

[142] 王晶等：《〈韩国海洋空间规划与管理办法〉概况及对我国

的启示》［J］.《海洋开发与管理》2019 年第 3 期。

［143］王淑敏：《上海自由贸易区实施"国际船舶登记制度"的法律研究》［J］.《中国海商法研究》2015 年第 2 期。

［144］王铁崖：《第三世界与国际法》［J］.《中国国际法年刊》1982 年。

［145］王铁崖：《论人类的共同继承财产的概念》［J］.《中国国际法年刊》1984 年。

［146］王逸舟：《联合国海洋法公约生效后的国际关系》［J］.《百科知识》1996 年第 6 期。

［147］王立新：《在龙的映衬下：对中国的想象与美国身份的建构》［J］.《中国社会科学》2018 年第 5 期。

［148］王璟：《美国加入〈联合国海洋法公约〉问题的几点思考》［J］. 高之国主编：《海洋法精要》，中国民主法制出版社 2015 年版。

［149］王秀卫：《论南海海底电缆保护机制之完善》［J］.《海洋开发与管理》2016 年第 9 期。

［150］王传良、张晏瑲：《论海洋渔业的法律地位——以 1982 年〈联合国海洋法公约〉为中心》［J］.《法律科学》2018 年第 6 期。

［151］蔚彬：《转型期中国国家身份认同的困境》［J］.《现代国际关系》2007 年第 7 期。

［152］吴燕妮：《从纽黑文到新纽黑文：政策性向国际法理论的演变》［J］.《江西社会科学》2015 年第 5 期。

［153］吴慧：《美国批准加入〈联合国海洋法公约〉的影响》［J］.《世界经济与政治》2012 年第 5 期。

［154］曾令良：《论中国和平发展与国际法的交互影响与作用》［J］.《中国法学》2006 年第 4 期。

［155］曾令良：《全球治理与国际法的时代特征》［J］.《中国国际法年刊》2013 年。

［156］曾令良：《国际法院的咨询管辖权与现代国际法的发展》［J］.《法学评论》1998 年第 1 期。

［157］ 曾令良：《现代国际法的人本化发展趋势》［J］.《中国社会科学》2007 年第 1 期。

［158］ 邹克渊：《捕鲸的国际管制》［J］.《中外法学》1994 年第 6 期。

［159］ 邹克渊：《国际海洋法对构建人类命运共同体的意涵》［J］.《中国海洋大学学报（社会科学版）》2019 年第 3 期。

［160］ 邹立刚：《论国家对专属经济区内外国平时军事活动的规制权》［J］.《中国法学》2012 年第 6 期。

［161］ 赵理海：《关于南海诸岛的若干法律问题》［J］.《法制与社会发展》1995 年第 4 期。

［162］ 赵理海：《〈联合国海洋法公约〉与我国海洋权益》［J］.《中国科技论坛》1995 年第 5 期。

［163］ 赵理海：《论银河号事件的法律责任》［J］.《中央政法管理干部学院学报》1994 年第 2 期。

［164］ 赵理海：《论国际法的性质》［J］.《法学评论》1987 年第 3 期。

［165］ 赵骏：《国际法的守正与创新》［J］.《中国社会科学》2021 年第 5 期。

［166］ 赵洲：《论国际法上的国家身份建构》［J］.《法制与社会发展》2007 年第 6 期。

［167］ 赵建文：《中国的条约保留实践回顾与评价》［J］.《政治与法律》2013 年第 9 期。

［168］ 赵磊：《从世界格局与国际秩序看"百年未有之大变局"》［J］.《中共中央党校（国家行政学院）学报》2019 年第 3 期。

［169］ 章节根、李红梅：《印度洋地区非传统安全治理与中国的参与路径》［J］.《南亚研究季刊》2017 年第 4 期。

［170］ 张乃根：《论当代中国国际法基本理论的传承与创新》［J］.《国际法研究》2022 年第 6 期。

［171］ 张明慧：《我国海底电缆管道管理问题分析与对策建议》［J］.《海洋开发与管理》2015 年第 10 期。

［172］张久琴：《对中国"发展中国家"地位的再认识》［J］.《国际经济合作》2018 年第 11 期。

［173］张华：《反思国际法上的"司法造法"问题》［J］.《当代法学》2019 年第 2 期。

［174］张丹：《关于国际海底区域制度的法律研究——以保留区及平行开发制度为中心》［J］.《太平洋学报》2014 年第 3 期。

［175］张小勇、郑苗壮：《论国家管辖范围以外区域海洋遗传资源适用的法律制度——以海洋科学研究制度的可适用性为中心》［J］.《国际法研究》2018 年第 5 期。

［176］张也白：《孤立主义与美国对亚洲的干涉》［J］.《美国研究》1991 年第 6 期。

［177］张俐娜、李人达：《论〈联合国海洋法公约〉中"保留"与"例外"之适用》［J］.《南洋问题研究》2016 年第 2 期。

［178］张海文：《海洋战略是国家大战略的有机组成部分》［J］.《国际安全研究》2013 年第 6 期。

［179］张志强、田倩飞、陈云伟：《科技强国主要科技指标体系比较研究》［J］.《中国科学院院刊》2018 年第 10 期。

［180］张光耀：《〈联合国海洋法公约〉的法律价值与实效分析》［J］.《武大国际法评论》2017 年第 3 期。

［181］周忠海：《论海洋法中的剩余权利》［J］.《政法论坛》2004 年第 5 期。

［182］周忠海：《当前西方国际法理论和流派》［J］.《中国国际法年刊》2009 年。

［183］周光辉、刘向东：《全球化时代发展中国家的国家认同危机及治理》［J］.《中国社会科学》2013 年第 9 期。

［184］周江、陈一萍：《论〈联合国海洋法公约〉框架下专属经济区内和大陆架上海洋科学研究争端解决机制》［J］.《中国海商法研究》2018 年第 2 期。

［185］钟飞腾：《中国的身份定位与构建发展中国家新型关系》［J］.《当代世界》2019 年第 2 期。

［186］朱锋：《"非传统安全"解析》［J］.《中国社会科学》2004年第4期。

［187］朱剑：《航行自由问题与中美南海矛盾——从海洋的自然属性出发》［J］.《外交评论》2018年第4期。

（四）学位论文

［1］陈威：《论专属经济区的剩余权利》［D］. 北京：中国政法大学博士学位论文，2007。

［2］王岩：《国际海底区域资源开发制度研究》［D］. 青岛：中国海洋大学博士学位论文，2007。

［3］姜延迪：《国际海洋秩序与中国海洋战略研究》［D］. 长春：吉林大学博士学位论文，2010。

［4］吴兵：《身份与责任：中国国际责任观研究》［D］. 北京：外交学院博士学位论文，2010。

［5］赵晋：《论海洋执法》［D］. 北京：中国政法大学博士学位论文，2009。

［6］密晨曦：《北极航道治理的法律问题研究》［D］. 大连：大连海事大学博士学位论文，2016。

［7］张卫华：《新港学派视野中的外交保护法》［D］. 北京：中国政法大学博士学位论文，2006年。

［8］唐颖：《全球治理中的发达国家与新兴国家》［D］. 北京：外交学院博士学位论文，2010年。

［9］马静：《论国际义务的性质》［D］. 北京：中国政法大学博士论文，2006年。

［10］杨海涛：《国际船舶登记法律制度研究》［D］. 大连：大连海事大学博士学位论文，2013。

［11］吴兵：《身份与责任：中国国际责任观研究》［D］. 北京：外交学院博士学位论文，2007年。

［12］熊须远：《〈联合国海洋法公约〉体制下中国与日本韩国海洋实践比较研究》［D］. 青岛：中国海洋大学硕士学位论文，2008。

［13］赵贺迎：《专属经济区内他国军事活动的法律问题研究》［D］. 厦门：厦门大学硕士学位论文，2014。

［14］张健：《中国与国际海洋法谈判关系研究》［D］. 南京：南京大学硕士学位论文，2016。

［15］梁源：《论发展中国家身份定位对我国海洋权益维护的影响》［D］. 武汉：武汉大学硕士学位论文，2017。

［16］夏立萍：《试析 21 世纪中国撤侨机制建设》［D］. 北京：外交学院硕士学位论文，2016。

二、英文著作

（一）英文专著

［1］Anthea Roberts，Is International Law International? ［M］. Oxford University Press，2017.

［2］Adede A. O，The System of Settlement of Disputes under the United Nations Convention on the Law of The Sea ［M］. Martinus Nijhoff Publishers，1987.

［3］Boyle F. Antthony，World Politics and International Law ［M］. Duke University Press，1985.

［4］Chittharanjan Amerasinghe，International Litigation in Practice：International Arbitral Jurisdiction ［M］. Martiuns Nijhoff Publishers，2011.

［5］Clyde Sanger，Ordering the Ocean：the Making of the Law of the Sea ［M］. University of Toronto Press，1987.

［6］Choon-ho Park，East Asia and The Law of The Sea ［M］. Seoul National University Press，1983.

［7］Cremona Maris，The European Union and International Dispute Settlement ［M］. Hart Publishing，2017.

［8］David Shambaugh，Power Shift：China and Asia's New Dynamics ［M］. University of California Press，2005.

［9］Dennis Hickey，Dancing with the Dragon：China's Emergence in the Developing World [M]. Lexington Press, 2010.

[10] Doris König, International Law Today: New Challenges and the Need for Reform [M]. Springer Published, 2008.

[11] Donald R. Rothwell, Alex G. Oude Elferink, Karen N. Scott, and Tim Stephens (ed.) [M]. The Oxford Handbook of the Law of the Sea, Oxford University Press, 2015.

[12] Donald R. Rothwell & Tim Stephens, The International Law of the Sea [M]. Hart Publishing, 2010.

[13] Erickson Andrew S, China, The United States, and 21st-century Sea Power: Defining a Maritime Security Partnership [M]. Naval Institute Press, 2010.

[14] Erickson Andrew S, China goes to Sea: Maritime Transformation in Comparative Historical Perspective [M]. Naval Institute Press, 2009.

[15] Freestone Richard Branes. The Law of The Sea: Progress and Prospects [M]. Oxford University Press, 2006.

[16] Harold D. Lasswell & Myres S. Mcdougal, Jurisprudence for a free Society: Studies in Law, Science, and Policy [M]. New Haven Press, 1992.

[17] Harold D. Lasswell & Myres S. Mcdougal, The International Law of War: Transnational Coercion and World Public Order [M]. New Haven Press, 1994.

[18] Harold D. Lasswell & Myres S. Mcdougal, Human Rights and World Public Order: The Basic Policies of an International Law of Human Dignity [M]. Yale University Press, 1980.

[19] Myres S. Mcdouga & William T. Burkel, The Public Order of The Oceans: A Contemporary International Law of The Sea [M]. New Haven Press, 1987.

[20] Hogg M. A & Terry D. J, Social Identity Procession Organizational Context [M]. Psychology Press, 2001.

[21] Jeanette Greenfield, China's Practice in the Law of the Sea [M].

Oxford University Press, 1992.

[22] James B. Morell, The Law of The Sea: An Historical Analysis of the 1982 Treaty and Its Rejection by the United States [M]. McFarland Company Press, 1992.

[23] James Kraska, From the Age of Discovery to the Atomic Age: The Conflux of Marine Science, Seapower, and Oceans Governance, Science, Technology, and New Challenges to Ocean Law [M]. Brill Published, 2015.

[24] James Kraska, Maritime Power and the Law of the Sea: Expeditionary Operations in world Politics [M]. Oxford University Press, 2011.

[25] Kalpakian Jack, Identity, Conflict and Cooperation in International River Systems [M]. Ashgate Press, 2004.

[26] Lixin Han and Hongyu Wu, Legal Issues Arising under the Direct action Framework in Relation to Oil Pollution Damage, Maritime Law in China: Emerging Issues and Future Developments [M]. Routledge Published, 2017.

[27] Malcolm N. Shaw, International Law, 7th ed [M]. Cambridge University Press, 2014.

[28] Michael W. Lodge and Myron H. Nordquist, Peaceful Order in the World's Oceans [M]. Koninklijke Brill Publishers, 2014.

[29] Myron H. Nordquist, United Nations Convention On The Law of The Sea 1982: A Commentary, Vol. 1 [M]. Martinus Nijhoff Publishers, 2002.

[30] Myron H. Nordquist, Sohn, United Nations Convention on the law of the Sea1982: A Commentary, Vol. 5 [M]. Martinus Nijhoff Publishers, 2002.

[31] Michael Byers, International Law and the Arctic [M]. Cambridge University Press, 2014.

[32] Nien-Tsu Alfres Hu and Ted L. McDorman, Maritime Issues in the South China Sea——Troubled Waters or A sea of Opportunity

[M]. Routledg Press, 2014.

[33] Panda Jagannath, India-China Relations: Politics of Resource, Identity and Authority in a Multipolar World Order [M]. Routledge Group Press, 2017.

[34] Natalie Klein, Maritime Security and the Law of the Sea [M]. Oxford University Press, 2011.

[35] Pierre Bréchon and Frédéric Gonthier, European Values: Trends and Divides Over Thirty Years [M]. Koninklijke Brill Published, 2017.

[36] Robin Churchill, Trends in Dispute Settlement in the Law of the Sea: Towards the Increasing Availability of Compulsory Means, International Law and Dispute Settlement: New Problems and Techniques [M]. Oxford Publisher, 2010.

[37] Robert Beckman, Beyond Territorial Disputes in the South China Sea [M]. Edward Elgar Publishing Linited, 2013.

[38] Robert Wuthnow, Saving American? Fauth-Based Services and the Future of Civil Society [M]. Princeton University Press, 2004.

[39] R. Churchill & A. V. Lowe, Law of the Sea, 3rd ed [M]. Manchester University Press, 1999.

[40] Stokke O, The UN and development: From Aid to Cooperation [M]. Indiana University Press, 2009.

[41] Said Mahmoudi, Arctic Navigation: Reflections on the Northern Sea Route, Ocean Law and Policy: 20 Years under UNCLOS [M]. Koninklijke Brill Published, 2017.

[42] Shao Binhong, The World in 2020 According to China in the World——A Survey of Chinese Perspectives on International Politics and Economics [M]. Koninklijke Brill Published, 2014.

[43] Sophia Kopela, Dependent Archipelagos in the Law of the Sea [M]. Martinus Nijhoff Publishers, 2013.

[44] Trence Wesley. Smith, China in Oceania New Forces in Pacific

Politics ［M］. East-west Center Press，2007.

［45］ Vaughan Lowe，International Law ［M］. Oxford University Press，2007.

［46］ W. E. Butler，Perestroika and International Law ［M］. Martinus Nijhoff Publishers，1990.

［47］ Xue Hanqin，Chinese Contemporary Perspectives on International Law：History，Culture and International Law ［M］. Recueil des cours （Collected Courses of the Hague Academy of International Law），2011.

［48］ Xiaoyi Jiang and Xiaoguang Zhou，China and Maritime Sovereignty and Right Issues in the Artic，Artic Law and Governance：The Role of China and Finland ［M］. Hart Publishing，2017.

［49］ Yoshifumi Tanaka，The International Law of the Sea，3th ed ［M］. Cambridge University Press，2019.

（二） 英文论文

［1］ Abigail D. Pershing，Interpreting the Outer Space Treaty's Non-Appropriation Principle：Customary International Law from1967 to Today ［J］. The Yale Journal of International Law，Vol. 44，2019.

［2］ Ademun-Odeke，An Examination of Bareboat Charter Registries and Flag of Convenience Registries in International Law ［J］. Ocean Development and International Law，Vol. 26，2005.

［3］ Alex G. Oude Elferink，The Regime of the Area：Delineating the Scope of Application of the CommonHeritage Principle and Freedom of the High Seas ［J］. International Journal of Marine and Coastal Law，Vol. 22，2007.

［4］ Andre J. Washington，Not So Fast，China：Non-Market Economy Status Is Not Necessary for the Surrogate Country Method ［J］. Chicago Journal of International Law，Vol. 19，2018.

[5] Antony Ahghie & B. S. Chimmi, Third World Approaches to International Law and Individual Responsibility in Internal Conflicts [J]. Chinese Journal of International Law, Vol. 2, 2003.

[6] Annie-Marie Slaughter & Steven R. Ratner, Appraising the Methods of International Law: A Prospectus for Readers [J]. The American Journal of International Law, Vol. 93, 1999.

[7] Anne Michelle, What is Marine Spatial Planning, Environmental Law Review, Vol. 14, 2012.

[8] A O. Adede, The Group of 77 and the Establishment of the International Sea-bed Authority, [J]. Ocean Development and International Law, Vol. 7, 1979.

[9] Allott Philip, Power Sharing in the law of the Sea [J]. The American Journal of International law, Vol. 77, 1983.

[10] Ademun Odeke, An Examination of Bareboat Charter Registries and Flag of Convenience Registries in International Law [J]. Ocean Development and International Law, Vol. 26, 2005.

[11] Ashley J. Roach, MarineScientific Research and the New Law of the Sea [J]. Ocean Development and International Law, Vol. 27, 1996.

[12] A. Bahareh, A. P. Seyed & R. Roshandel, International Convention to Decrease Conflict between Energy Supply and Environmental Protection [J]. Ukrainian Journal of Ecology, Vol. 8, 2018.

[13] Appiagyei A. Kwadwo, Ethical Dimensions of Third-World Approaches to International Law (TWAIL): A Critical Review [J]. African Journal of Legal Studies, Vol. 8, 2016.

[14] Arthur Dyevre, Uncertainty and International Adjudication [J]. Leiden Journal of International Law, Vol. 32, 2019.

[15] Buzan Barry, Canada and the Law of the Sea [J]. Ocean Development and International Law, Vol. 11, 1982.

［16］ Buzan Barry, China in International Society: Is Peaceful Rise Possible? ［J］. China Journal of International Politics, Vol. 3, 2010.

［17］ B. S. Chimni, Customary International Law: AThird World Perspective ［J］. The American Journal of International Law, Vol. 112, 2018.

［18］ Bernard H. Oman, Complementary Agreement and Compulsory Jurisdiction ［J］. The American Journal of International Law, Vol. 95, 2001.

［19］ Becker Weinberg, Preliminary Thoughts on Marine Spatial Planning in Areas beyond National Jurisdiction ［J］. International Journal of Marine and Coastal Law, Vol. 32, 2017.

［20］ Beckman Robert, The UN Convention on the Law of the Sea and the Maritime Disputes in the South China Sea ［J］. The American Journal of International Law, Vol. 107, 2013.

［21］ Byers Michael, Policing the High Seas: The Proliferation Security Initiative ［J］. The American Journal of International Law, Vol. 98, 2004.

［22］ Colson David A, Satisfying the Procedural Prerequisites to the Compulsory Dispute Settlement Mechanisms of the 1982 Law of the Sea Convention: Did the Southern Bluefin Tuna Tribunal Get it Right ［J］. Ocean Development and International Law, Vol. 34, 2003.

［23］ Chan Kai-chieh, The ICJ's Judgement in Somalia v. Kenya and Its Implications for the Law of the Sea ［J］. Utrecht Journal of International and European Law, Vol. 34, 2018.

［24］ Carl Q. Chistol, Evolution of theCommon Heritage of Mankind Principle ［J］. Western State University International Law Journal, Vol. 1, 1981.

［25］ Congyan Cai, International Law in Chinese Courts During The Rise of China ［J］. The American Journal of International Law,

Vol. 110, 2016.

[26] Christopher R. Rossi, Treaty of Tordesillas Syndrome: Sovereignty ad Absurdum and the South China Sea Arbitration [J]. Cornell International Law Journal, Vol. 50, 2017.

[27] Christy & Francis, Transitions in the management and distribution of international fisheries [J]. International Organization, Vol. 31, 1977.

[28] Daniel Bodansky, The Paris Climate Change Agreement: A New Hope? [J]. American Journal of International Law, Vol. 110, 2016.

[29] David Griffin, Lingua Fracas: Legal Translation in the United States and the European Union [J]. Boston University International Law Journal, Vol. 34, No. 2, 2016.

[30] Device Hovell, Due Process in the United Nations [J]. The American Journal of International Law, Vol. 110, 2016.

[31] Douglas Guilfoyle, The South China Sea Award: How Should We Read the UN Covention on the Law of the Sea [J]. Asian Journal of International Law, Vol. 8, 2018.

[32] Donald K. Anton, Law for the Sea's Biological Diversity [J]. Columbia Journal of Transnational Law, Vol. 36, 1998.

[33] David B. Meyers, Intraregional Conflict Management by the Organization of African Unity [J]. International Organization, Vol. 28, 1974.

[34] David L. Larson, The Reagan Rejection of the U. N Convention [J]. Ocean Development and International Law, Vol. 14, 1985.

[35] Evan S. Mederios & M. Taylor Fravel, China's New Diplomacy [J]. Foreign Affairs, Vol. 82, 2003.

[36] George Klay Jr. Kieh, China's Development Aid to Africa [J]. International Studies Journal, Vol. 7, 2010.

[37] Guglielmo Verdirame, The Definition of Developing Countries under GATT and Other International Law [J]. German Yearbook

of International Law, Vol. 39, 1996.

[38] Hari M. Osofsky, A Law and Geography Perspective on the New Haven School [J]. The Yale Journal of International Law, Vol. 32, 2007.

[39] Harold D. Lasswell & Myres S. Mcdougal, Legal Education and Public Policy: Professional Training in the Public Interest [J]. The Yale Law Journal, Vol. 52, 1943.

[40] Harold D. Lasswell & Myres S. Mcdougal, Theories about International Law: Prologue to a Configurative Jurisprudence [J]. Virginia Journal of International Law, Vol. 8, 1968.

[41] Harry Verboeven, Is Beijing's Non-Interference Policy History? How Africa Is Changing China [J]. TheWashington Quarterly, Vol. 37, 2014.

[42] Hitoshi Nasu & Donald R. Rothwell, Re-Evaluating the Role of International Law in Territorial and Maritime Disputes in East Asia [J]. Asian Journal of International Law, Vol. 4, 2014.

[43] Hou Yi, China-US Maritime Cooperation: Features and Future Efforts [J]. China International Studies, Vol. 1, 2017.

[44] Hope Thompson, The Third World and the Law of the Sea: The Attitude of the Group of 77 toward the Continental Shelf [J]. Boston College Third World Law Journal, Vol. 1, 1980.

[45] Irina Buga, Territorial Sovereignty Issues in Maritime Disputes: A Jurisdictional Dilemma for Law of the Sea Tribunals [J]. The International Journal of Marine and Coastal Law, Vol. 27, 2012.

[46] Iwunze V. I, Enhanced Fishing Rights under the United Nations Law of the Sea Convention 1982: The Challenges Confronting Developing Countries [J]. International Journal of Advanced Legal Studies and Governance, Vol. 5, 2015.

[47] Jack Goldsmith, The Contributions of the Obama Administration to the Practice and Theory of International Law [J]. Harvard International Law Journal, Vol. 57, 2016.

［48］ J. R. Stevenson & B. H. Oxman, "The Future of the UN Convention on the Law of the Sea" ［J］. The American Journal of International Law, Vol. 88, 1994.

［49］ James D. Fry & Inna Amesheva, Oil Pollution and The Dynamic Relationship Between International Environmental Law and The law of The Sea ［J］. Georgetown Journal of International Law, Vol. 47, 2016.

［50］ James L. Malone, The United States and the Law of the Sea ［J］. Virginia Journal of International Law, Vol. 24, 1984.

［51］ Janet Koven Levit, Bottom-up International Lawmaking: Reflections on the New Haven School of International Law ［J］. The Yale Journal of International Law, Vol. 32, 2007.

［52］ Jin Ling & Su Xiaohui, How the West Perceives China's Developing Country Status ［J］. China International Studies, Vol. 22, 2010.

［53］ Jon Zinke, Book Review: Chinese substantive and Procedural Maritime law ［J］. Journal of Maritime Law and Commerce, Vol. 48, 2017.

［54］ John Knauss, Development of the Freedom of Scientific Research Issue of the Third Law of the Sea Conference ［J］. Ocean Development and International Law, Vol. 1, 1973.

［55］ Jonathan I. Charney, The Implications of Expanding International Dispute Settlement Systems: The 1982 Convention on the Law of the Sea ［J］. The American Journal of International Law, Vol. 90, 1996.

［56］ Karin Arts & Atabongawung Tamo, The Right to Development in International Law: New Momentum Thirty Years Down the Line? ［J］. Netherlands International Law Review, 2016.

［57］ Koh Harold. Hongju, Michael Reisman: Dean of the New Haven School of International Law ［J］. The Yale Journal of International Law, Vol. 34, 2009.

［58］ Kristina Daugirdas & Julian Davis Mortenson, Contemporary Practice of the United States Relating to International Law ［J］. The American Journal of International law, Vol. 110, 2016.

［59］ Kurlanda Ewa, Exploitation of Sea Resources and the Territorial Application of the Law of the Sea ［J］. Journal of Politics and Law, Vol. 4, 2011.

［60］ Keyuan Zou, Innocent Passage for Warships: The Chinese Doctrine and Practice ［J］. Ocean Development and International Law, Vol. 29, 1998.

［61］ Keyuan Zou, Law of the Sea Issues Between the United States and East Asian States ［J］. Ocean Development and International Law, Vol. 39, 2008.

［62］ Kevin A. Baumert, The South China Sea Disputes and Law of the Sea ［J］. The American Journal of International Law, Vol. 110, 2016.

［63］ Kevin J. Fandl, Is China's Rise the WTO's Demise? ［J］. Georgetown Journal of International Law, Vol. 52, No. 3, 2021.

［64］ Lakshman Guruswamy, Model Law on Lighting for Developing Countries ［J］. Denver Journal of International Law and Policy, Vol. 44, 2016.

［65］ Laura A. Dickinson, Toward a New Haven School of International Law ［J］. The Yale Journal of International Law, Vol. 32, 2007.

［66］ Lauren E. Baer & Stephen M. Ruchman, The "New" New Haven School: International Law-Past, Present & Future ［J］. The Yale Journal of International Law, Vol. 32, 2007.

［67］ Li Victor, Sovereignty at Sea: China and the Law of the Sea Conference ［J］. Stanford Journal of International Law, Vol. 15, 1979.

［68］ Luis E. Agrait, The Third United Nations Conference on the Law of the Sea and Non-Independent States ［J］. Ocean Development and International Law, Vol. 7, 1979.

[69] Lucius Caflisc, What is a Geographically Disadvantaged State? [J]. Ocean Development and International Law, Vol. 18, 1984.

[70] Lodge W. Michael, The Common Heritage of Mankind [J]. International Journal of Marine and Coastal Law, Vol. 27, 2012.

[71] Marianne P. Gaertner, The dispute Settlement Provisions of the Convention on the Law of the Sea: Critique and Alternative to the International Tribunal for the Law of the Sea [J]. San Diego Law Review, Vol. 19, 1982.

[72] Malone James, The United States and the Law of the Sea [J]. Virginia Journal of International Law, Vol. 24, 1984.

[73] Myres S. Mcdougal, Jurisprudence for a Free Society [J]. Georgia Law Review, Vol. 1, 1966.

[74] Myres S. McDougal & W. Michael Reisman, The Prescribing Function in World Constitutive Process: How International Law Is Made [J]. Yale Studies in World Public Order, Vol. 6, 1980.

[75] Monica Hakim, Constructing an International Community [J]. The American Journal of International Law, Vol. 111, 2017.

[76] Monica Hakim, The Work of International Law [J]. Harvard International Law Journal, Vol. 58, 2017.

[77] Michael A. Becker, The Shifting Public Order of the Oceans: Freedom of Navigation and the interdiction of Ship at Sea [J]. Harvard International Law Journal, Vol. 46, 2005.

[78] Minas Stephen, Marine Technology Transfer under a BBNJ Treaty: A Case for Transnational Network Cooperation [J]. The American Journal of International Law, Vol. 112, 2018.

[79] Nelson, L. D. M, Declarations, Statements and Disguised Reservations' with Respect to the Convention on the Law of the Sea [J]. International and Comparative Law Quarterly, Vol. 50, 2001.

[80] Oriana Skylar Mastro, The Stealth Superpower: How China Hid

Its Global Amibitions [J]. Foreign Affairs, Vol. 98, 2019.

[81] Onuma Yasuaki, International Law in a Transcivilizational World [J]. Harvard International Law Journal, Vol. 59, 2018.

[82] Padraig Carmody, Who is in Charge? State Power and Agency in Sino-African Relations [J]. Cornell International Law Journal, Vol. 50, 2016.

[83] Peter A. Dutton, Caelum Liberum: Air Defense Identification Zones Outside Sovereign Space [J]. The American Journal of International Law, Vol. 103, 2009.

[84] Penelope S. Ferreira, The Role of African States in the Development of the Law of the Sea at the Third United Nations Conference [J]. Ocean Development and International Law, Vol. 7, 1979.

[85] Reisman W. Michael, Does Method Matter: A New Haven School Look at Sanctions [J]. American Society of International Law Proceedings, Vol. 95, 2001.

[86] Roach. J. Ashley, Today's Customary International Law of the Sea [J]. Ocean Development and International Law, Vol. 45, 2014.

[87] Robert Beckman, UNCLOS Dispute Settlement Regime and Arctic Legal Issues, Challenges of The Changing Arctic Continental Shelf, Navigation and Fisheries [J]. Koninklijke Brill Published, 2016.

[88] Robert L. Kuttner, Development, Globalization and Law [J]. Michigan Journal of International Law, Vol. 26, 2004.

[89] Robert J. Grammig, Yoron Jima Submarine Incident of August 1980: A Soviet Violation of the Law of the Sea [J]. The Harvard International Law Journal, Vol. 22, 1981.

[90] Sergio Puig, Blinding International Justice [J]. Virginia Journal of International Law, Vol. 56, 2016.

[91] Shambaugh David, China's Soft-Power Push [J]. Foreign Affairs, Vol. 94, 2015.

[92] Sonja Boelaert-Suominen, The European Court of Justice and the Law of the Sea [J]. International Journal of Marine and Coastal Law, Vol. 23, 2008.

[93] Seigfried Wiessner, The New Haven School of Jurisprudence: A Universal Toolkit for Understanding and Shaping the Law [J]. Asia Pacific Law Review, Vol. 18, 2010.

[94] Statement by Expert Panel, U.S Policy on the Settlement of Disputes in the Law of the sea [J]. The American Journal of International Law, Vol. 81, 1987.

[95] Stephen Cody, Dark Law on the South China Sea [J]. Chicago Journal of International Law, Vol. 23, 2022.

[96] Ted L. McDorman, Reservations and the Law of the Sea Treaty [J]. Michigan Journal of International Law, Vol. 10, 1989.

[97] Tan Y. Kevin, The Role of Public Law in a Developing Asia [J]. Singapore Journal of Legal Studies, 2004.

[98] Tullio Treves, Piracy, Law of the Sea, and Use of Force: Developments off the Coast of Somalia [J]. The European Journal of International Law Vol. 20, 2009.

[99] Timothy Webster, The Price of Settlement: World War II Reparations in China Japan and Korea [J]. Journal of International Law and Politics, Vol. 51, 2019.

[100] Victor H. Li, Sovereignty at Sea: China and The law of the Sea Conference [J]. Stanford Journal of International Law, Vol. 15, 1979.

[101] Xinjun Zhang, The Latest Developments of the US Freedom of Navigation Programs in the South China Sea: Deregulation or Re-balance [J]. Journal of East Asia and International Law, Vol. 9, 2016.

[102] Zewei Yang, The Freedom of Navigation in the South China Sea: An Ideal or a Reality? [J]. Beijing Law Review, Vol. 3, 2012.

［103］ Zhiguo Gao & Bing Bing Jia, The Nine-Dash Line In the South China Sea: History, Status, and Implications ［J］. The American Journal of International Law, Vol. 107, 2013.

［104］ Zhang Haiwen, The Conflict Between Jurisdiction of Coastal States on MSR in EEZ and Military Survey, Recent Developments in the Law of the Sea and China ［J］. ed by Myron H. Nordquist, John Norton Moore and Kuen-chen Fu, Koninklijke Brill Published, 2006.

［105］ Zou Keyuan, Delimitation in the Gulf of Tonkin ［J］. Ocean Development and International Law, Vol. 30, 1999.

［106］ Zou Yanyan & Hou Yi, China-US Maritime Cooperation: Features and Futures Efforts ［J］. China International Studies, Vol. 62, 2017.

（三）报告类

1. United Nations Development Program: Human Development Report ［R］. 2022available at: http://www. un. org/zh/aboutun/structure/undp/

2. Office of Director of National Intelligence: The National Intelligence Strategy of the United States of American ［R］. 2019. available at: https://www. dni. gov/files/ODNI/documents/National_Intelligence _Strategy_2019. pdf

3. White House Office of Trade and Manufacturing Policy: How China's Economic Aggression Threatens the Technologies and Intellectual Property of the United States and the World ［R］. 2018

4. United States Members and Committees of Congress, U. S-China Strategic Competition in South and East China Seas: Background and Issues for Congress, Updated by Congressional Research Service ［R］. 2020.

5. International Seabed Authority: Equitable Sharing and Financial and Other Economic Benefits from Deep Seabed Mining ［R］. 2021.

6. United Kingdom International Relations and Defence Committee：UNCLOS：the law of the sea in the 21ˢᵗ century ［R］. Published by the Authority of the House of Lords，2022.

7. One Hundred Seventeenth Congress of the United States of America，National Defense Authorization Act for Fiscal Year 2023 ［R］. 2022.

三、网站资源

1. 联合国网站：http：//www. un. org

2. 七十七国集团网站：http：//www. g77. org

3. 国际海底管理局网站：https：//www. isa. org. jm

4. 世界银行网站：https：//data. worldbank. org. cn

5. 自然科学数据库：http：//wcs. webofknowledge. com

6. BRILL 边界海洋在线：https：//referenceworks. brillonline. com

7. 中华人民共和国外交部网站：https：//www. fmprc. gov. cn

8. 中华人民共和国自然资源部海洋战略研究所：http：//www. cima. gov. cn